■2025年度高等学校受験用

国学院大学久我山高等学校

収録内容一

★この問題集は以下の収録内容となっています。また、編集の都合上、解説、解答用紙を省略させていただいている場合もございますのでご了承ください。

（○印は収録、一印は未収録）

入試問題と解説・解答の収録内容		解答用紙
2024年度	英語・数学・国語	○
2023年度	英語・数学・国語	○
2022年度	英語・数学・国語	○
2021年度	英語・数学・国語	○
2020年度	英語・数学・国語	○
2019年度	英語・数学・国語	○

★当問題集のバックナンバーは在庫がございません。あらかじめご了承ください。

●凡例●

【英語】

≪解答≫

〔　〕　①別解
　　　②置き換え可能な語句（なお下線は置き換える箇所が２語以上の場合）
　　　（例）I am〔I'm〕glad〔happy〕to ~

（　）　省略可能な言葉

≪解説≫

1, 2… 本文の段落（ただし本文が会話文の場合は話者の１つの発言）

〔　〕　置き換え可能な語句（なお〔　〕の前の下線は置き換える箇所が２語以上の場合）

（　）　①省略が可能な言葉
　　　（例）「（数が）いくつかの」
　　　②単語・代名詞の意味
　　　（例）「彼（＝警察官）が叫んだ」
　　　③言い換え可能な言葉
　　　（例）「いやなにおいがするなべにはふたをするべきだ（＝くさいものにはふたをしろ）」

//　訳文と解説の区切り

cf.　比較・参照

≒　ほぼ同じ意味

【数学】

≪解答≫

〔　〕　別解

≪解説≫

（　）　補足的指示
　　　（例）（右図１参照）など

〔　〕　①公式の文字部分
　　　（例）〔長方形の面積〕＝〔縦〕×〔横〕
　　　②面積・体積を表す場合
　　　（例）〔立方体ABCDEFGH〕

∴　ゆえに

≒　約、およそ

【社会】

≪解答≫

〔　〕　別解

（　）　省略可能な語

＿＿　使用を指示された語句

≪解説≫

〔　〕　別称・略称
　　　（例）政府開発援助〔ODA〕

（　）　①年号
　　　（例）壬申の乱が起きた（672年）。
　　　②意味・補足的説明
　　　（例）資本収支（海外への投資など）

【理科】

≪解答≫

〔　〕　別解

（　）　省略可能な語

＿＿　使用を指示された語句

≪解説≫

〔　〕　公式の文字部分

（　）　①単位
　　　②補足的説明
　　　③同義・言い換え可能な言葉
　　　（例）カエルの子（オタマジャクシ）

≒　約、およそ

【国語】

≪解答≫

〔　〕　別解

（　）　省略してもよい言葉

＿＿　使用を指示された語句

≪解説≫

〈　〉　課題文中の空所部分（現代語訳・通釈・書き下し文）

（　）　①引用文の指示語の内容
　　　（例）「それ（＝過去の経験）が ～」
　　　②選択肢の正誤を示す場合
　　　（例）（ア，ウ…×）
　　　③現代語訳で主語などを補った部分
　　　（例）（女は）出てきた。

／　漢詩の書き下し文・現代語訳の改行部分

国学院大学久我山高等学校

所在地	〒168-0082 東京都杉並区久我山1-9-1
電　話	03-3334-1151
ホームページ	https://www.kugayama-h.ed.jp/
交通案内	京王井の頭線 久我山駅徒歩12分・京王線 千歳烏山駅バス10分など

普通科

男女別学

くわしい情報は
ホームページへ

応募状況

年度	募集数	受験数	合格数	倍率
2024	推薦　　50名	61名	61名	1.0倍
2024	一般男子 60名	169名	92名	1.8倍
2024	一般女子 35名	51名	41名	1.2倍
2024	帰国　若干名	14名	5名	2.8倍
2023	推薦　　50名	68名	68名	1.0倍
2023	一般男子 60名	206名	97名	2.1倍
2023	一般女子 35名	72名	52名	1.4倍
2023	帰国　若干名	16名	7名	2.3倍
2022	推薦　　50名	42名	42名	1.0倍
2022	一般男子 60名	179名	111名	1.6倍
2022	一般女子 35名	63名	53名	1.2倍
2022	帰国　若干名	18名	4名	4.5倍

※一般男子にはスポーツ優秀生徒選抜入試を含む。

試験科目　（参考用：2024年度入試）

［推薦］書類審査・面接（受験生本人のみ）
［一般］国語・英語・数学
［帰国］国語・英語・数学
　　　　面接（受験生本人・保護者別）

教育方針

本校は，創立者岩崎清一氏の「青少年の教育こそ日本の将来にとって最も重要なものである」という信念のもとに創立された。その教育理念の根幹を成すものは，岩崎氏が「忠君孝親」「明朗剛健」「研学練能」という三つの箴《しん》言にまとめた『学園三箴』である。この精神を柱として，新しい時代にも適切に対応すべく，“実践目標”を設定し，その指導に万全を期している。

＜実践目標＞

・規律を守り 誇りと勇気をもって 責任を果たそう
・たがいに感謝の心をいだき 明るいきずなを作ろう
・たゆまざる努力に自らを鍛え たくましく生きよう

本校の特色

本校の授業は男女別学で行われる。高入生は，一貫生とは別クラスで，単独クラスのまま３年間で大学進学のための力を培う。多様な進路選択に対応するため，３年次では文系コース・理系コースともに自由選択演習の講座を数多く用意。将来の進路や能力に応じた科目の履修ができるよう計画・編成されている。また，一層の学力の伸長をはかるため，長期休暇中の進学講習等，課外講習・補習も実施される。

施設・環境

周囲に武蔵野のたたずまいが残る本校の校地内には，天体望遠鏡ドームを備えた理科会館や，文科会館，男子錬成館，女子錬成館，第１・第２体育館，人工芝のグラウンドなどの充実した施設がある。また，学習センターは，図書館・自習室・CALL教室・カフェテリアなどを有している。

イベント日程

＜夏休み説明会＞ ※web申し込み制
8/3（土），8/10（土），8/24（土）
13：00～13：45

＜学校説明会＞ ※web申し込み制
9/28（土），10/5（土），11/2（土），11/16（土）
12：30～13：15（11/2のみ15：00～15：45）

＜文化祭（久我山祭）＞
10/26（土），10/27（日）　9：00～16：00

※日程は変更となる場合があります。詳細は本校ホームページでご確認ください。

編集部注一本書の内容は2024年5月現在のものであり，変更されている場合があります。正確な情報は，学校のホームページ等で必ずご確認ください。

出題傾向と今後への対策 英語

出題内容

	2024	2023	2022
大問数	5	5	5
小問数	44	40	45
リスニング	○	○	○

◎大問５題，小問数45問前後である。放送問題，書き換え，英作文，誤文訂正，長文読解がよく出題される。

2024年度の出題状況

1 放送問題

2 長文読解総合―説明文

3 長文読解―誤文訂正―エッセー

4 書き換え―適語補充

5 テーマ作文

解答形式

2024年度	記　述／マーク／併　用

出題傾向

長文読解総合問題は１題だが，英文はかなり長い。設問は内容の理解を問うものが中心。記述も多く含まれ，正確な読解力と表現力が問われる問題になっている。書き換えは幅広い知識が問われる。英作文はあるテーマについて自由に書かせる形式。放送問題は３部構成で，対話や文章を聴いてその内容に関する質問に答える形式である。

今後への対策

基本事項の復習が最も肝心である。教科書にある単語，熟語，構文は全て頭に叩き込むこと。目で追うだけでは忘れやすいので音読し，実際に手で書くことをお勧めしたい。テストや問題集で間違った問題は放っておかず先生に質問するなどして疑問を明らかにしておこう。最後に過去問題集で形式や時間配分を確認しよう。

◆◆◆◆◆ 英語出題分野一覧表 ◆◆◆◆◆

分野 ＼ 年度			2022	2023	2024	2025予想※
音声	放送問題		■	■	■	◎
	単語の発音・アクセント					
	文の区切り・強勢・抑揚					
語彙・文法	単語の意味・綴り・関連知識				●	△
	適語(句)選択・補充					
	書き換え・同意文完成		●	●	■	◎
	語形変化		●			△
	用法選択					
	正誤問題・誤文訂正		●	●	●	◎
	その他					
作文	整序結合		●		●	◎
	日本語英訳	適語(句)・適文選択				
		部分・完全記述				
	条件作文					
	テーマ作文		●	●	●	◎
会話文	適文選択					
	適語(句)選択・補充					
	その他					
長文読解	内容把握	主題・表題				
		内容真偽	■	●	■	◎
		内容一致・要約文完成	●	●	●	◎
		文脈・要旨把握	●		●	◎
		英問英答	●	●	●	◎
	適語(句)選択・補充		●	●	●	◎
	適文選択・補充					
	文(章)整序		●			△
	英文・語句解釈(指示語など)		●	●	●	◎
	その他(適所選択)			●	●	◎

●印：１～５問出題，■印：６～10問出題，★印：11問以上出題。
※予想欄　◎印：出題されると思われるもの。　△印：出題されるかもしれないもの。

出題傾向と今後への対策 数学

出題内容

2024年度

大問４題，19問の出題。1は小問集合で，10問。数と式，関数，データの活用，図形などから出題されている。2は平面図形で，正方形の内部を正三角形が回転して移動する問題。正三角形の頂点がえがく図形などについて問われている。3は数の性質に関する問題。会話中の空欄に当てはまる式などを解答する形式。4は関数で，放物線と直線に関するもの。平行線の性質など，図形の知識を要する問題もある。

2023年度

大問４題，小問27問の出題。1は小問集合で，10問。数・式，方程式の計算，関数，場合の数，データの活用，図形の計量題などが出題されている。やや複雑なものや計算に注意を要するものなどがある。2は平面図形で，正方形を折った図形に関する計量題４問。3は平面図形で，円を利用したものと座標平面上の三角形に関して，円周角の定理について問われた。4は関数で，直線に関するものと，放物線と直線に関するもの。２つの問題が関係していることに気づきたい。

作…作図問題　証…証明問題　グ…グラフ作成問題

解答形式

2024年度	記　述／マーク／併　用

出題傾向

大問４題，設問数19～27問の出題となることが多い。1は小問集合で10問程度。幅広い分野からの出題。ややレベルの高いものも含まれる。2以降は３～５問程度の小問からなる総合題となることが多い。関数，図形がメインである。年度により，数の性質，方程式の応用などが出題される。

今後への対策

ややレベルの高い問題が出題されるので，基礎基本をしっかりと定着させたうえで，標準レベルの問題集で問題に慣れるようにしていこう。関数，図形では，公式や定理などを確認しながら，いろいろな解法，考え方を身につけていくとよい。計算がやや複雑になることもあるので，計算練習もおろそかにしないように。

数学出題分野一覧表

分野	年度	2022	2023	2024	2025 予想※
数と式	計算，因数分解	★	★	★	◎
	数の性質，数の表し方			●	△
	文字式の利用，等式変形				△
	方程式の解法，解の利用	●	●	●	◎
	方程式の応用	●			△
関　数	比例・反比例，一次関数	●	■	●	◎
	関数$y=ax^2$とその他の関数	★	★	★	◎
	関数の利用，図形の移動と関数	●			△
図　形	(平面) 計　量	■	★	★	◎
	(平面) 証明，作図				
	(平面) その他		●	■	
	(空間) 計　量	■	●	●	◎
	(空間) 頂点・辺・面，展開図				
	(空間) その他	★			
データの活用	場合の数，確率	●	●		◎
	データの分析・活用，標本調査	●	●	●	◎
その他	不 等 式				
	特殊・新傾向問題など	■			
	融合問題				

●印：１問出題，■印：２問出題，★印：３問以上出題。
※予想欄　◎印：出題されると思われるもの。　△印：出題されるかもしれないもの。

出題傾向と今後への対策　国語

出題内容

2024年度

- 一　小説
- 二　説明文/随筆
- 三　古文
- 四　国語の知識

課題文

一柚木麻子『オール・ノット』
二田中優子「『野の果て』の世界」／志村ふくみ『野の果て』
三『古今著聞集』

2023年度

- 一　小説
- 二　論説文
- 三　古文
- 四　漢字

課題文

一宮西真冬『友達未遂』
二藤原辰史「培養肉についての考察」
三清少納言『枕草子』

2022年度

- 一　小説
- 二　論説文
- 三　古文
- 四　国語の知識

課題文

一小野寺史宜『ひと』
二斎藤幸平『人新世の「資本論」』
三横井也有『鶉衣』

解答形式

2024年度	記述／マーク／併用

（記述に○印）

出題傾向

近年，出題傾向に大きな変化はない。設問は，それぞれの読解問題に５問程度出題され，それに加えて国語の知識の問題や漢字の書き取りが出題され，全体で20問程度の出題となっている。課題文は，分量・内容ともに標準的で，現代文の場合は，比較的新しい作品からの出典が目立つ。記述式解答は，40～60字程度のものが毎年出題されている。

今後への対策

現代文については，文章を正確に読む力をつけておかなければならない。そのためには，基礎学力養成用の記述式の問題集をできるだけたくさんこなすのがよい。古文についても同様の勉強法でよいが，古文独特の表現にとにかく慣れることが大切である。国語の知識については，語句関連を中心に知識の整理をしておくこと。

◆◆◆◆◆ 国語出題分野一覧表 ◆◆◆◆◆

分野		年度	2022	2023	2024	2025予想※
現代文	論説文 説明文	主題・要旨	●	●	●	◎
		文脈・接続語・指示語・段落関係				
		文章内容	●	●	●	◎
		表現				
	随筆 日記 手紙	主題・要旨			●	△
		文脈・接続語・指示語・段落関係				
		文章内容			●	△
		表現				
		心情				
	小説	主題・要旨				
		文脈・接続語・指示語・段落関係				
		文章内容	●	●	●	◎
		表現	●			△
		心情	●	●	●	◎
		状況・情景				
韻文	詩	内容理解				
		形式・技法				
	俳句 和歌 短歌	内容理解	●			△
		技法		●		△
古典	古文	古語・内容理解・現代語訳	●	●	●	◎
		古典の知識・古典文法		●		△
	漢文	(漢詩を含む)				
国語の知識	漢字 語句	漢字	●	●	●	◎
		語句・四字熟語	●		●	◎
		慣用句・ことわざ・故事成語				
		熟語の構成・漢字の知識				
	文法	品詞				
		ことばの単位・文の組み立て				
		敬語・表現技法				
	文学史					
作文・文章の構成・資料						
その他						

※予想欄　◎印：出題されると思われるもの。　△印：出題されるかもしれないもの。

合格を勝ち取るための

本書の使い方

本書に掲載されている過去問をご覧になって，「難しそう」と感じたかもしれません。でも，大丈夫。ほとんどの受験生が同じように感じるのです。高校入試の出題範囲は中学校の定期テストに比べて広いですし，残りの中学校生活で学ぶはずの，まだ習っていない内容からも出題されているかもしれません。
ですから，初めて本書に取り組む際には，点数を気にする必要はありません。点数は本番で取れればいいのです。

過去問で重要なのは「間違えること」です。自分の弱点を知るために，過去問に取り組むのです。当然，間違った問題をそのままにしておいては意味がありません。
本書には，長年にわたって高校受験に関わってきたベテランスタッフによる詳細な解説がついています。間違えた問題は重点的に解説を読み，何度も解きなおしてください。時にはもう一度，教科書で復習するのもよいでしょう。

別冊として，抜き取って使える解答用紙を収録しました。表示してあるように拡大コピーをとれば，実際の入試と同じ条件で，何度でも過去問に取り組むことができます。特に記述問題では解答欄の大きさがヒントになる場合があります。そうした，本番で使える受験テクニックの練習ができるのも，本書の強みです。

前のページにある「出題傾向と今後への対策」もよく読んで，本校の出題傾向に慣れておきましょう。

2024年度 国学院大学久我山高等学校

【英　語】(50分)〈満点：100点〉

1 リスニングテスト

第1部

No. 1　1　With mayonnaise.　2　Without mayonnaise.
　3　With bacon.　4　Without bacon.

No. 2　1　Ghibli music.　2　Classical music.　3　Rock music.　4　Jazz music.

No. 3　1　The 9:30 train.　2　The 10:00 train.
　3　The 10:40 train.　4　The 12:00 train.

第2部

No. 1　1　Only household items.　2　Only bargain items.
　3　Only pet items.　4　All items.

No. 2　1　Daikoku.　2　Ebisu.　3　Benzaiten.　4　Hotei.

No. 3　1　The schoolyard.　2　A kindergarten hall.
　3　The school gym.　4　The school cafeteria.

第3部

No. 1　According to Liam's host father, why do Japanese doors open outward ?

No. 2　According to Liam, why can vending machines for luxury items be installed in Japan ?

No. 3　According to Liam, what has made it possible for Japanese people to invent a variety of vending machines ?

No. 4　Is it helpful to know the reasons for cultural differences in understanding other countries ?

※＜リスニングテスト放送原稿＞は英語の問題の終わりに付けてあります。

2 次の英文を読み，後の問いに答えなさい。

Magic Kingdom

Of all the *Disney World parks, *Magic Kingdom gets the most visitors. In fact, it gets more visitors annually than any other theme park in the world ! You enter it on Main Street, U.S.A., which looks like a street in a small American town from the year 1900.

Some of the buildings *were modeled after the Missouri town in which *Walt and Roy grew up. Windows in the stores along the street are built low, (①) children can look inside. Here, you can board railroad trains for a ride around the Magic Kingdom. The red train is named for Walt. The green one is Lilly Belle, named for his wife.

At the far end of Main Street stands Cinderella Castle, *soaring high with twenty-seven royal-blue and gold towers and four *turrets. It *was inspired by European castles, and has *a drawbridge and a waterfilled moat. Though they look like stone, the "*marble bricks" are actually fiberglass panels *attached to a steel frame then *coated with *plaster and concrete. The towers were built on the ground, then *lifted by cranes into place.

For flight safety, *federal law says that any building more than two hundred feet tall must display a flashing red light on top. Since that would have *spoiled the fairy-tale effect, Cinderella Castle is only 189 feet tall. It looks much taller, though, *due to the use of ②forced perspective. The "bricks" and windows higher up are smaller than those at the bottom. This fools your eyes into seeing the castle as much taller than it really is!

From the Cinderella Castle area, paths *branch out to Magic Kingdom's six lands. Clockwise they are Fantasyland, Tomorrowland, Main Street, Adventureland, Frontierland, and Liberty Square.

【中略】

The different lands show that Walt wasn't just interested in fairy tales and fantasy. He also wanted to present moments in history, important present-day ideas, and an introduction to other parts of the world.

Behind the Scenes

It takes over seventy thousand cast members to make the magic happen at Disney World. Before beginning their job, most take classes at Disney University, located behind the Magic Kingdom. They learn about Walt Disney, Disney World Resort, Disney characters, and ③how to behave with guests. After that, there's more training about how to do a particular job, and how to look and act the part of the character they'll play. (Often one cast member switches roles on different days.)

Disney employees are called cast members for a reason. Walt wanted them to think of themselves as actors in a big show called Disney World. Anytime they are among park guests, even if they are not on a real stage, they are considered to *be acting out a role. Even small things are important. Giving directions to a guest by pointing the way with a finger might be considered "bad show." Gesturing the way with a friendly open hand is called "good show."

Have you ever wondered how Disney characters seem to magically appear in their correct lands? Or why you don't ever see them where they don't belong? Well, one time at *Disneyland, Walt caught sight of a cowboy cast member walking through Tomorrowland on the way over to Frontierland. It felt so out of place to Walt. It spoiled the magical feeling he wanted for guests.

So at Disney World, there are underground tunnels for cast members. [A] The tunnels, called utilidors, form one big circle under the Magic Kingdom with a connecting tunnel going under Main Street through the middle.

If you were a cast member, you'd likely *park in a lot about a mile away and take a bus to the tunnel entrance. [B] Your first stop inside the tunnel might be *the Mouseketeria for a snack. Across the hall is the wardrobe department. You tell them your size and where you'll be working that day. After you're given a costume, you change and store your belongings in locker rooms. [C]

Micky Mouse has about 136 outfits, including a tuxedo and a scuba suit. Minnie Mouse has more than one hundred, including a safari suit. All the characters' costumes *amount to a lot of clothes that need to be washed. [D] Luckily, Disney World has its own laundries on site.

It is a ten-minute walk from one end of the park to the other going through the tunnels. The tunnels are ④color-coded and have signs saying which section of the park is directly above.

To get into the land you want, you take an elevator or stairs up one floor. You exit into the Magic Kingdom through one of twenty-nine unmarked doors.

⑤Imagine how (ア it イ cheerful ウ might be エ hard オ remain カ to) on a hot summer day if you're wearing a costume that covers you head to toe! There are rules to make sure cast members get enough breaks. To relax, they might come back downstairs to one of the break rooms.

Because of the tunnels, you won't see garbage trucks in the park emptying trash bins. (⑥), trash *gets sucked from the park down through twenty-inch pipes at speeds of up to sixty miles an hour. In the tunnels, you can sometimes hear trash flying by on its way to a central collection area.

There are also offices, storage areas, kitchens, a hair salon, makeup rooms, plus design and rehearsal spaces. The park's computer system, Digital Animation Control System (DACS), is here, too. It operates and monitors sound systems, Audio-Animatronic characters, and attractions. It helps make sure stage curtains open on time and parades are on schedule.

Delivery trucks arrive at the tunnels bringing both *merchandise and food that eventually *get distributed to the parks. Utility workers drive around on golf carts. The tunnels are a busy place!

Disney World：ディズニー・ワールド(フロリダ州にある世界最大のディズニーリゾート)
Magic Kingdom：マジック・キングダム(ディズニー・ワールドにある4つのディズニーパークのうちの1つ)
be modeled after：～をまねて作られている　Walt and Roy：ウォルト・ディズニー(弟)とロイ・ディズニー(兄)
soaring：そびえ立っている　turret：小塔　be inspired：影響を受けている
a drawbridge and a waterfilled moat：可動式の橋や水濠　marble bricks：大理石のレンガ
attached to：～に取り付けられている　coated：覆われている　plaster and concrete：しっくいとコンクリート
lifted：持ち上げられた　federal law：連邦法　spoil：～を台無しにする　due to：～のおかげで
branch out to：～に分岐している　be acting out：～を演じている
Disneyland：(カリフォルニア州の)ディズニーランド　park in a lot：駐車場にとめる
the Mouseketeria：キャストメンバー専用の食堂の名称　amount to：(総量で)～に達する
get sucked：吸い込まれる　merchandise：商品　get distributed：分配される

問1　(①)，(⑥)に入る語句として最も適切なものをア～エから1つずつ選び，記号で答えなさい。なお，文頭の語も小文字で示してあります。
ア　so　イ　if　ウ　for example　エ　instead

問2　下線部②について，本文中で述べられている方法と効果をそれぞれ日本語で答えなさい。

問3　右の図はMagic Kingdomのsix landsの位置関係を簡易的に示したものです。Aの位置に当てはまるものをア～オから1つ選び，記号で答えなさい。

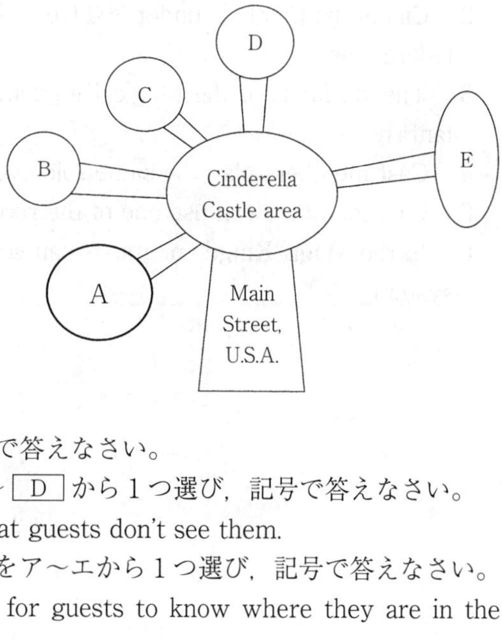

ア　Fantasyland
イ　Tomorrowland
ウ　Adventureland
エ　Frontierland
オ　Liberty Square

問4　下線部③について，ゲストへのふるまい方として控えた方が良いことを，本文の内容に即して日本語で答えなさい。

問5　次の英文が入る最も適切な箇所を本文中の A ～ D から1つ選び，記号で答えなさい。
They walk through them to get to their lands so that guests don't see them.

問6　下線部④の本文中での意味として最も適切なものをア～エから1つ選び，記号で答えなさい。
ア　marked with different colors to make it difficult for guests to know where they are in the tunnels

イ　marked with different colors to make it easy for guests to know where they are in the tunnels
ウ　marked with different colors to make it difficult for cast members to know where they are in the tunnels
エ　marked with different colors to make it easy for cast members to know where they are in the tunnels

問７　下線部⑤が文脈に即した内容の英文になるように，（　）内の語句を最も適切な順番に並べかえ，記号で答えなさい。

問８　次の英文は本文中の地下トンネルについてまとめたものです。本文の内容に即して，下線部ⓐ～ⓓの（　）内に最も適切な１語を入れなさい。必ずしも本文中で使用されている語であるとは限りません。なお，最初の文字が与えられている場合はその指示に従いなさい。

Over seventy thousand cast members play important roles to make the ⓐ(　　　) happen at Disney World.　In order to ⓑ(k　　　) the magical feeling, there are underground tunnels for cast members.　In the Magic Kingdom, they use the tunnels to move around in so that park guests can only see the characters in the ⓒ(c　　　) lands.　Also, trash is collected from the park through the pipes in the tunnels, so park guests don't see ⓓ(g　　)(　　　).

問９　本文に関する次の問いに，主語と動詞を含む指定された語数の英語で答えなさい。カンマ・ピリオドなどは語数に含めません。

1　Did Walt and Roy grow up in a Missouri town？［３語］
2　How do most of the cast members at Disney World learn about Disney before they start working there？［６語］
3　Why are Disney employees called cast members？［10語］
4　How long does it take to walk from one end of the Magic Kingdom to the other end through the underground tunnels？［４語］

問10　本文の内容と一致するものには○，一致しないものには×を解答欄に記入しなさい。

1　Magic Kingdom is the most popular of all the Disney World parks.
2　Cinderella Castle is under 200 feet tall because buildings over 200 feet tall are not allowed by federal law.
3　The six lands of the Magic Kingdom show that Walt was only interested in fairy tales and fantasy.
4　Cast members play the same role every day at Disney World.
5　Cast members can use one of the rooms under the Magic Kingdom to take a break.
6　In the Magic Kingdom, guests can see parades on time thanks to the underground computer system.

3　後のエッセイの段落(1)～(4)の下線部(a)～(d)には文法上の誤りが１ヶ所ずつあります。正しく訂正し，例にならって解答欄には訂正した語句のみを答えなさい。

（例題）　He always (a)drives his car (b)more (c)careful than (d)anyone else in my office.

解答：carefully

(1)　When I (a)was a college student (b)in 1990, I took a phonetic class, a class (c)which students learn about pronunciation.　The professor of the class was (d)so kind that I enjoyed every lesson.

(2)　One day he told us that there (a)would be a phonetic class by a world famous professor (b)which was going to be held at a university in London (c)during the summer vacation.　I was not very interested in pronunciation, but I thought it could be a good chance to (d)go to abroad.

(3)　I asked my parents to let me (a)to take the class.　At first, they didn't say yes because it cost a lot to fly to the United Kingdom.　Actually, my family was not very rich.　When I almost gave up on the idea, my father came into my room.　He told me that he would (b)lend me the money, and that I should give it back to him after I (c)graduated from university.　Eventually, my parents allowed me (d)to go to London.

(4)　The class was too difficult for me (a)to understand everything the teacher told us.　I was told (b)to do a lot of homework, but everything was a lot of fun.　I became more interested in (c)studying pronunciation.　After I returned to Japan, I listened to a lot of audio on cassette tapes and practiced (d)to pronounce words and phrases in a British accent.

4 次の１～６の各組の英文がほぼ同じ意味になるように，（ ）内に適切な１語を入れなさい。

1 Shohei is a famous baseball player in Japan and America.
Shohei is a baseball player (　　) to many people in Japan and America.

2 When I was a high school student, I never went to bed early.
I would always stay (　　) late when I was a high school student.

3 I climbed Mt. Fuji with my friends ten years ago.
Ten years have (☆)(★) I climbed Mt. Fuji with my friends.

4 More people are exercising these days.
The (☆) of people who exercise (★) increasing these days.

5 The poor man had no food.
The poor man had (☆) to (★).

6 We ran the fastest of all the teams at the Tokyo High School Ekiden race this year.
(☆) other (★) ran as fast as we did at the Tokyo High School Ekiden race this year.

5 次のテーマに沿って，できるだけたくさんの英文を自由に書きなさい。囲み内の語句は英文を書くための参考です。これらの語句を使わなくてもかまいません。

英文のテーマ：英語を学んで実現させたいこと

accept	understand	work together
culture	foreigner	make friends
all over the world		

＜**リスニングテスト放送原稿**＞

これからリスニングテストを行います。リスニングの音質及び音量については，すでにチェック済みです。このテストには**第１部**から**第３部**まであります。試験解答時間はそれぞれ10秒です。それでは始めます。

第１部です。これは，対話とその内容に関する質問を聞き，その答えとして最も適切なものを１，２，３，４の中から１つずつ選び，番号で答える問題です。<u>英文は１度だけ</u>放送されます。では，始めます。

No. 1　女： May I take your order ?
男： Yes.　I'll have a hot coffee and this sandwich.　Hold the mayonnaise, please.
女： That comes with your choice of minestrone soup or green salad.
男： Does the soup have bacon in it ?
女： Yes, it has pieces of bacon.
男： Well, then I'll have the salad.
女： Will that be all ?　One hot coffee, a sandwich with no mayonnaise, and a green salad.
男： Yes, please.
Question： How did the man like his sandwich ?

No. 2　男： Hi, Nami.　I'm thinking about playing some music for today's party, and I want to know what kind of music you like.
女： I like classical music, but many children are coming to the party.　They would feel

bored with classical music. What kind of music do you have in mind ?

男： Well, what about rock or jazz ?

女： No way ! It's our grandma's 80th birthday party. We should choose music that she would like.

男： You're right. Well, how about some Ghibli music ?

女： Perfect ! She loves the Studio Ghibli films. The kids will like it, too.

男： That's a good idea ! Thanks.

Question： What music will the man play at his grandma's party ?

No. 3 女： One reserved seat ticket for the nine-thirty train to Sapporo, please.

男： I'm sorry. That train was a special train during the Snow Festival.

女： Oh, I completely forgot ! The Festival ended yesterday. How about the ten o'clock train ?

男： I'm really sorry. That train is full. But, I can get you a seat on the ten-forty train.

女： What time will it arrive at Sapporo ?

男： It will arrive around noon.

女： O.K. I'll take that train. I have to attend a conference this afternoon.

Question： Which train will the woman take ?

第２部です。これは，英文とその内容に関する質問を聞き，その答えとして最も適切なものを１，２，３，４の中から１つずつ選び，番号で答える問題です。英文は１度だけ放送されます。では，始めます。

No. 1 女

Hello and thank you for calling KGY store. Our store hours are Monday through Friday, 10:30 AM to 8:00 PM. We're open Saturday until 9:00. Please visit our store on Wednesday for 10% off everything storewide. From household items to pet supplies, all items in the store are cheaper on Wednesday.

Question： On Wednesday, what can customers get at a 10% discount ?

No. 2 男

Have you ever heard of the Seven Lucky Gods or *Shichifukujin* ? Daikoku and Ebisu are probably the most famous ones. Daikoku is a god with a mallet, or *kozuchi* in Japanese, and a large sack. He brings good harvests. Ebisu holds a fishing rod and a big fish in his hands. He is the only god that was originally from Japan. He is a god of fishing and business. The only goddess is called Benzaiten. She is the goddess of music. She carries a traditional Japanese instrument called *biwa*. Hotei is a god who is always smiling. He is the only god that is based on a real Chinese person. He brings happiness.

Question： According to the speaker, which of the Seven Lucky Gods was originally from Japan ?

No. 3 女

We would like to inform you about tomorrow's school bazaar. We have decided to change the location of the bazaar. Unfortunately, it has been raining the last three days, and the schoolyard is muddy and we can't use any indoor facilities in our school tomorrow. We managed to rent the hall of a kindergarten near our school. It's a five-minute walk from our school. We would appreciate your understanding and cooperation. For the latest information, please look at the school website.

Question： Where will the bazaar be held tomorrow ?

第３部です。これは，英文を聞き，No. 1からNo. 4の質問に対する答えを，解答欄の(　)内に最も適切な１語をそれぞれ補い，完成させる問題です。英文は２度放送されます。放送中，メモを取っても構いません。では，始めます。

男

Hello, everyone. I'm Liam from the U.K. On the first day of my stay in Japan, I was very surprised at how people open doors. When you go into a house, how do you open the door？ In my country, front doors open inward. But in Japan, it's the other way around. Why？ My host father gave me a convincing answer. He explained, 'In Japan, we take off our shoes when we enter our house. So, we open the door outward to make space for our shoes. If we try to open the front door by moving it inward, there would be no space for our shoes.'

I also became interested in vending machines in Japan. We can buy many products like food, tickets, toys, as well as drinks from vending machines. Can you believe there are even vending machines for pearls？ We should remember that the crime rate in Japan is lower than that of other countries. It is safe enough to install vending machines for luxury items in Japan. It's also amazing that we can buy both cold and hot drinks from the same machine. Some vending machines have no buttons to push, and instead we just touch a screen on the machine. We can enjoy a wide range of vending machines thanks to advances in technology.

When you find cultural differences between your own country and a foreign country, it's important to know why these cultural differences exist. It helps you to understand the country.

英文を繰り返します。

以上でリスニングテストを終了します。

【数　学】（50分）〈満点：100点〉

〔注意〕 1．分度器・コンパスは使用しないこと。
　　　　2．円周率はπとする。

1　次の □ を適当にうめなさい。

(1)　$(-1.2)^3 \div \frac{9}{2} \times (-5^2) =$ □

(2)　$\frac{2x-1}{2}+\frac{2-3x}{3}-\frac{4x-1}{6}=$ □

(3)　$\left(\frac{-2x}{y}\right)^4 \times \left(\frac{3y}{-z^2}\right)^3 \times \left(\frac{z}{2x}\right)^2 =$ □

(4)　$x=\frac{1+\sqrt{5}}{2}$，$y=\frac{1-\sqrt{5}}{2}$ のとき，$x^2+y^2+6xy=$ □

(5)　x^2-4y^2+8y-4 を因数分解すると □ である。

(6)　2次方程式 $\frac{1}{2}(2x+1)^2-4x=-(2x-1)$ を解くと，$x=$ □ である。

(7)　1次関数 $y=-3x+b$ において，xの変域が $-4 \leqq x \leqq b$ のとき，yの変域は $a \leqq y \leqq -3a$ である。このとき，$a=$ □ア，$b=$ □イ である。

(8)　次のデータは，9人の生徒が数学のテストを受けたときの得点である。

41，92，55，62，60，73，87，98，55

（単位は点）

このデータの中央値は □ア （点）であり，四分位範囲は □イ （点）である。

(9)　右の図のような∠A＝90°，AB＝12，AC＝5の直角三角形ABCがある。

この三角形の3つの辺すべてに接する円の半径は □ である。

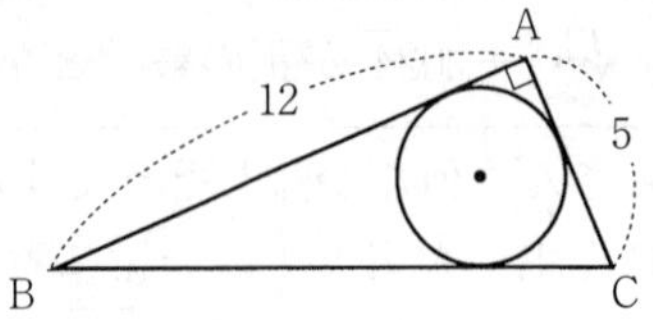

(10)　すべての辺の長さが6の正四角錐O−ABCDがある。下の図のように，この正四角錐O−ABCDの辺OAの中点をP，辺ABを2：1に分ける点をQとする。

このとき，正四角錐O−ABCDの体積は □ア であり，三角錐P−AQDの体積は □イ である。

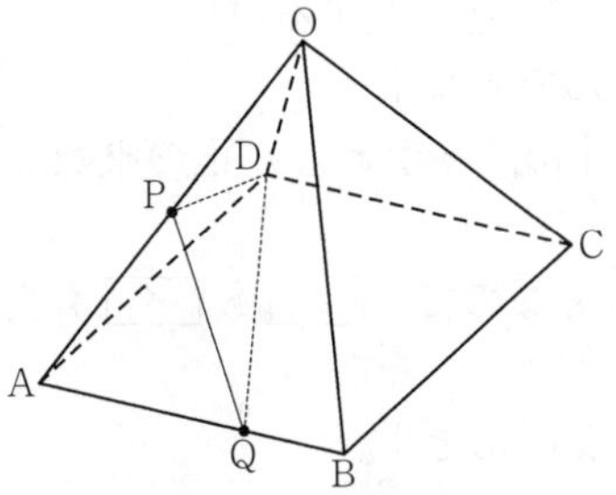

2　1辺の長さが12の正方形ABCDと正三角形PQRが，初め図1のように辺BCと辺QRが重なるようにおいてある。正三角形自身は右回転をしながら正方形の内側を左回りに移動していく。また，正三角形の頂点のうち正方形の頂点と重なっていない点が移動して，正方形の頂点と重なったとき，1回移動したということにする。つまり，初めは正三角形の頂点Pは正方形のどの頂点とも重なっていなかったが，1回移動すると図2のように正方形の頂点Dと重なる位置に移動する。このとき，下の問いに答えなさい。

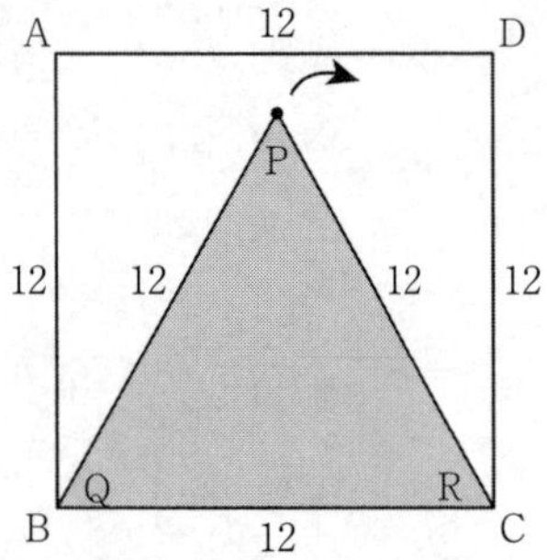

図１

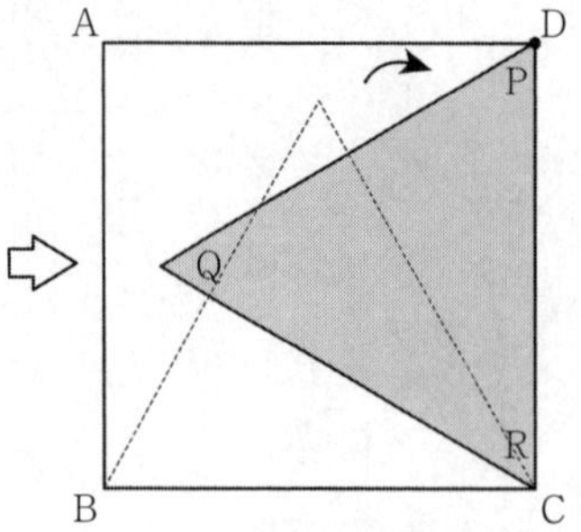

図２

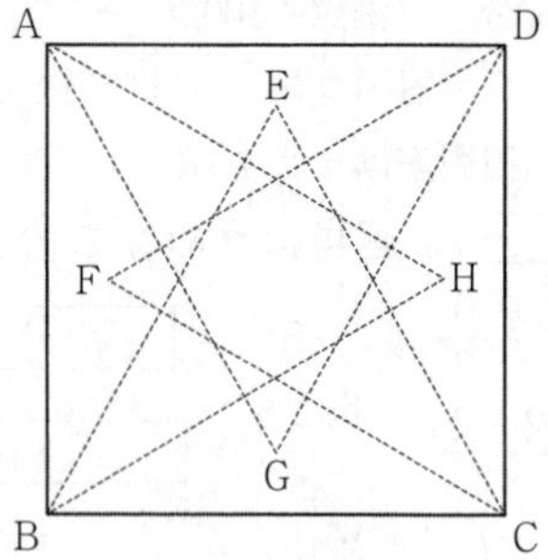

図３

(1)　初めから４回移動したとき，頂点Pはどこの位置に移動しますか。図３の点A～点Hの中から選びなさい。

(2)　初めから４回移動したとき，点Pが動いたあとの長さを求めなさい。

(3)　点Pが初めて元の位置(図１)に戻るのは初めから何回移動したときですか。

(4)　(3)のとき，点Pが動いたあとで囲まれた部分の面積を求めなさい。

3　AさんとB先生が次の問題について話をしています。[ア]～[キ]を適当にうめなさい。同一の問題文中に[ア]などが２度以上現れる場合，原則として，２度目以降は[ア]のように細字で表記します。

> $\sqrt{m^2+2024}$ が正の整数となるような，正の整数mをすべて求めなさい。

Aさん：何だか難しそうですね…。

B先生：大丈夫！　一緒に考えていきましょう。まず $\sqrt{m^2+2024}$ が正の整数ということは，nを正の整数として，$\sqrt{m^2+2024}=n$と表せますね。その両辺を２乗すると，$m^2+2024=n^2$ が成り立ちます。ここまでは大丈夫ですか？

Aさん：大丈夫です。

B先生：次に，$m^2+2024=n^2$ を変形して因数分解すると，

(**[ア]**)(**[イ]**)＝2024になりますね。(ただし，[ア]＞[イ]とする。)

Aさん：そうか，この式を満たす整数[ア]，[イ]の値の組を考えるんですね！

B先生：ただ，この式を満たす整数[ア]，[イ]の値の組すべてが,「m，nがともに正の整数」という条件を満たすわけではないですよね。

Aさん：はい，$m^2+2024=n^2$ だからmとnの大小関係はm **[ウ]** nなので，[ア]も[イ]も当然，正の数でないといけません。

B先生：そうですね。あと[ア]と[イ]は，ともに偶数でないといけないんです。

Aさん：えっ，どういうことですか？

B先生：[ア]と[イ]について，その和は **[エ]** で，その積は2024だから，和と積はともに偶数になりますね。整数には偶数と奇数がありますが，２つの整数の和と積がともに偶数になるのは，それらがともに偶数のときだけなんです。

Aさん：えっと…，確かにそうですね！

B先生：だから，[ア]と[イ]がともに正の偶数である場合だけを考えればいいんですね。2024＝ **[オ]** と素因数分解できることを踏まえると，

([ア])([イ])＝2024かつ[ア]＞[イ]

を満たす正の偶数[ア]，[イ]の値の組は **[カ]** 個あると分かり，それらの組に対するm

の値をすべて求めると，$m =$ キ となります。これで，$\sqrt{m^2+2024}$ が正の整数となるような，正の整数mがすべて求められたことになりますね。

4 放物線 $y=ax^2$上に２点A，Bがあり，点A，Bの x 座標はそれぞれ，-1，$\frac{5}{2}$ である。直線ABの傾きが３であるとき，次の問いに答えなさい。

ただし，(3)については途中過程も記しなさい。

(1) aの値を求めなさい。

(2) 直線ABの式を求めなさい。

放物線上に点Pがあり，点Pの x 座標は $\frac{1}{2}$ である。

(3) △PABの面積を求めなさい。

(4) 放物線上に点Pと異なる点Qがある。

△PAB＝△QABとなる点Qの x 座標をすべて求めなさい。

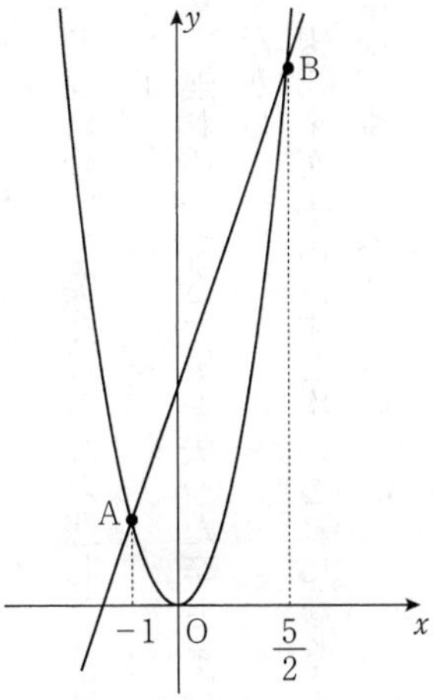

とて、一首の歌をとなへて、泣く泣く去りにけり。

日暮るれば誘ひしものを《誘い合って共に過ごしたのに》あか沼の※真菰《まこも》がくれの独り寝ぞ

③うき

あはれにふしぎに思ふほどに、なか一日ありて後、餌がらを見ければ、餌袋にをしの妻鳥の、はしをおのがはしにくひかはして《雄のくちばしを自分のくちばしにくわえ合わせて》、死にてありけり。これを見て、かの馬の允、やがて※もとどりをきりて④出家してけり。

(『古今著聞集』橘成季の文による)

注　をし…おしどり。
くるり…水鳥や魚を射るための矢。
真菰…沼や川の水辺に群生するイネ科の多年草。
もとどり…頭頂部に束ねた髪。

問一　――線①とは誰ですか。文中から5字で抜き出しなさい。

問二　――線②の理由として最も適当なものを次の中から選び、番号で答えなさい。

1　伴侶《はんりょ》が殺されたのに、謝罪すらされない我が身を情けなく感じたから。
2　夫のように自分も長くは生きられないと悟り、遺言を託そうとしたから。
3　長年の連れ合いを突然殺された悲しみと恨みをぶつけようと思ったから。
4　今まで連れ添ってきた男を失った辛さを誰かに聞いてもらいたかったから。

問三　――線③を漢字に直すと次のどれになりますか。あてはまるものを選び、番号で答えなさい。

1　羽　2　浮　3　有　4　憂

問四　――線④の理由として最も適当なものを次の中から選び、番号で答えなさい。

1　おしどりが見せた愛することの尊さに心打たれたから。
2　今まで気づかなかった殺生の罪深さを思い知ったから。
3　あっけなく命が尽きるこの世の無常に嫌気がさしたから。
4　亡き雄鳥に執着し続ける雌鳥が哀れでならなかったから。

四

次の各問に答えなさい。

問一　次の①～⑦の文の――線のカタカナを漢字に直しなさい。

①　原子力利用のゼヒを問う。
②　民間船が領海をシンパンした。
③　マグロのヨウショクに成功した。
④　有名な詩歌をロウエイする。
⑤　注意をオコタってはならない。
⑥　心のオモムくままに行動する。
⑦　農産物の輸入をザンテイ的に制限する。

問二　次の四字熟語の□に入る漢字をそれぞれ記しなさい。

①　本末□倒…優先順位を誤ること。
②　大山□動…大騒ぎしたわりには結果が小さいこと。
③　森羅万□…宇宙間に存在するすべてのもの。

作家が世界で唯一人、紫式部である。

（『野の果て』志村ふくみの文による）

注　端緒…物事の始まり。
　　伊原さん…伊原昭。国文学者。

問一　[X]に入る言葉として最も適当なものを次の中から選び、番号で答えなさい。

1　呼吸　　2　色　　3　死の世界　　4　生命

問二　――線とありますが、筆者は色をどのようなものと捉えていますか。【Ⅰ】の文中から65字以上70字以内で抜き出し、はじめと終わりの5字を記しなさい。

問三　【Ⅰ】の文章を次のようにまとめました。[　]を40字以上50字以内で考えて記しなさい。

> 筆者は、『野の果て』を読む過程で、日常接する管理された「自然」とは異なる、「色の背後」にある自然界の存在をありありと感じ取った。
>
> ↓
>
> 染色家の志村さんは、色が人間の思考の領域を超えていること、見えない世界からのメッセージであるということを随所で語っている。
>
> ↓
>
> 色と言葉の関係は、自然および生命の表現としてさらに深く立ち入って考えるべきことだと気がついた。
>
> ↓
>
> 『野の果て』を読み終えて、人間を含めた全ての生命はうつろう存在であると同時につながりの中で存在するものであり、[　]ということをまざまざと実感した。

問四　[Y]に入る言葉を【Ⅱ】の文章の「ときどきに～心浅さよ」の中から5字で抜き出しなさい。

問五　【Ⅰ】の文章と【Ⅱ】の文章の関係として最も適当なものを次の中から選び、番号で答えなさい。

1　【Ⅱ】の文章は、【Ⅰ】の文章で述べた『情緒的な世界』が、色が対比されることで成り立つことを証明している。
2　【Ⅱ】の文章は、【Ⅰ】の文章で述べた「色名」の豊富さが、色彩の局限の世界の中でこそ際立つことを物語っている。
3　【Ⅱ】の文章は、【Ⅰ】の文章で述べた「色と言葉の関係」の奥深さを、『源氏物語』を用いて具体的に説明している。
4　【Ⅱ】の文章は、【Ⅰ】の文章で述べた「複雑多様」な色彩が、中世の幽玄の世界を発展させるさまを如実に表している。

三

次の文章を読んで、後の各問に答えなさい。

みちのく《福島県》に田村の郷の住人、馬の允《じょう》なにがし《なんとか》とかやいふをのこ《男》、鷹をつかひけるが、鳥を得ずしてむなしくかへりけるに、あかぬまといふ所に、※をしの一つがひゐたりけるを、※くるりをもちて射たりければ、あやまたず雄鳥に当たりてけり。そのをしをやがて《そのまま》そこにてとりかひて《鷹に餌として与えて》、餌がら《食べ残し》をば餌袋《鷹の餌袋》にいれて家にかへりぬ。そのつぎの夜の夢に、①いとなまめきたる《とても美しい》女のちひさやかなる《小柄な》、②枕にきてさめざめと泣きゐたり。あやしくて《不思議に思って》、「なに人の《どのような（事情がある）》かく《このように》は泣くぞ」と問ひければ、「きのふあかぬまにて、させる《たいした》あやまりも侍らぬに、としごろ《長年》のをとこを殺し給へるかなしみにたへずして、参りてうれへ申すなり。この思ひによりてわが身もながらへ《生き長らえる》侍るまじきなり」

い。これは衝撃でもあるが、何やら腑《ふ》に落ちる。

今日も窓の外をみると緑に満ちている。目の前が栗畑で、ちょうど葉が茂る季節であり、葉は風に揺られて表と裏の異なる色を交互に豊かに見せている。それは植物の命の、光によって人間の目に見えるある種の経過点であり、固定された実体ではない、ということなのだ。全てが経過しうつろう。染めるとは、その「ある時点」の命を糸に移すことである。二度とやってこないその存在の、その時が、糸にしっかりと移る（映る、写る）のである。それは驚異であり、奇跡である。

（『「野の果て」の世界』田中優子の文による）

注　志村ふくみ…染色家・随筆家。
揺籃期…物事が発展する始めの時期。
縹色…明るい薄青色。
歌合…歌人を二組に分けて短歌を出し合って優劣を決める遊戯。
襲の色目…平安時代に用いられた、衣装の色の配合。
色即是空…仏教用語。すべて形のあるもの、物質的なものは、その本質においてはみな実体がないということ。
励起…科学用語。高い状態のエネルギーに移ること。

【Ⅱ】

「鈍色」、この微妙な衰退の表現、華やかな色から華やかさを抜きとってそこにひっそり匂っている色。あの華やかな宮廷生活があればこそ、悲愁の装いが、とくに光源氏をはじめ男性貴族の中にきわ立つのである。紫をして、滅紫《めっし》と誰が名づけたのか、紫根を染めていて、温度が六十度以上になると紫はほろびて鈍色になる。どこかに紫の余韻をのこした灰色、墨色である。文学上の造語ではない。歴《れっき》とした染色上の色なのである。紫式部の底知れない才能は色彩の上にも厳然と実証されている。王朝の華麗な色彩の物語である源氏は、終わりにあってあらゆる色を否定した白と黒、清浄と死の無彩色にゆきつき、色として完成させたような気がする。

〈中略〉

「ときどきにつけても、人の心を移すめる花紅葉の盛りよりも、冬の夜の澄める月に雪の光りあいたる空こそ、あやしう色なきものの身に染みて、この世のほかの事まで思い流され、おもしろさもあわれさも残らぬおりなれ。すさまじきためしに言いおきけん人の心浅さよ」（朝顔、故藤壺への回想）

花もみじの華やかな美しさも充分に味わい尽くした今は、冬の夜の澄んだ月にちらちら降りかかる雪の、白ささえあやしくもうこの世のものではない色のない世界にきてしまった、すさまじいまでに純化された色なき色にまで来てしまった。それを心にとめない人の心浅さよ、となげく烈《はげ》しいことばである。それをあわれと呼ぶには凄《すご》すぎる。『源氏物語』がここまで極限の色を映し出すとは思わなかった。しかしそれこそが色彩文学の到達する境地だと今思う。

「源氏物語は、（中略）色彩から「あはれ」が生み出される段階にまで色彩を高めてゆくことを可能ならしめた。その色彩はすべての色彩を含み、それを超えた色彩の局限の世界の[Y]であり、そこに無上の美的情趣としての「あはれ」がうまれるとしたのである。すなわち、文学において色彩というものがここまで至り得ることを知らされたと言えるのである。

源氏物語によって捉《とら》えられた「あはれ」の生まれる究極の色彩「[Y]」はやがて中世の幽玄の世界への※端緒となるのではないかと推測される」と。

「「あはれ」の色相」の章の中で※伊原さんは結んでいる。かねがね胸のどこかでは思っていたことではあっても、この伊原さんの導きがなければ到底考え及ばなかった。無彩色の白黒の領域からさらに色なき色にまであわれの世界を展開し、その文学の筆をすすめた所で語っておられた。考えてみれば、見えない世界から出現してまたそこに戻っていくのは、人間も同じである。生命はことごとくその向こう側の世界をもっていて、そこから一瞬、この世に現れ、生きて、消えていく。色と人は、同じく「空《くう》」なのであり、それは同時に、光も闇も含めた全てのつながりの中で存在しているのだということを、私は志村さんの書を読むたびに思い起こし、感じ取るのである。

読むたびに思うもう一つのことがある。それは「色」を表す言葉、つまり色名や、その表現のことだ。不覚にも私は「色名」というものに意味があり実体があると思っていた。江戸時代に生まれた言葉で「四十八茶百鼠《しじゅうはっちゃひゃくねずみ》」というのがある。実際に数えてみると茶色は七十五色名、鼠色は六十一色名あり、それを見分けられる江戸人の鋭い感性に感心していたのである。しかし本書でも志村さんはこう書いておられる。

楊梅《ようばい》、橡《つるばみ》(団栗《どんぐり》)、五倍子《ふし》、榛《はん》、栃《とち》、梅、桜、蓬《よもぎ》、現《げん》の証拠《しょうこ》、薔薇《ばら》、野草、およそ山野にある植物からすべてから鼠色は染め出せるのです。しかも一つとして同じ鼠はないのです。

自然界においては「同じ色」など実在しないのである。同じ色と違う色が分類できるから色には名前がつけられる。しかし同じ色が存在しないのなら色名は単なる「おおまかな指標」でしかない。不正確であるし、実体がない。では色名に意味はないのか。それについて志村さんはこう書く。「どんな名を冠しても、一つの情緒的な世界をかもし出すことが出来たのでしょう。夕顔鼠など、たそがれに白々と咲く夕顔に翳《かげ》の射す情景を想像したのですが、その色は紫がかった茶鼠色なのです」と。色名と色の描写が、ここでは「情緒的な世界」と表現されているように、日本の古典文学には、色が多くのものをもたらしたのだった。それは本書の「日本の色」に見える。

とりわけ志村さんが注目したのが『源氏物語』である。いくつもの例を引いて、『源氏物語』の中の「なまめかし」について書いている。志村さんの「なまめかし」は、藍を染めている最中の実体験に基づいていた。それは「初染めの※縹色《はなだ》」で、「力が漲《みなぎ》っている。艶である。清々しい。その時思わずなまめいてみえた」と。しかし『源氏物語』の「なまめかし」はそれを超えてさらに「複雑多様」であった。喪の色である「鈍色《にび》」。そこに『源氏物語』は「いとどなまめかしき」を見ている。「今まではなやかな、艶々とした色彩が否定されていく」その対比が白黒の世界を際立たせ、「いとどなまめかしき」ものになるのだ。志村さんにとっても、もちろん読者にとっても、驚くべきことだ。

そこから考えると、色とは関係の中に立ち現れるものであり、色名もまた実際の色と一対一対応するものではなく、他の言葉との組み合わせで、多様な情感を構成するものであったろう。それは和歌に導かれた日本の文学の世界で熟成されてきた。私自身も、※歌合に使う色の表現や、物語における※襲《かさね》の色目に関心を寄せてきたが、色と言葉の関係は自然および生命の表現として、さらに深く立ち入って考えるべきことだと気がついた。人間は、とりわけ日本人は、見える自然界、見えない自然界、その両方から立ち現れる「色」に心打たれ、戸惑いながら、懸命にそれを布に写し、言葉に置き換えてきたのである。

〈中略〉

意外なことに、読み終わると『野の果て』という書物の全体から、「※色即《しきそく》是《ぜ》空《くう》」が※励起《れいき》してくる。「花は紅、柳は緑といわれるほど色を代表する植物の緑と花の色が染まらないということは、色即是空をそのまま物語っているようにも思われます」「咲き誇るあでやかな花の色のすぐ傍に、凋落《ちょうらく》のきざしがあるということでしょうか」。植物と向き合い、染めてみなければわからないことがある。その究極が、花から色は染まらない、ということと、葉の緑を染めることはできない、ということである。緑が染まる植物は存在しな書斎で本を読んでいたのであるが、そこにある言葉の一つ一つの力が、この世の向こう側に、自分を引き込むようであったのだ。「あの世」とか死の世界、という意味ではない。それは自然界なのだが、私たちが日常に接する目に見える自然界であるだけでなく、志村ふくみの言葉で言うところの「色の背後」にある「一すじの道」であり、色の背後にある「植物の生命」である。「本当の赤はこの世にない」と言う時の、「純粋無垢《むく》な赤」が存在する、この世の「背後」なのである。

それらの言葉で「説明」されるだけなら、私の胸は苦しくならなかっただろう。しかしある種の小説が、この世ならぬ存在をリアルに描写する時に、読者が恐怖しながらもその魅力に引き込まれるように、私は志村ふくみの染めの現場からありありと、その「 X 」を感じ取ってしまった。この書のあらゆる箇所にそれが潜んでいる。たとえば「一色一生」にはこういう文章がある。

……甘い物（麩《こむぎ》、酒、水飴《あめ》等）辛い物（石灰）を欲しがっている時が、藍の顔をみていると自然にわかるようになった。朝夕静かに櫂《かい》を入れて攪拌《かくはん》すると、藍は心地よげに身をゆだね、思いがけぬ静穏がひととき訪れる。

……程よく温められた甕《かめ》には、力のある艶々《つやつや》とした藍が健やかな香りを放ち、……

ここでは、染色家である志村ふくみが藍を建てているのではなく、「藍が」、その身を志村さんに委ねている。そこに糸を静かに入れると「糸は藍の中にひそみ、盛んな色素と香気を吸収」する。ここでは、志村さんが糸を染めているのではなく、「糸が」みずから藍甕の中に沈み、色と香りを吸収するのである。糸は引き上げられ空気に触れた瞬間、「目をみはるような鮮烈な緑」となる。さらに水で洗われて再び空気にふれると、涼しく深い藍色が「誕生」する。それを「健やかな子供の笑顔となって私にほほえんでくれた」と書く。ここで初めて志村さんの顔が見える。それは、藍染めの糸と向かい合って互いに微笑む「二人」である。

本書には人間以外の自然が躍動し、主体となり、主語となって動き、生きている。そういう状況に慣れない私の心はざわめき、時々その場を離れ、「落ち着けよ」と自分に言い聞かせる。

「かめのぞき」という一文では、藍は※揺籃《ようらん》期から晩年まで変貌し、最晩年には「かめのぞき」という色になる、とある。しかし「あっという間に短く燃え尽き、夭折《ようせつ》してしまう甕もあれば、一朝毎に熟成し、薄紙をはぐように静かに老いてゆく甕」もあり、「その力を使い果たしてある朝忽然《こつぜん》と色を無くした」甕もあったという。まさに藍が命として、本書の中で生き、寿命をまっとうする。

志村さんが染色を語るとき、主語は志村さんではない。色であり、糸であり、木々や葉や花や実や虫など、色や糸が出現するさまざまな植物・生物であり、その背後にある水と空気と土、つまり風土である。さらに言えば、その全体の向こうにある目に見えない「自然の理」である。

私がそれに気づいたのはつい最近のことで、二〇二一年に新版が刊行された鶴見和子さんとの対談本『いのちを纏《まと》う――色・織・きものの思想』（藤原書店）の「序」を書いた時だった。なんと遅かったのだろう。見れども見えず、読めども読めず、であった。そこで私は次のように書いている。

これらの言葉は、色や自然が「主体」である。「なりたがっている」「受ける苦しみ」「姿を隠す」など、主体として動詞をもっている。……「ひとりひとり」と言う。「主張」と言っている。「蓄え」「訴えている」と表現する。

そのことの重大さをこの時、私は自分の問題として初めて受け止めたのだと思う。さらにそこで志村さんは色が人間の思考の領域を超えていること、見えない世界からのメッセージであることを、随

1 憧れていた学生生活とは全く異なり、アルバイトし続ける現実の厳しさに疲れ果ててしまっている。
2 将来まで重くのしかかる授業料がいつも気になり、夢を叶《かな》えることができなくなってしまっている。
3 就職しなくてはならない事情を抱える生活の中で、徐々に感受性がすり減っていってしまっている。
4 毎月の生活費に追い立てられる焦りと不安から、日々を楽しむことができなくなってしまっている。

問二 ――線②とありますが、どんな「時間」ですか。文中から10字以内で抜き出しなさい。

問三 ＝＝線とありますが、四葉さんはなぜこのようなことを行ったのでしょう。30字以上40字以内で記しなさい。

問四 本文からうかがえる四葉さんの性格として最も適当なものを次の中から選び、番号で答えなさい。
1 自分の恵まれた境遇に引け目を感じて、他人から褒められても素直に受け止められない強情な性格。
2 周りを気にしない大胆な行動を取るが、困っている人に救いの手を差し伸べる思いやりのある性格。
3 善悪の基準がはっきりしていて、他人と考えが違っても、自己のあるべき姿を求めていく芯《しん》の強い性格。
4 周囲への影響力があるのに、他人から評価されることに慣れておらず、賞賛されると戸惑ってしまう内気な性格。

問五 真央は四葉さんと関わることによって大きく変わりました。変化した真央の姿として最も適当なものを次の中から選び、番号で答えなさい。
1 他人から容姿をけなされても、ありのままの自分を誇れるようになった。
2 海外で暮らす自分を想像できるようになり、将来に対する展望が広がった。
3 店長の態度を変化させたことで、恵まれない境遇に立ち向かうようになった。
4 図書館で本を借りて読むようになって、人それぞれの人生があることを学んだ。

二

次の文章を読んで、後の各問に答えなさい。

【Ⅰ】

私は小説であろうと評論であろうと、すらすらと早く読み進める方だが、※志村ふくみさんの『野の果て』は数ページ読むと、その場を離れ、心を落ち着かせて呼吸を整え、再びその世界に入る、という読み方になった。

圧倒される、言葉が食い込んでくる、追い詰められる――いろいろ表現を探してみたが、どれも少しずつ違う。人が自然界の中で自分の命をつなげる必要に迫られたとき、こんなふうになるのではないか？

私は毎朝、近くの小高い丘にある林道を一時間ほど歩く。登り降りがあって息が切れる。同時に、全ての名はわからないほどのさまざまな木々や、季節の花々が目に入り、春からは数種類の鳥がにぎやかで、冷たい風、突然降りはじめる雨、道の残り雪など、それぞれの季節の道の違いに気をつけないと、滑りそうになる。

それは確かに「自然」ではあるが、所詮《しょせん》、行政の管理する公の林道で、私はあくまでも安全であり、他の歩行者ともすれ違う。登山も幾度か経験したが、これも登山ルートというもので管理され、スキーをしても範囲から外れるなと言われ、水泳をしても見守られている。

『野の果て』の言葉から離れて呼吸を整えているときに、突然そんなことを思い巡らしていた。私は『野の果て』を読みながら、そういう管理された「自然を楽しむ」という気分とは全く異なる自然に向き合っていたのである。自然を見る、愛《め》でる、その美しさを堪能するのと、自然界の一つ一つの命に、覚悟の上でとことん関わるのとでは、次元が異なる。私は森にいるのでも海中にいるのでもなく、

※ＴＯＥＩＣで高い点数をとると就職に有利なのは間違いない。真央は四葉さんの勧めてくれたラジオ番組で、その日から勉強を始めることにした。

　奨学金返済から逆算して選んだだけの学部だけれど、多少なりとも、自分の興味のある分野に引き寄せただけで、真央の卑屈な気持ちは解けていった。

　アフタヌーンティーが出てくる本の中だと、児童書でわかりやすいせいもあってバーネットの「小公女」を一番気に入っている。休憩時間に気になった箇所を開いて、四葉さんに見せた。

「生まれつき心のひろい人は、自分のもちものをおしみなく人にわかちあたえるだけではなく、その心をもわかちあたえる。だから、なにもあたえる品物がないときでも、その人の心はいつもゆたかであるから、心をふんだんにわかちあたえることができるのだ……。つまりあたたかい、親切な助言やら、なぐさめやら、わらいやらである。……ときには、あかるい、心からのわらいがなによりもありがたいことがあるものなのだ」

　これって四葉さんのことみたい、と真央が笑うと、四葉さんは少し複雑な顔をした。

「心が広いねえ、うーん。でも、私はたまたま恵まれていただけ。すすめておいてなんだけれど、主人公のセーラもそうだけれど作者のバーネットも、生まれつきの貧富の差や人種差別について鈍感なところがあるし……」

　そんな風に眉を寄せる四葉さんもまた、褒められると必ず自分を厳しく振り返るセーラっぽいと思うのだ。

　四葉さんと話していると、真央は自分にそんなに詳しくないことがわかる。何が好きで、嫌いで、どういう風になりたいか。そもそも余裕をもって、自分と向き合う時間など、これまでの人生にまったくなかった。四葉さんは自分をよく知っているようだった。何ができて、何ができないか、熟知しているようだった。だから、いつも落ち着いているのかもしれない。なんでも出来る超人よりも、真央にはそっちの方がかっこいいと思った。

　にもかかわらず、彼女と一緒にいても、嫉妬を感じることはなかった。それは四葉さんがおばさんだからだろうか。ふいに彼女は真剣な顔になった。

「私なんかより、あなたの方がずっとずっと素晴らしいわ。真央さんは素晴らしい人間よ。真央さんを見てると、自分が恥ずかしくなるのよ。恵まれているのに気がつかず、世間知らずで、なにも学ばず、何ひとつ成し遂げられないまま、こんな年齢になってしまったの。真央さんみたいに聡明で思いやりがあって、自立していて、地に足がついた女性を、他に見たことがないわ。なによりも、とても努力家よ」

と、四葉さんは言った。平気で嘘をつく人なのに、真央はその時、彼女が本心を言っているのがわかった。

　年上の女性はみんな真央を褒めてくれる。ありがたいが、そこには同情が滲《にじ》んでいる。でも、四葉さんからは真央へのまっすぐな※リスペクトだけが感じられた。四葉さんは真央を自分より上の人間とみなしているところがある。そうだ、真央はずっとひとりで頑張ってきた。目の奥が熱くなった。

（『オール・ノット』柚木麻子の文による）

注　バブル期…一九八〇年代後半に起こった好景気の時代。
昼間と同じように蓄積された冷え…昼間に冷房が効いた店内で身体が冷えてしまっていた。
おばさん…四葉さんのこと。
揶揄…からかうこと。
アフタヌーンティー…軽食。
みつばさん…四葉さんの祖母。
ＴＯＥＩＣ…国際コミュニケーション英語能力テスト。
リスペクト…尊敬すること。

問一　――線①とありますが、「新生活」のありようを述べた次の中から最も適当なものを選び、番号で答えなさい。

たのだが、ある時から、我慢がならないほど腹立たしく感じるようになった。すぐに、四葉さんのくれたアドバイスを実行した。

ビジネスホテルを統括するグループの総務部にメールした。御社の系列ホテルを出張でよく利用する、九州の某総合商社の営業部員だと名乗った。何故御社を利用するかといえば、自分で選んだわけではなく、入社以来、先輩たちが東京に行く時は、みんなそうしていたからで、我が社の伝統のようなものである。横浜での接待が多いのでいつも一泊多めに宿泊し、昼過ぎまで寝てからチェックアウトしている。そのため、周囲の部屋は清掃に入っていることが多いが、これまでしゃべり声や物音が気になったことはない。しかし〇〇駅近くの△△店でのみ、これまで計五回、ベテランの従業員がアルバイトを怒鳴りつける声を聞いて、叩き起こされた。容姿を※揶《や》揄《ゆ》する汚い言葉で声のボリュームも大きかった。以来、不眠に悩まされている。これ以上続くようだと、もう御社のホテルは利用しないし、我が社の総務部を通して、関東に出張する社員の宿泊を控えるよう、進言するつもりだ、と書いた。

その週末から、真央はおじさんとバイト先で顔をあわせることはなくなった。

夏休みのせいだからではない。②真央には時間ができた。相変わらずアルバイトばかりの日々だけれど、心にふっと涼やかな風が吹き込む瞬間がある。そんな時、真央は何をするでもなかった。網戸からの夜風を感じたり、ぼんやりと家の前のトマト畑を眺めたりした。

五十嵐さんからひっきりなしにラインが来て困っているという若いパートさんがいると杉下さんから聞いて、真央は四葉さんを社員食堂まで引っ張ってきた。杉下さんもその真央と年齢のあまり変わらない既婚のパートさんも、一匹狼の四葉さんが、親身に相談に乗ってくれることに驚いたようで、真央は得意になった。黙って話を聞いていただけの彼女がその後、何をしたのかはわからずじまいだが、五十嵐店長のセクハラやパワハラは今やもうほとんど見ることはない。

バックヤードは前よりも片付いている。店内の空調は穏やかで、心なしか、客の数が増えた。発注数や商品の並べ方も、四葉さんの意見が取り入れられているということだった。その間も、四葉さんはお菓子やサンドイッチを真央のためにせっせと作ってきてくれていた。

「真央さんは英国式の※アフタヌーンティーに出てくるようなお菓子が、本当に好きなのねえ。スコーンやビスケットが出てくる小説があるの。読んでみる？」

四葉さんは英国の小説を次々にすすめてくれた。気付いたら、いろんな本を教えてもらっていて、真央は図書館で借りて読むようになっていた。アガサ・クリスティーもイアン・マキューアンもカズオ・イシグロも初めて読んだ。思ったより全然難しくないし、謎解きの要素が入るせいか、ページを捲《めく》る手が止まらない。なにかの拍子に観光学部だと告げたら、四葉さんはさらっとこういった。

「将来、ホテルに就職したら、きっと社員割引でアフタヌーンティーが楽しめるわねえ。私は小さな頃から祖母のおともで世界中いろんなホテルのアフタヌーンティーに通っていたから、詳しいのよ」

彼女はそんな話をいくらでもしてくれる。休み時間に二人で業務用パソコンであれこれ検索した。※みつばさんが大好きだったという、日本橋にある、アフタヌーンティーが評判の老舗《しにせ》ホテルを調べるうちに、いつのまにか、真央の第一志望は決まっていた。社員寮もあり、福利厚生も整っている。

「ロンドンにも支店があるのよね。このホテル。エリザベス女王も訪れたことで有名なのよ。真央さんみたいに、どんな場所でも頑張れる人なら、案外そっちでも働けたりして」

という四葉さんの言葉が決定打になったのだ。

日本じゃない場所で暮らしている自分なんてこれまで一度も想像したことがなかった。この国から遠く離れたところで、いちから人間関係や人生を構築できたら、どんなにいいだろう。少なくとも、

たことが一度あるだけで、渋谷にも池袋にもまだ行ったことがない。高校時代からの色あせたGU数枚を着まわし、毎晩シャワーを浴びる時に、身体をすべり落ちた湯を溜めておいて、石鹸《せっけん》で手洗いし、部屋干ししている。

そこまで生活費を切り詰めても四万八千円の家賃と合わせたら、毎月の支出が十万円に届きそうな時がある。真央は仕送りをもらわず、スーパーマーケットの時給のいい早朝と夕方の品出し、週末のビジネスホテルの清掃業務で生活費を捻出《ねんしゅつ》していた。体力には自信があるのでもっとバイトを増やすこともできるが、勤労学生控除限度額の百三十万円を超えないように、稼《かせ》ぎすぎた翌月はシフトを減らし調整している。

大学の授業料は、毎月、日本学生支援機構から振り込まれる十万円の奨学金でまかなっている。授業に出て提出物さえ間に合わせれば、比較的楽に卒業できる学部だとしても、平日は週五回、授業の始まる前の朝六時半から八時半、週四回は夕方五時半から閉店まで働くとなると時々、ただ横になっていたい朝が訪れる。

そんな時は、敷きっぱなしの布団に日がな一日横たわっていた、母の透けそうなほどきゃしゃな身体を思い出す。枕元にいつも置いてある袋詰め個包装のチョコレート菓子を入るだけ口に押し込んで、真央は瞼《まぶた》を無理に押し上げる。四年間で借りることになる奨学金四百八十万円の返済が常に頭にあった。来年は絶対に内定を得ないといけない。毎月二万二百八十三円を返済できるだけの給与がもらえるサービス業に絶対に就《つ》かないといけない。

お茶を貰《もら》った日から、真央はバイト中、※おばさんに注目するようになった。

いくつかわかったことがある。普通の派遣会社からやってくる試食販売のマネキンさんは数日で居なくなるのに、おばさんはこの一ヵ月、酒類売り場と乳製品売り場をつなぐ通路にずっと立っていること。そして、どの商品にも勝手にひと手間加えて売っていることだ。

新発売のクラッカーには薄切りのオレンジ色のチーズやジャムを載せ、どうやら自宅から持ってきたらしいハーブを彩りよく飾っていたのはまだいいとして、冷たいコーンポタージュに生クリームを足しているのは、さすがによくないのでは、と真央は思った。アイスココアも温めて、塩やスパイスやバターを足しているのも見た。

不思議なのが、試食がきっかけで商品を購入した客から、クレームが来る様子がないことだ。一見、人畜無害なのに、おばさんはズルすることになんの罪悪感も抱いていない風だった。

そういえば、真央が彼女の前で「寒」とつぶやいたあの日から、店の温度がいくぶん上がったというか、風がやわらかくなったのだが、気のせいだろうか。

〈中略〉

変化は小さなものだがじわじわと始まっていた。きっかけは、五十嵐店長が、

「あ、どうも、お疲れ様。宮元さんだったっけ？」

と、頭を下げるようになったことだろうか。真央が四葉さんといつも一緒にいるせいで、ぞんざいに扱ってはまずい、と判断するようになったのかな、と思い至ったが、すぐに忘れてしまった。

四葉さんが作ってきてくれるサンドイッチのおかげで真央は、きゅうりって美味しいな、と思うようになった。口がさっぱりして、体温がすうっと下がる気がする。四葉さんの作るサンドイッチは芸術品のようで真似する気にはなれないが、この辺にはいくらでもある無人野菜販売所できゅうりを安く買いだめし、塩をかけてバリバリと食べるようになった。頭がすっきりして、いつもより夜風が涼やかに感じられた。四葉さんが毎日のようにもってきてくれる、手作りのビスケットやスコーンやパウンドケーキのおかげで、市販のお菓子にお金を使うことも少なくなった。

ただ、ひっかかることは逆に増えたかもしれない。清掃のアルバイトで一緒になるベテランのおじさんに「ブス」とか「デブ」と暴言を吐かれることを、仕方ないや、と真央はそれまで聞き流してい

二〇二四年度

国学院大学久我山高等学校

【国語】（五〇分）〈満点：一〇〇点〉

〔注意〕・解答の字数は、句読点・符号も一字と数えること。
・設問の都合上、原文の一部に変更あり。

一 次の文章を読んで、後の各問に答えなさい。

その晩、真央はスマホで「国内テーマパークのアジア圏からの観光客誘致の展望」のレポートを打っている最中に、ふと、思いついて、背もたれ代わりにしていた三つ折りの敷き布団から身を起こした。奨学金説明会でもらった大学ロゴマーク入りのマグカップに、麦茶を注いで、チンしてみることにする。ブーンというファンの音を打ち負かすように、網戸越しの窓からはひっきりなしに蛙の鳴き声がする。家の前では大家さんがトマトを育てている。いつかは赤くなるのかと思って見ていたが、ずっと緑色のままだ。

多摩川を越え横浜の少し手前、山を切り開いてつくったこの街は雑木林と畑ばかりで、水底の石が見えるほど澄んだ川に貫かれている。急行は停まらないが隣駅は巨大ターミナル駅で、新宿までは各駅停車で四十分という利便性のため、※バブル期には集合住宅やマンションがゆるやかな丘陵を埋め尽くした。その住民の多くが今は高齢となり、生活の気配は緑に飲み込まれ、真央の生まれ育った九州の工業地帯の方がまだ栄えているような気がする。このアパートから自転車で二十分のところにある新設キャンパスも、名前の通った私立大学なのに、その存在を世間に知られていなかった。

一分半して電子レンジが鳴った。火傷《やけど》しないように取っ手を持って熱いマグに息をふうふう吹きかけた。部屋にエアコンはなく、汗びっしょりで目が覚めることも多いのに、一口飲むと、※昼間と同じように蓄積された冷えが浮かび上がり、端からじんわりと溶けていく。背中のこわばりがふっと消えて、思わず腕をぐるぐると回した。

電子レンジも扇風機も冷蔵庫も暖房も、教科書さえも、同じ大学の就職が決まった先輩たちからタダで譲り受けた。去年の六月まで暮らしていたシェアハウスのメンバーが、同じ居酒屋のバイト仲間だったという彼女たちを紹介してくれた。

①高校三年の春休みにホームセンターのアルバイトで貯《た》めたお金とそれまでの貯金は入学金で消えてしまい、一人暮らしの資金がないまま、着の身着のままで上京して、新生活がスタートした。

わずか八畳のアパートでの同じような年齢の女子四人の共同生活は、それぞれのプライバシーとシャワーの使用時間を死守するのに必死で、それ以上の付き合いは生まれなかったが、互いの情報には助けられた。真央もお返しに、今働いているスーパーの系列店が不定期に募集している梱包《こんぽう》作業のアルバイト情報を教えた。それでも、敷金礼金が貯まり、今の部屋を見つけるや否《いな》や、真央はいちもくさんにそこを飛び出し、LINEグループも退会した。

パソコンだけはどこからも譲ってもらえなかったので、昼間は大学のメディアセンターのものを使っている。自宅ではこうしてスマホでレポートを書き、自分宛のメールにテキストを貼り付け送信し、またメディアセンターで続きを書き足して、教授とやりとりしている。二千円もする自著を教科書に指定し、古本として流通させないために、毎年版を重ねるタイミングで言い回しを少しずつ変えていることで有名な五十代の教授は、パソコンが買えない学生がいるなんて想像したこともないんだろう。

八月に入ってメディアセンターが閉まったら、漫画喫茶に通うことになる。その出費に真央は今から身構えていた。

お茶は手作りしペットボトルで持ち歩く。スーパーで閉店後に廃棄が決まった惣菜《そうざい》をもらえるだけもらい、タッパーに詰めなおす。ご飯は鍋でたくさん炊いて一膳分ずつラップして冷凍する。アルバイト先にも学食にもそれを持って行く。サークルには入っていないし、ゼミの飲み会にはまれに誘われてもいかない。新宿をぶらつい

英語解答

1 第1部 No.1 2 No.2 1
No.3 3
第2部 No.1 4 No.2 2
No.3 2
第3部 No.1 shoes
No.2 crime rate, lower
No.3 Technology
No.4 Yes, it is

2 問1 ①…ア ⑥…エ
問2 方法 (例)高い所にあるレンガや窓が下の方より小さくなっている。
効果 (例)城が実際よりも高く見えるように錯覚させる。
問3 ウ
問4 (例)ゲストに道順を教えるのに，一本指で道を指さすこと。
問5 A 問6 エ
問7 エ→ア→ウ→カ→オ→イ
問8 ⓐ magic ⓑ keep
ⓒ correct
ⓓ garbage trucks
問9 1 Yes, they did.
2 They take classes at Disney University.
3 Because Walt wanted them to think of themselves as actors.
4 It takes ten minutes.
問10 1…○ 2…× 3…× 4…×
5…○ 6…○

3 (1) in which (2) go abroad
(3) take (4) pronouncing

4 1 known 2 up
3 passed since 4 number, is
5 nothing, eat 6 No, team

5 (例) I want people all over the world to know about Japanese tea ceremony. I am in the tea ceremony club. In our club, we sometimes invite foreigners to join us and we serve them matcha. It is difficult to explain how to drink tea in English, but I feel very happy when the guests understand my English and learn about Japanese culture.

1 〔放送問題〕解説省略

2 〔長文読解総合─説明文〕

≪全訳≫❶マジック・キングダム／ディズニー・ワールドの全てのパークの中で，マジック・キングダムが最も来場者数が多い。実際，それは世界の他のどのテーマパークより，年間の来場者数が多いのだ！ マジック・キングダムには，1900年の小さなアメリカの町のような，メインストリートUSAを通って入る。❷いくつかの建物は，ウォルトとロイが育ったミズーリ州の町をまねてつくられている。通り沿いの店の窓は低くつくられているので，子どもたちは中を見ることができる。ここでは，マジック・キングダムを周遊するために鉄道列車に乗ることができる。赤い列車はウォルトの名前に由来する。緑の列車はリリー・ベルで，ウォルトの妻の名前に由来する。❸メインストリートの一番奥にはシンデレラ城があり，27のロイヤルブルーと金の塔と4つの小塔が高くそびえ立っている。それはヨーロッパの城に影響を受けていて，可動式の橋や水濠《すいごう》がある。「大理石のレンガ」は，石のように見えるが，実際には鉄のフレームに取りつけられ，しっくいとコンクリートで覆われたグラスファイバーのパネルだ。

タワーは地上で建設され，クレーンで持ち上げられて設置された。❹飛行の安全のため，連邦法では高さ200フィートを超える建物は，上部に点滅する赤いライトをはっきりと見えるようにつけなければならないと定められている。そうするとおとぎ話のような効果を台なしにしてしまうので，シンデレラ城の高さは189フィートしかない。しかし，強化遠近法を使ったおかげで，ずっと高く見える。高い所にある「レンガ」や窓は，下にあるものより小さい。このため，あなたの目はだまされ，城が実際よりもずっと高いと思うのだ！❺シンデレラ城のエリアからは，マジック・キングダムの６つのランドへと分岐している。６つのランドとは，時計回りに，ファンタジーランド，トゥモローランド，メインストリート，アドベンチャーランド，フロンティアランド，リバティスクエアである。／【中略】❻さまざまなランドは，ウォルトがおとぎ話やファンタジーだけに興味があったわけではないことを示している。彼はまた，歴史上の瞬間や重要な現代の考え，世界の他の地域の紹介も表現したかったのだ。❼舞台裏／ディズニー・ワールドで魔法を起こすには，７万人以上のキャストが必要だ。仕事を始める前に，ほとんどのキャストはマジック・キングダムの裏にあるディズニー・ユニバーシティで授業を受ける。彼らはウォルト・ディズニーやディズニー・ワールド・リゾート，ディズニーのキャラクター，ゲストに対しての振る舞い方などを学ぶ。その後，特定の仕事のやり方や，演じるキャラクターの外見や演技についてさらなるトレーニングがある（１人のキャストが日によって役を変えることもよくある）。❽ディズニーの従業員はある理由でキャストと呼ばれている。ウォルトは彼らに，自分自身をディズニー・ワールドという大きなショーに出演する役者だと考えてほしかったのだ。彼らがゲストの中にいるときはいつでも，たとえ本物の舞台に立っていなくても，役を演じていると考えられている。小さなことでも重要なのだ。ゲストに道を指さして道順を教えるのは，「悪いショー」だと見なされるだろう。親しげに手を広げてジェスチャーで道順を教えるのは，「良いショー」と呼ばれる。❾ディズニーのキャラクターがどうやって魔法のように彼らの正しいランドに現れるのかを不思議に思ったことはあるだろうか。あるいは，なぜ彼らを彼らがいるべきでない場所で見かけたことがないのか，と。そう，あるときウォルトはディズニーランドで，フロンティアランドに向かう途中にトゥモローランドを歩いているカウボーイのキャストを見つけた。それはウォルトにはとても場違いに感じられた。それは彼がゲストのために望む魔法のような感覚を台なしにしていたのだ。❿このため，ディズニー・ワールドには，キャスト用の地下のトンネルがある。A彼らはゲストが自分たちを目にすることがないように，そこを通って自分たちのランドに歩いていく。ユーティリドー（共同溝）と呼ばれるこのトンネルは，マジック・キングダムの地下で１つの大きな輪を形成しており，真ん中にメインストリートの下を通る連絡トンネルがある。⓫もしあなたがキャストなら，１マイルほど離れた駐車場に車をとめ，バスでトンネルの入り口まで行くだろう。トンネルの中で最初に立ち寄るのは，軽食をとるためのマウスケテリアかもしれない。ホールの向かいには衣装部門がある。あなたは自分のサイズとその日に勤務する場所を伝える。衣装をもらったら，着がえて持ち物をロッカールームに保管する。⓬ミッキーマウスには，タキシードやスキューバスーツなど136ほどの衣装がある。ミニーマウスにはサファリスーツなど100以上の衣装がある。全てのキャラクターの衣装は，たくさんの洗濯物になる。幸いなことに，ディズニー・ワールドには敷地内に洗濯場がある。⓭パークの端から端までトンネルを通っていくと，徒歩で10分だ。トンネルは色分けされていて，パークのどのセクションが真上にあるかを示す標識がある。⓮あなたが望むランドに入るには，エレベーターか階段で１階に上がる。あなたは29ある無印のドアの１つを通って，マジック・キングダムへと出ていく。⓯⑤頭のてっぺんからつま先までを覆う衣装を着ていたら，暑い夏の日に陽気でいることがどれほど難しいか想像してみてほしい！　キャストが十分な休憩時間をとれるようにするルールがある。彼らはリラックスするために，下の階に戻って休憩室の１つに行くこともある。⑯トンネルがあるため，パーク内でごみ箱を空にするごみ収集車を見かけることはない。その代わり，ごみは，20インチのパイプを通り，最大時速60マイルのスピードでパークから吸い込まれる。トンネル内では，ごみが中央の集積エリアに向かって飛んでいく音を聞くこともある。⑰また，オフィスや保管エリア，キッチン，ヘアサロン，メイクルーム，さらにデザインやリハーサル用のスペースもある。パークのコンピューターシステムである，デジタル・アニメーション・コントロール・システム(DACS)もここにある。それは音響システムやオーディオ・アニマトロニクス・キャラクター，アトラクションの操作と監視を行う。それはステージの幕が時間どおりに開き，パレードが予定どおりに行われるようにするのに役立っている。⑱配送トラックはトンネルに到着し，最終的にパークに分配される商品や食品を届ける。ユーティリティの作業員がゴルフカートに乗って走り回る。トンネルは忙しい場所なのだ！

問１＜適語(句)選択＞①空所前の「窓が低くつくられている」と空所後の「子どもたちは中を見ることができる」という内容が，‘原因’→‘結果’の関係になっている。この関係をつなぐのは so「だから」。　⑥空所前は「ごみ箱を空にするごみ収集車を見かけない」，空所後は「ごみは，パイプを通ってパークから吸い込まれる」という内容。この内容をつなぐのは instead「その代わりに，そうではなく」。「ごみ収集車を見ない代わりに，ごみは吸い込まれている」ということ。

問２＜語句解釈＞直後に続く２文が forced perspective の具体的な説明で，直後の文で方法，その次の文で効果が述べられている。直後の文にある those は前に出ている特定の複数のものを指す代名詞で，ここでは the “bricks” and windows を指している。‘fool … into ～ing’は「…をだまして～させる」，‘see *A* as *B*’は「*A* を *B* だと見なす〔思う〕」という意味。much は「ずっと」の意味で比較級の taller を強調する用法で，最後の than it really is は「それの実際の高さよりも」という意味。

問３＜要旨把握＞第５段落第２文参照。文頭の Clockwise は「時計回りで」という意味。

問４＜要旨把握＞第８段落第５文参照。「『悪いショー』だと見なされる」ということは「ゲストにすべきでないこと」と考えられる。

問５＜適所選択＞脱落文の They や them が何を指すのかを考える。A の前ではキャスト専用のトンネルについて述べられており，ここに入れると「cast members がゲストに見られないように tunnels を通って歩いていく」となり，自然なつながりになる。　so that ～「～するように」

問６＜単語の意味＞下線部の後で「パークのどのセクションが真上にあるかを示す標識がある」と述べられていることから，color-coded にも場所を示す意味があると考えられる。トンネル内ではパーク内のどこにいるかがわかりにくいので，エ.「キャストがトンネル内でどこにいるのかがわかりやすくなるようにさまざまな色で印がつけられている」ということ。to make it easy for cast members to know ～は‘make＋目的語＋形容詞’「～を…(の状態)にする」の形で，it は for 以下を受ける形式目的語。for cast members は to know ～の意味上の主語である。color-coded は「色分けされた」という意味。

問７＜整序結合＞文脈と語群から，how ～ day の部分は「暑い夏の日に陽気でいることがどれほど難しいか」という意味の間接疑問になると推測できる。「どれほど～か」は‘how＋形容詞’の形で表すことができるので，これを１つの疑問詞とし，その後に‘主語＋動詞...’を続けていく。ここでの it は形式主語で，to remain ～以下を受けている。‘remain＋形容詞’で「～のままでいる」という意味。　cheerful「陽気な」

問8＜要約文完成＞≪全訳≫7万人以上のキャストが，ディズニー・ワールドでⓐ魔法を起こすために重要な役割を果たしている。魔法のような感覚ⓑを保つために，キャスト用の地下トンネルがある。マジック・キングダムでは，パークのゲストがキャラクターをⓒ正しいランドでしか見られないように，彼らは移動にトンネルを使う。また，ごみはトンネル内のパイプを通してパークから回収されるので，ゲストはⓓごみ収集車を見ることはない。

＜解説＞ⓐ第7段落第1文参照。　ⓑ第9，10段落参照。キャストが場違いな場所にいると，魔法のような感覚を台なしにしてしまうので，地下のトンネルがつくられた。言い換えれば，トンネルは「魔法のような感覚を保つ」ために存在するということ。　ⓒ第9，10段落参照。トンネルはキャストが場違いな場所で見られないようにつくられた。言い換えれば，「キャストは正しいランドでしか見られないようにトンネルで移動している」ということ。　ⓓ第16段落参照。ごみはパイプを通り，トンネル内の集積エリアに集められるため，ごみ収集車は見られない。　garbage truck「ごみ収集車」

問9＜英問英答＞1．「ウォルトとロイはミズーリ州の町で育ったか」―「はい，そうだ」　第2段落第1文参照。　2．「ディズニー・ワールドのほとんどのキャストは，そこで働く前にどうやってディズニーについて学ぶか」―「彼らはディズニー・ユニバーシティで授業を受ける」　第7段落第2文参照。　3．「ディズニーの従業員はなぜキャストと呼ばれるのか」―「ウォルトが彼らに自分自身を役者だと考えてほしかったから」　第8段落第2文参照。第8段落第3文後半の内容から，Because they are considered to be acting out a role.「彼らは役を演じていると考えられているから」などとしてもよい。　4．「地下のトンネルを通ってマジック・キングダムの端から端まで歩くのにどれくらいかかるか」―「10分かかる」　第13段落第1文参照。a ten-minute walkで「10分の歩行(の距離)」という意味。　'It takes＋時間＋to ～.'「～するのに〈時間〉がかかる」

問10＜内容真偽＞1．「マジック・キングダムはディズニー・ワールドのパークの中で最も人気がある」…○　第1段落第1文の内容に一致する。　2．「高さ200フィートを超える建物は連邦法で許されていないので，シンデレラ城は200フィート未満の高さである」…×　第4段落第1文参照。点滅するライトがあれば，高さ200フィートを超える建物も認められる。　3．「マジック・キングダムの6つのランドは，ウォルトがおとぎ話とファンタジーにしか興味がなかったことを示している」…×　第6段落参照。ウォルトは歴史上の瞬間や重要な現代の考えなども表現したいと思っていた。　4．「キャストはディズニー・ワールドで毎日同じ役を演じる」…×　第7段落最終文参照。1人のキャストが日によって役を変えることもある。　5．「キャストは休憩するためにマジック・キングダムの地下にある部屋の1つを利用できる」…○　第15段落最終文の内容に一致する。　6．「マジック・キングダムでは，地下のコンピューターシステムのおかげで，ゲストは時間どおりにパレードを見ることができる」…○　第17段落第2～4文の内容に一致する。

3 〔長文読解―誤文訂正―エッセー〕

≪全訳≫❶1990年，私が大学生だったとき，学生が発音を学ぶ音声学の授業をとった。そのクラスの教授はとても親切だったので，私は毎回の授業を楽しんだ。❷ある日，彼は私たちに，夏休みにロンドンの大学で世界的に有名な教授による音声学の授業が開かれると言った。私は発音にはあまり興味がなかったが，海外に行くいいチャンスだと思った。❸私は親にその授業を受けさせてくれるよう頼んだ。彼らは最初，イギリスに飛行機で行くのはとてもお金がかかるので，「いい」と言ってくれなかった。実際，私の家はあまり裕福ではなかった。その考えについてほとんど諦めていたとき，父が私の部屋に入ってきた。彼は私にお金を貸すと言い，また大学卒業後に返しなさいと言った。結局，両親は私がロンドンに行くことを許してくれたのだ。❹授業は私には難しすぎて，先生が私たちに言うことを全て理解することはできなかった。私はたくさんの宿題をするよう言われたが，全てがとても楽しかった。私は発音の勉強に前よりも興味を持つようになった。日本に帰ってから，私はカセットテープの音声をたくさん聞き，イギリスのアクセントで単語やフレーズを発音する練習をした。

＜解説＞(1) students learn about pronunciation in a class で「学生が授業で発音について学ぶ」となることから，本文の(c)の前にある先行詞 a class は前置詞 in の目的語となるので，(c)の which を‘前置詞＋関係代名詞’の in which にする。　(2) abroad は「外国に」という意味の副詞で「〜に」の意味が含まれているので，前置詞の to は不要。　(3) let は‘let＋目的語＋動詞の原形’の形で「〜に…させる」という‘許可’の意味を表す。なお(d)を含む部分は‘allow＋目的語＋to 〜’「…が〜することを許す〔可能にする〕」の形で誤りではない。　(4) practice は enjoy などと同様に，「〜すること」の意味の目的語として，to不定詞ではなく動名詞(〜ing)をとる。

4〔書き換え—適語補充〕

1.「ショウヘイは日本とアメリカで有名な野球選手だ」→「ショウヘイは日本とアメリカの多くの人々に知られている野球選手だ」　「有名な野球選手」＝「多くの人に知られている野球選手」と考え，過去分詞の形容詞的用法で表す。　(be) known to 〜「〜に知られている」

2.「高校生のとき，私は決して早く寝なかった」→「高校生のとき，私はいつも夜更かしをしたものだった」　stay up late で「夜更かしをする」という意味。下の文の would は「〜したものだった」という‘過去の習慣’を表す。

3.「私は10年前に友達と富士山に登った」→「私が友達と富士山に登ってから10年たつ」　‘時間＋have/has passed since 〜’の形で「〜してから〈時間〉がたつ」という意味になる。

4.「近頃，ますます多くの人が運動をしている」→「近頃，運動をする人の数が増えている」　the number of 〜「〜の数」は単数扱いなので，動詞が is となることに注意。

5.「その貧しい男は食べ物を全く持っていなかった」→「その貧しい男は食べる物が何もなかった」　nothing to eat で「食べる物が何もない」。この to eat は to不定詞の形容詞的用法。

6.「今年の東京高校駅伝で，私たちは全てのチームの中で最も速く走った」→「今年の東京高校駅伝で，私たちよりも速く走ったチームは他になかった」　‘No other＋単数名詞＋動詞＋as 〜 as …’「他のどの—も…ほど〔より〕〜ない」という意味を表す。as we did の did は前に出た動詞 ran の繰り返しを避けるために使われている。

5〔和文英訳—完全記述〕

テーマが「英語を学んで実現させたいこと」なので，自分が英語を使ってしたいことを表す文から始め，その具体的な説明を続ける。自分がどういう状況で英語を使うことになるのかなどにふれるとよいだろう。解答例は「私は日本の茶道について世界中の人に知ってもらいたい。私は茶道部に所属している。私たちの部ではときどき外国人に参加してもらい，彼らに抹茶を出している。英語でお茶の飲み方を説明するのは難しいが，ゲストが私の英語を理解し，日本の文化について学んでくれると，とてもうれしい」という意味。

数学解答

1 (1) $\dfrac{48}{5}$　(2) $\dfrac{-2x+1}{3}$

(3) $-\dfrac{108x^2}{yz^4}$　(4) -3

(5) $(x+2y-2)(x-2y+2)$

(6) $\pm\dfrac{1}{2}$　(7) ア…$-\dfrac{24}{5}$　イ…$\dfrac{12}{5}$

(8) ア…62　イ…34.5　(9) 2

(10) ア…$36\sqrt{2}$　イ…$6\sqrt{2}$

2 (1) 点C　(2) 6π　(3) 12回

(4) $96\pi+144\sqrt{3}-432$

3 ア…$n+m$　イ…$n-m$　ウ…$<$

エ…$2n$　オ…$2^3\times11\times23$　カ…4

キ…1, 35, 251, 505

4 (1) 2　(2) $y=3x+5$　(3) $\dfrac{21}{2}$

(4) 1, $\dfrac{3\pm\sqrt{97}}{4}$

1〔独立小問集合題〕

(1)＜数の計算＞与式$=\left(-\dfrac{6}{5}\right)^3\times\dfrac{2}{9}\times(-25)=\left(-\dfrac{216}{125}\right)\times\dfrac{2}{9}\times(-25)=\dfrac{216\times2\times25}{125\times9}=\dfrac{48}{5}$

(2)＜式の計算＞与式$=\dfrac{3(2x-1)+2(2-3x)-(4x-1)}{6}=\dfrac{6x-3+4-6x-4x+1}{6}=\dfrac{-4x+2}{6}=\dfrac{-2x+1}{3}$

(3)＜式の計算＞与式$=\dfrac{16x^4}{y^4}\times\dfrac{27y^3}{-z^6}\times\dfrac{z^2}{4x^2}=-\dfrac{16x^4\times27y^3\times z^2}{y^4\times z^6\times4x^2}=-\dfrac{108x^2}{yz^4}$

(4)＜数の計算＞与式$=x^2+2xy+y^2+4xy=(x+y)^2+4xy$と変形する。$x+y=\dfrac{1+\sqrt{5}}{2}+\dfrac{1-\sqrt{5}}{2}=\dfrac{2}{2}=1$，$xy=\dfrac{1+\sqrt{5}}{2}\times\dfrac{1-\sqrt{5}}{2}=\dfrac{1-5}{4}=\dfrac{-4}{4}=-1$だから，与式$=1^2+4\times(-1)=1-4=-3$となる。

(5)＜式の計算—因数分解＞与式$=x^2-4(y^2-2y+1)=x^2-4(y-1)^2$として，$y-1=Y$とおくと，与式$=x^2-4Y^2=x^2-(2Y)^2=(x+2Y)(x-2Y)$となる。$Y$をもとに戻して，与式$=\{x+2(y-1)\}\{x-2(y-1)\}=(x+2y-2)(x-2y+2)$となる。

(6)＜二次方程式＞両辺を2倍して，$(2x+1)^2-8x=-2(2x-1)$，$4x^2+4x+1-8x=-4x+2$，$4x^2=1$，$x^2=\dfrac{1}{4}$　$\therefore x=\pm\dfrac{1}{2}$

(7)＜関数—$\boldsymbol{a}$，$\boldsymbol{b}$の値＞一次関数$y=-3x+b$は，xの係数が負より，xの値が増加するとyの値は減少する。xの変域が$-4\leqq x\leqq b$より，yの値は，$x=-4$のとき最大，$x=b$のとき最小となる。yの変域が$a\leqq y\leqq-3a$だから，$x=-4$のとき$y=-3a$，$x=b$のとき$y=a$となる。$x=-4$，$y=-3a$を代入すると，$-3a=12+b$……①となり，$x=b$，$y=a$を代入すると，$a=-3b+b$，$a=-2b$……②となる。②を①に代入して，$6b=12+b$，$5b=12$，$b=\dfrac{12}{5}$であり，これを②に代入して，$a=-2\times\dfrac{12}{5}$，$a=-\dfrac{24}{5}$である。

(8)＜データの活用—中央値，四分位範囲＞9人の得点を小さい順に並べると，41，55，55，60，62，73，87，92，98となる。9人なので，中央値は小さい方から5番目の得点であり，62点となる。また，第1四分位数は，$9=4+1+4$より，小さい方の4人の得点41，55，55，60の中央値なので，2番目の55点と3番目の55点の平均値であり，55点となる。第3四分位数は，大きい方の4人の得点73，87，92，98の中央値なので，2番目の87点と3番目の92点の平均値であり，$(87+92)\div2=89.5$(点)となる。四分位範囲は，第3四分位数から第1四分位数をひいた差だから，$89.5-55=34.5$(点)である。

(9)＜平面図形—長さ＞次ページの図1で，△ABCは∠BAC$=90^\circ$の直角三角形だから，三平方の定理より，$\mathrm{BC}=\sqrt{\mathrm{AB}^2+\mathrm{AC}^2}=\sqrt{12^2+5^2}=\sqrt{169}=13$である。円の中心をOとし，円Oと辺AB，BC，ACの接点をそれぞれP，Q，Rとすると，OP⊥AB，OQ⊥BC，OR⊥ACとなる。よって，円Oの

半径をrとおくと，OP＝OQ＝OR＝rより，△OAB＝$\frac{1}{2}$×AB×OP＝$\frac{1}{2}$×12×r＝$6r$，△OBC＝$\frac{1}{2}$×BC×OQ＝$\frac{1}{2}$×13×r＝$\frac{13}{2}r$，△OAC＝$\frac{1}{2}$×AC×OR＝$\frac{1}{2}$×5×r＝$\frac{5}{2}r$と表せる。また，△ABC＝$\frac{1}{2}$×AB×AC＝$\frac{1}{2}$×12×5＝30である。したがって，

図1

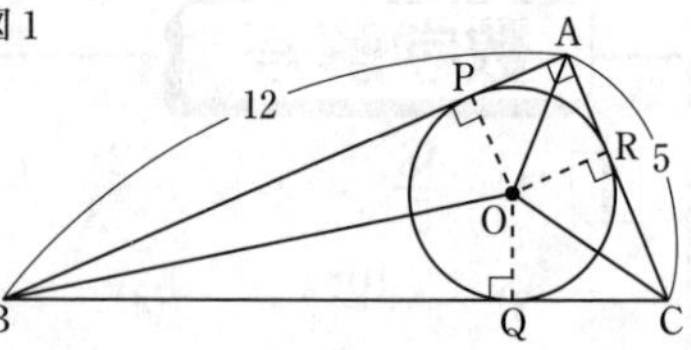

△OAB＋△OBC＋△OAC＝△ABCより，$6r+\frac{13}{2}r+\frac{5}{2}r=30$が成り立ち，$15r=30$より，$r=2$となるので，円の半径は2である。

≪別解≫図1で，∠PAR＝∠OPA＝∠ORA＝90°，OP＝ORより，四角形OPARは正方形だから，AP＝AR＝OP＝rである。これより，BP＝AB－AP＝$12-r$，CR＝AC－AR＝$5-r$となる。また，∠OQB＝∠OPB＝90°，OB＝OB，OQ＝OPより，△OBQ≡△OBPだから，BQ＝BP＝$12-r$となる。同様にして，△OCQ≡△OCRだから，CQ＝CR＝$5-r$となる。よって，BQ＋CQ＝BCより，$(12-r)+(5-r)=13$が成り立ち，$r=2$となる。

⑽<空間図形―体積>右図2で，立体O-ABCDは正四角錐だから，点Oから面ABCDに垂線OHを引くと，点Hは正方形ABCDの対角線AC，BDの交点と一致する。△ABHは直角二等辺三角形となるから，AH＝$\frac{1}{\sqrt{2}}$AB＝$\frac{1}{\sqrt{2}}$×6＝$3\sqrt{2}$となり，△OAHで三平方の定理より，OH＝$\sqrt{\mathrm{OA}^2-\mathrm{AH}^2}=\sqrt{6^2-(3\sqrt{2})^2}=\sqrt{18}$＝$3\sqrt{2}$である。よって，〔正四角錐O-ABCD〕＝$\frac{1}{3}$×〔正方形ABCD〕×OH＝$\frac{1}{3}$×(6×6)×$3\sqrt{2}$＝$36\sqrt{2}$となる。次に，点Pから面ABCDに垂線PIを引くと，〔平面OAC〕⊥〔面ABCD〕だから，点Iは線分AH上の点となる。∠PAI＝∠OAH，∠PIA＝∠OHA＝90°より，△PAI∽△OAHだから，PI：OH＝PA：OAである。点Pが辺OAの中点より，PA：OA＝1：2だから，PI：OH＝1：2であり，PI＝$\frac{1}{2}$OH＝$\frac{1}{2}$×$3\sqrt{2}$＝$\frac{3\sqrt{2}}{2}$となる。また，AQ：QB＝2：1より，AQ＝$\frac{2}{2+1}$AB＝$\frac{2}{3}$×6＝4である。したがって，〔三角錐P-AQD〕＝$\frac{1}{3}$×△AQD×PI＝$\frac{1}{3}\times\left(\frac{1}{2}\times4\times6\right)\times\frac{3\sqrt{2}}{2}$＝$6\sqrt{2}$となる。

図2

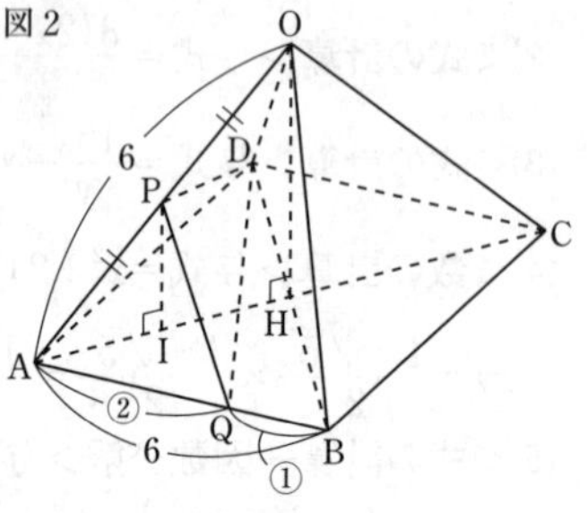

2〔平面図形―正方形，正三角形〕

≪基本方針の決定≫⑷　囲まれていない部分の面積を考えよう。

⑴<移動する点>右図で，はじめに点Eの位置にあった頂点Pは，1回目の移動で頂点Dと重なり，2回目の移動では動かず，3回目の移動で点Hの位置に移動し，4回目の移動で頂点Cと重なる。よって，はじめから4回移動したとき，頂点Pは点Cに移動する。

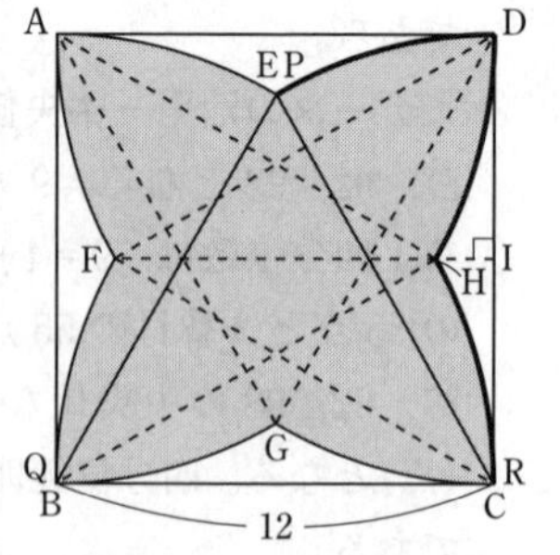

⑵<長さ>右図で，点Pが動いたあとは，1回目の移動は点Cが中心だから，おうぎ形CEDの$\overset{\frown}{\mathrm{ED}}$となり，3回目の移動は点Aが中心だから，おうぎ形ADHの$\overset{\frown}{\mathrm{DH}}$となり，4回目の移動は点Bが中心だから，おうぎ形BHCの$\overset{\frown}{\mathrm{HC}}$となる。四角形ABCDが正方形，△PQRが正三角形より，∠BCD＝90°，∠BCE＝∠QRP＝60°だから，∠ECD＝∠BCD－∠BCE＝90°－60°＝30°であり，同様に，∠DAH＝∠HBC＝30°となる。よって，$\overset{\frown}{\mathrm{ED}}=\overset{\frown}{\mathrm{DH}}=\overset{\frown}{\mathrm{HC}}=2\pi\times12\times\frac{30°}{360°}=2\pi$となり，はじめから4回移動したとき，点Pが動いたあとの長さは，$\overset{\frown}{\mathrm{ED}}+\overset{\frown}{\mathrm{DH}}+\overset{\frown}{\mathrm{HC}}=2\pi+2\pi+2\pi=6\pi$と

なる。

(3)＜移動の回数＞前ページの図で，(1)より，はじめから4回移動したとき，頂点Pは頂点Cと重なる。このとき，頂点Qは点Eの位置にあり，頂点Rは頂点Bと重なっている。この状態から4回移動すると，はじめから4回移動したときと同様に考えて，頂点Qが頂点Cと重なるので，頂点Pは頂点Bと重なり，頂点Rは点Eの位置となる。さらに4回移動すると，頂点Rが頂点Cと重なるので，頂点Pは点Eの位置となる。よって，点Pが初めてもとの位置に戻るのは，はじめから $4\times3=12$(回)移動したときである。

(4)＜面積＞前ページの図で，はじめから12回移動したとき，点Pが動いたあとは，$\overset{\frown}{\mathrm{ED}}$，$\overset{\frown}{\mathrm{DH}}$，$\overset{\frown}{\mathrm{HC}}$，$\overset{\frown}{\mathrm{CG}}$，$\overset{\frown}{\mathrm{GB}}$，$\overset{\frown}{\mathrm{BF}}$，$\overset{\frown}{\mathrm{FA}}$，$\overset{\frown}{\mathrm{AE}}$ だから，点Pが動いたあとで囲まれた部分は，影をつけた図形となる。図形の対称性より，影をつけた部分の面積は，正方形ABCDの面積から，線分AB，$\overset{\frown}{\mathrm{BF}}$，$\overset{\frown}{\mathrm{FA}}$ で囲まれた図形4つ分の面積をひいて求められる。線分AB，$\overset{\frown}{\mathrm{BF}}$，$\overset{\frown}{\mathrm{FA}}$ で囲まれた図形の面積は，〔正方形ABCD〕－〔おうぎ形CBF〕－〔おうぎ形DFA〕－△FCDである。正方形ABCDの面積は，$12\times12=144$ であり，$\angle\mathrm{BCF}=\angle\mathrm{FDA}=\angle\mathrm{ECD}=30^\circ$ となるから，〔おうぎ形CBF〕＝〔おうぎ形DFA〕$=\pi\times12^2\times\dfrac{30^\circ}{360^\circ}=12\pi$ となる。また，△FCDは正三角形だから，点FからCDに垂線FIを引くと，△FCIは3辺の比が $1:2:\sqrt{3}$ の直角三角形となり，$\mathrm{FI}=\dfrac{\sqrt{3}}{2}\mathrm{CF}=\dfrac{\sqrt{3}}{2}\times12=6\sqrt{3}$ となる。これより，$\triangle\mathrm{FCD}=\dfrac{1}{2}\times\mathrm{CD}\times\mathrm{FI}=\dfrac{1}{2}\times12\times6\sqrt{3}=36\sqrt{3}$ となる。よって，線分AB，$\overset{\frown}{\mathrm{BF}}$，$\overset{\frown}{\mathrm{FA}}$ で囲まれた図形の面積は，$144-12\pi\times2-36\sqrt{3}=144-24\pi-36\sqrt{3}$ だから，求める面積は，$144-(144-24\pi-36\sqrt{3})\times4=96\pi+144\sqrt{3}-432$ である。

3 〔数と式―数の性質〕

≪基本方針の決定≫2つの数が正の偶数になることより，どちらにも素因数2が含まれる。

＜解説＞$m^2+2024=n^2$ より，$n^2-m^2=2024$ として，左辺を因数分解すると，$(n+m)(n-m)=2024$ となる。$m^2+2024=n^2$ より，$m^2<n^2$ であり，m，n は正の数だから，$m<n$ である。これより，$n+m$ と $n-m$ はともに正の数となる。$n+m$ と $n-m$ について，その和は，$(n+m)+(n-m)=n+m+n-m=2n$ である。$n+m$ と $n-m$ がともに正の偶数である場合を考える。2024を素因数分解すると，$2024=2^3\times11\times23$ となるから，$(n+m)(n-m)=2024$，$n+m>n-m$ を満たす正の偶数 $n+m$，$n-m$ の組は，$(n+m,\ n-m)=(2^2\times11\times23,\ 2)$，$(2\times11\times23,\ 2^2)$，$(2^2\times23,\ 2\times11)$，$(2\times23,\ 2^2\times11)$ より，$(n+m,\ n-m)=(1012,\ 2)$，$(506,\ 4)$，$(92,\ 22)$，$(46,\ 44)$ の4個が考えられる。それぞれの組で m の値を求めると，$n+m=1012$……①，$n-m=2$……②のとき，①－②より，$m-(-m)=1012-2$，$2m=1010$，$m=505$ となる。同様にして，$n+m=506$，$n-m=4$ のとき，$2m=502$，$m=251$ となり，$n+m=92$，$n-m=22$ のとき，$2m=70$，$m=35$ となり，$n+m=46$，$n-m=44$ のとき，$2m=2$，$m=1$ となる。よって，$m=1$，35，251，505である。

4 〔関数―関数 $y=ax^2$ と一次関数のグラフ〕

≪基本方針の決定≫(4)　点Qが，直線ABより下側，上側にある場合で考える。

(1)＜比例定数＞次ページの図で，2点A，Bは放物線 $y=ax^2$ 上にあり，x 座標はそれぞれ -1，$\dfrac{5}{2}$ だから，$y=a\times(-1)^2=a$，$y=a\times\left(\dfrac{5}{2}\right)^2=\dfrac{25}{4}a$ より，$\mathrm{A}(-1,\ a)$，$\mathrm{B}\left(\dfrac{5}{2},\ \dfrac{25}{4}a\right)$ と表せる。これより，直線ABの傾きは，$\left(\dfrac{25}{4}a-a\right)\div\left\{\dfrac{5}{2}-(-1)\right\}=\dfrac{21}{4}a\div\dfrac{7}{2}=\dfrac{3}{2}a$ と表せる。直線ABの傾きは3であるから，$\dfrac{3}{2}a=3$ が成り立ち，$a=2$ となる。

(2)＜直線の式＞次ページの図で，直線ABは傾きが3なので，その式は $y=3x+b$ とおける。(1)より，

$a=2$ だから，$A(-1,\ 2)$ である。直線 $y=3x+b$ は点Aを通るから，$x=-1$，$y=2$ を代入して，$2=-3+b$，$b=5$ となり，直線ABの式は $y=3x+5$ となる。

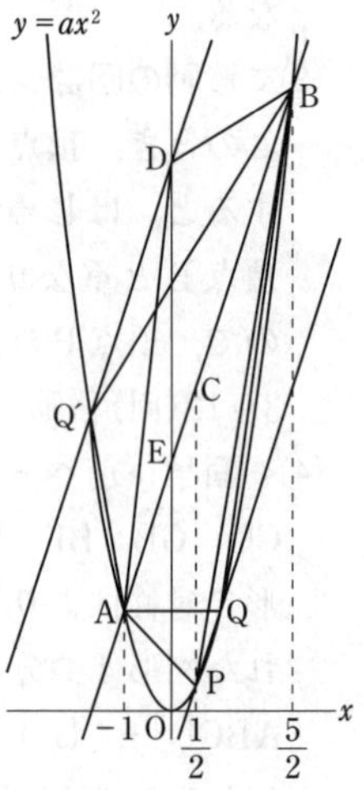

(3)＜面積＞右図で，(1)より，点Pは放物線 $y=2x^2$ 上の点となる。x 座標は $\frac{1}{2}$ なので，$y=2\times\left(\frac{1}{2}\right)^2=\frac{1}{2}$ より，$P\left(\frac{1}{2},\ \frac{1}{2}\right)$ である。点Pを通り y 軸に平行な直線と直線ABの交点をCとすると，△PAB＝△APC＋△BPCとなる。(2)より，点Cは直線 $y=3x+5$ 上の点で，x 座標は $\frac{1}{2}$ だから，$y=3\times\frac{1}{2}+5=\frac{13}{2}$ となり，$C\left(\frac{1}{2},\ \frac{13}{2}\right)$ である。よって，$CP=\frac{13}{2}-\frac{1}{2}=6$ となる。△APC，△BPCの底辺をCPと見たときの高さは，3点A，P，Bの x 座標より，それぞれ $\frac{1}{2}-(-1)=\frac{3}{2}$，$\frac{5}{2}-\frac{1}{2}=2$ である。したがって，$\triangle APC=\frac{1}{2}\times6\times\frac{3}{2}=\frac{9}{2}$，$\triangle BPC=\frac{1}{2}\times6\times2=6$ となり，$\triangle PAB=\frac{9}{2}+6=\frac{21}{2}$ である。

(4)＜**x 座標**＞右上図で，点Qが直線ABより下側にあるとき，△PAB，△QABの底辺をABと見ると，△PAB＝△QABより，高さが等しくなる。よって，AB∥PQとなる。直線ABの傾きが3より，直線PQの傾きも3なので，直線PQの式は $y=3x+c$ とおける。$P\left(\frac{1}{2},\ \frac{1}{2}\right)$ を通るので，$\frac{1}{2}=3\times\frac{1}{2}+c$，$c=-1$ となり，直線PQの式は $y=3x-1$ である。これより，点Qは放物線 $y=2x^2$ と直線 $y=3x-1$ の交点となる。2式より y を消去すると，$2x^2=3x-1$，$2x^2-3x+1=0$ となり，$x=\frac{-(-3)\pm\sqrt{(-3)^2-4\times2\times1}}{2\times2}=\frac{3\pm\sqrt{1}}{4}=\frac{3\pm1}{4}$ となる。$x=\frac{3-1}{4}=\frac{1}{2}$，$x=\frac{3+1}{4}=1$ となり，$x=\frac{1}{2}$ は点Pの x 座標だから，点Qの x 座標は1である。次に，点Qが直線ABより上側にあるときの点QをQ′とする。y 軸上の直線ABより上側の部分に，$\triangle DAB=\triangle PAB=\frac{21}{2}$ となる点Dをとり，直線ABと y 軸の交点をEとする。△DAB＝△ADE＋△BDEであり，△ADE，△BDEの底辺をDEと見ると，高さは，2点A，Bの x 座標より，それぞれ1，$\frac{5}{2}$ となる。直線ABの切片が5より，$E(0,\ 5)$ だから，$D(0,\ d)$ とすると，$DE=d-5$ である。よって，$\triangle DAB=\frac{1}{2}\times(d-5)\times1+\frac{1}{2}\times(d-5)\times\frac{5}{2}=\frac{7}{4}d-\frac{35}{4}$ と表せるので，$\frac{7}{4}d-\frac{35}{4}=\frac{21}{2}$ が成り立つ。これより，$\frac{7}{4}d=\frac{77}{4}$，$d=11$ となるので，$D(0,\ 11)$ である。また，△Q′AB＝△PABより，△Q′AB＝△DABとなる。△Q′AB，△DABの底辺をABと見たときの高さが等しいので，Q′D∥ABであり，直線Q′Dの傾きは3となる。したがって，直線Q′Dの式は $y=3x+11$ となり，点Q′は放物線 $y=2x^2$ と直線 $y=3x+11$ の交点となる。この2式より，$2x^2=3x+11$，$2x^2-3x-11=0$ となり，$x=\frac{-(-3)\pm\sqrt{(-3)^2-4\times2\times(-11)}}{2\times2}=\frac{3\pm\sqrt{97}}{4}$ となる。点Q′は点Bより上側にも考えられるので，ともに適する。以上より，求める点Qの x 座標は，1，$\frac{3\pm\sqrt{97}}{4}$ である。

═読者へのメッセージ═

関数 $y=ax^2$ のグラフは放物線で，英語ではパラボラ(parabola)といいます。パラボラアンテナは，断面が放物線の形になっています。なぜ放物線の形なのかは，高校で放物線について学習するとわかります。

2024年度／国学院大学久我山高等学校

国語解答

一 問一　4　　問二　自分と向き合う時間

問三　努力を惜しまずひたむきに生きる真央を心から尊敬し，手助けしたいと思ったから。(38字)

問四　2　　問五　2

二 問一　4

問二　色とは関係～成するもの

問三　染めるというのは，二度とやってこない植物の「ある時点」の命が糸に移るという驚異であり，奇跡である(48字)

問四　色なきもの　　問五　3

三 問一　をしの妻鳥　　問二　3

問三　4　　問四　2

四 問一　①　是非　②　侵犯　③　養殖　④　朗詠　⑤　怠　⑥　赴　⑦　暫定

問二　①　転　②　鳴　③　象

一〔小説の読解〕出典：柚木麻子『オール・ノット』。

問一＜文章内容＞真央は，仕送りをもらわず，アルバイトで生活費を稼ぎ，節約に節約を重ね質素な生活をしていて，日々の生活費の捻出や，奨学金の返済に見合う仕事に「絶対に就かないといけない」というあせりと不安に追い立てられており，お茶を飲んでほっとしたり「心にふっと涼やかな風が吹き込む瞬間」を感じたりする余裕さえなかった。

問二＜文章内容＞真央には，「余裕をもって，自分と向き合う時間など，これまでの人生にまったくなかった」が，四葉さんと出会ってから，何もせずぼんやりしたり，図書館で借りた本を読んだり，新しい勉強を始めるようになり，自分を理解する時間を持てるようになった。

問三＜心情＞四葉さんは，「ずっとひとりで頑張ってきた」真央のことを「なによりも，とても努力家」ですばらしいと心の底から尊敬しており，そんな真央のために何か自分ができることで役に立ちたいという思いで，お菓子やサンドイッチをつくって食べさせていた。

問四＜文章内容＞四葉さんは，試食販売するのに勝手に商品に手を加えたり，おじさんに暴言を吐かれていた真央に大胆なアドバイスをするなど，他者の目を気にしない行動をする。しかし，四葉さんは，冷房で寒がる人を知り冷房の温度を上げるため何かしてくれていたり，店長からハラスメントを受けている女性の相談に乗ってくれたりするなど，困っている人のために親身になって助けてくれる人でもある。

問五＜文章内容＞真央は，これまで，生活することに精いっぱいで自分と向き合う時間さえなかったが，四葉さんの影響で心に余裕が生まれ，自分の適性や今後の人生について考える時間を持つようになった。また，四葉さんとの会話をきっかけに，海外で仕事をするという夢が生まれ，そのための英語の勉強を始めた。

二〔説明文の読解―芸術・文学・言語学的分野―芸術〕出典：田中優子「『野の果て』の世界」／〔随筆の読解―芸術・文学・言語学的分野―文学〕出典：志村ふくみ『野の果て』。

≪本文の概要≫【Ⅰ】私は，染色家の志村ふくみさんが書いた『野の果て』を読みながら，日常接する管理された自然とは全く異なる，この世の向こう側にある自然界の存在に気づき，「色の背後」に「植物の生命」があることを実感した。志村さんが染色を語るとき，主体となり生きているのは，色や糸，それらが出現する植物や生物，風土，さらにはその全体の向こうにある目に見えない「自然の理」である。志村さんの言葉からは，色も人間も，生命は向こう側の世界からこの世に現れ，生きて消えてゆき，全てのつながりの中で存在していることを感じ取ることができる。また，自然界には一つとして同じ色はなく，古典文学に見られる色の表現から，色とは関係の中に立ち現れるもので，色名も言葉との組み合わせで多様な情感を構成することにも気づかされた。全ては固定された実体ではなく，うつろう存在である。染めるとは，うつろう存在の「ある時点」の命が糸に移るという驚異であり，奇跡なのである。

【Ⅱ】「鈍色」は，紫の余韻を残した灰色，墨色である。紫式部は，王朝の華麗な色彩の物語である『源氏物語』の終わりに，白と黒，すなわち清浄と死の無彩色にたどりついた。さらに，無彩色の白黒の領域を純化した「色なき色」を表現し，色彩における「あわれ」の世界を展開したのである。

問一＜文章内容＞『野の果て』で志村さんが染めの現場を語る言葉の力によって，「私」は，「この世の向こう側」に引き込まれるような気持ちになった。「この世の向こう側」とは，「自然界」のことではあるが，目に見える自然というだけでなく，「色の背後にある『植物の生命』」のことであり，「私」は，植物と植物が染める色が生きていることを『野の果て』から感じ取った。

問二＜文章内容＞「夕顔鼠」という色が「紫がかった茶鼠色」を指すように，日本人にとっての色は，その場の状況や，色を表現する人と色との関係によって感じ方が変わる。また，『源氏物語』では「鈍色」を「いとどなまめかしき」と表現することで「対比が白黒の世界を際立たせ」ているように，色名も「他の言葉との組み合わせで，多様な情感を構成するもの」だった。

問三＜要旨＞『野の果て』を読んだ「私」は，かたちはあっても「固定された実体」ではないのが全ての生命の本質で，生命とはうつろう存在であると実感した。そして，植物で糸を染めるという行為は，二度とやってこない「ある時点」での植物の命を糸に移すことであり，「その存在の，その時が，糸にしっかりと移る」ことが奇跡的なことなのだと実感した。

問四＜文章内容＞『源氏物語』では，華やかな美しさを「充分に味わい尽くした」後には，「色彩の局限の世界」ともいえるような「色なき色」の世界に到達した。そして，伊原さんによれば，その「色なき色」といえるまでに色彩を高めていくことで，「あはれ」が生まれるのである。

問五＜要旨＞【Ⅰ】の文章では，日本人が，管理された自然とは異なる「自然の理」から立ち現れる「色」を言葉に置き換えて，多様な情感を表現してきたことからわかるように，色と言葉の関係には自然および生命の表現が関わっていると述べられている。【Ⅱ】の文章では，色と言葉の関係を具体的に表したものとして，「色なき色」にまでたどり着くところに「あはれ」が生まれるという『源氏物語』の表現が取りあげられている。

三〔古文の読解―説話〕出典：『古今著聞集』巻第二十，七一三。

≪現代語訳≫福島県の田村郷の住人で，馬の允何とかとかいう男が，鷹《たか》を使って(猟をして)いたが，鳥を捕まえられずむなしく帰ったところ，赤沼という所に，おしどりのつがいがいたので，くるりを使って射たところ，狙いたがわず雄鳥に当たった。そのおしどり(の雄鳥)をそのままそこで鷹に餌として与えて，食べ残しを鷹の餌袋に入れて家へ帰った。その日の夜の夢で，とても美しい女で小柄な者が，枕元に来てさめざめと泣いていた。(馬の允が)不思議に思って，「どのような(事情がある)人がこのように泣いているのか」と尋ねると，「昨日赤沼で，大した悪いこともしていませんのに，長年連れ添った夫を(あなたが)殺しなさったその悲しみに堪えられず，(ここへ)参上して憂いを申し上げています。この(悲しみの)思いのため私も生き長らえることはできません」と言って，和歌を一首唱えて，泣きながら去っていった。

日が暮れれば誘い合ってともに過ごしたのに，赤沼の真菰《まこも》に隠れて一人で寝るとは，つらいことです。

(馬の允が)気の毒にも理解しがたいことにも思っていると，一日おいて次の日に，(鷹の)食べ残しを見たら，餌袋におしどりの妻鳥が，雄のくちばしを自分のくちばしにくわえ合わせて，死んでいたのだった。これを見て，その馬の允は，すぐに髪を切って出家してしまった。

問一＜古文の内容理解＞馬の允に赤沼で殺された雄のおしどりの妻の鳥が，美しい女に姿を変えて，馬の允の夢の中に出てきたのである。

問二＜古文の内容理解＞長年連れ添った夫を殺された悲しみに堪えられず，妻のおしどりは，夫を殺した馬の允に悲しみを嘆き訴えにきたのである。「うれへ」は，ハ行下二段活用動詞「うれふ」の連用形であり，嘆き訴える，という意味のほか，心配する，病気になる，という意味もある。

問三＜古文の内容理解＞妻鳥は，夫をなくし一人きりになったことを，憂いているのである。「憂《う》き」は，真菰という浮草の「浮き」と掛詞になっている。

問四＜古文の内容理解＞鷹を使って狩りをしていた馬の允は，動物を殺すことに後ろめたい気持ちは感じていなかったが，夫を殺されて嘆き悲しみ夢に出てきたばかりでなく，自ら死を選んだ妻鳥を実際に見て，たとえ動物であっても人のように心があることを知り，動物を殺すことに深い罪の意識を感じたのである。

四〔国語の知識〕

問一＜漢字＞①「是非」は，この場合は，よし悪しのこと。　②「侵犯」は，他国の領土や権利をおかすこと。　③「養殖」は，魚介や海藻を人工的に飼育し繁殖させること。　④「朗詠」は，声高く節をつけて歌うこと。　⑤音読みは「怠惰」などの「タイ」。　⑥音読みは「赴任」などの「フ」。　⑦「暫定」は，正式に決定するまで仮に決めておくこと。

問二＜四字熟語＞①「本末転倒」と書く。根本的なこととそうでないこととを取り違えること。

②「大山鳴動」と書く。「大山鳴動してねずみ一匹」を略した言葉。大きな山が地響きを立てて大揺れしても，出てきたのはねずみ一匹だったということから，事前の騒ぎだけは大きく結果は小さいことのたとえ。　③「森羅万象」と書く。「森羅」は，樹木が茂るという意味から転じて，無数に連なること。「万象」は，形あるもの全てのこと。

Memo

Memo

Memo

2023年度 国学院大学久我山高等学校

【英　語】（50分）〈満点：100点〉

1　リスニングテスト

第1部

No. 1　1　Watch TV.　　2　Play tennis.
　　　3　See a play.　　4　Do their homework.

No. 2　1　Because he hadn't joined the class yet.
　　　2　Because he was sleeping.
　　　3　Because he went to get a dictionary.
　　　4　Because he was checking the network.

No. 3　1　A table by the window at 2 p.m. this Wednesday.
　　　2　A table by the window at 8 p.m. this Friday.
　　　3　A table near the entrance at 8 p.m. this Friday.
　　　4　A table near the entrance at 2 p.m. this Wednesday.

第2部

No. 1　1　By train.　　2　By air.　　3　By sea.　　4　By bus.

No. 2　1　Tuesday.　　2　Thursday.　　3　Friday.　　4　Saturday.

No. 3　1　Bring buckets of water.　　2　Bring water pistols.
　　　3　Get ready to be wet.　　4　Go back home.

第3部

No. 1　According to the speaker, what is the highest temperature ever recorded in the United Kingdom ?

No. 2　According to the speaker, what is one thing we should do to solve global warming ?

No. 3　According to the speaker, what is the other thing we should do to fight global warming ?

No. 4　According to the speaker, if we don't do anything to improve what is happening on Earth, what will happen to our children and grandchildren in the future ?

※＜**リスニングテスト放送原稿**＞は英語の問題の終わりに付けてあります。

2　次の「これまでのあらすじ」と「本文」を読み，後の問いに答えなさい。

＜これまでのあらすじ＞

Jen and her boyfriend Ben were having dinner with friends. Ben told their friends that Jen's dreams sometimes came true after a certain amount of time. As people asked questions, Jen explained what happened with her dreams. She also added that noting important ever came true. She said it was only little things. The friends asked a lot of questions and Jen became uncomfortable. The party ended and Ben went home. He was an electrician and had an early job across town. Jen fell asleep while she was dreaming that Ben would ask her to marry him.

Jen woke up the next morning in a sweat with a strange ringing sound in her ears. The dream she had was the worst one she could remember : *Ben was caught in a fire at the building which he worked in and he couldn't find a *way out. The smoke and heat from the fire was terrible ! And then there was a loud *metallic ringing sound as something heavy fell down on him.*

Jen (①) to calm her *heart beat. She looked at the clock. It said 7:05 a.m. Ben was probably already at work, but she wanted to call him anyway.

'Hello ?' Ben answered after the second ring.

'Hi, it's me,' Jen said. 'I just wanted to hear your voice. You OK ?'

'I'm great, babe !' he said. 'Just getting ready to start the day. This is a big job, and it is good. I'm going to need some *extra money pretty soon. Don't you know ②<u>what I mean</u> ?'

Jen's heart jumped. "Did he say that he needed money to buy me a wedding ring ?" She smiled. 'I love you, Ben,' she said.

'I love you too, Jen,' he said. 'I'll see you after work, OK ?'

'OK,' she *replied. 'Be safe today.'

'Always,' he said, and then *hung up.

It wasn't her first bad dream, and she knew her bad dreams never came true.

Jen got out of bed and began getting ready for the day. An hour later, she was driving to work. She was still thinking about the dream. Ben's new job was in a building on the other side of town from the clinic in which she worked as a nurse. ③<u>It took an hour to get through traffic from one side of the city to the other</u>, so there was no way for her to check up on Ben until later that evening. She tried not to think about the dream, but she *couldn't help worrying.

When her lunch break came at noon after a busy morning, she was glad for a moment of peace. A couple of the other nurses were in the break room, too. They all were simply enjoying the silence ... until Sherry dropped a spoon to eat her soup with. It made a loud metallic ringing on the table.

The ringing sound caused one of the strongest sense memories for Jen. It was the same sound in her head that morning. The same sound in the terrible dream in which Ben was in a fire and something heavy fell down on him !

Jen looked at the clock. It said 12:07 p.m. She thought back to the time on the clock at which she woke up : 7:05 a.m. Her bad dreams never came true, but ④<u>the feeling Jen had deep in her heart at that moment wasn't something she could run away from.</u>

The clock now said 12:08 p.m. Jen did some quick figures and realized she had 1 hour and 14 minutes to do something. She jumped up, *grabbed her bag and rushed out of the break room.

When Jen got in her car, she dialed Ben's number with one hand while she started the car with the other. His phone rang and rang and finally went to voicemail as she drove down the street.

'Ben, it's me,' Jen said quickly. 'Call me when you get this, please.' She hung up just as she turned onto the *highway. It was lunchtime, so traffic was a little heavy, (⑤) it was not as bad as rush hour at the end of the day. Still, it would probably take a full hour to get to Ben's building.

Jen looked at the clock in her car. It said 12:16 p.m. She picked up her phone again and dialed Ben's friend Jaime's number. He picked up after the third ring.

'Hi, Jaime, it's Jen,' she said.

'Hi, Jen !' he replied. 'What's up ?'

She asked herself, "Should I say anything to him about my dream ?" After a long *pause she decided to be honest. 'I had a dream that Ben was caught in a fire in the building which he worked in,' Jen said. 'I know I told you last night that my dreams don't come true, but this one is really ⑥bothering me. And now he is not answering my call and I'm *freaking out a little bit.'

'OK. I'll go over there and check on him.' Jaime said.

'Thanks, Jaime,' Jen said. 'I hope it's nothing.'

'Me too,' Jaime said. 'Don't worry, he'll be OK, Jen.'

Jen hung up and looked at the clock again. It was 12:22 p.m.

The traffic wasn't bad and Jen was able to keep moving for the first 30 minutes of the drive to Ben's building. Then, about five miles from the building, the traffic stopped completely. She tried Ben's phone again, but there was still no answer. She *texted Jaime, but he didn't answer right away. She looked at the clock. It was 12:54 p.m. She had 28 minutes before the dream might come true.

Finally she arrived at the Ben's building. She looked at the clock — 1:12 p.m. She had ten minutes. She ran toward the door to the lobby. As soon as she walked in, she could smell it — (⑦)! Her heart *sank, and she began to panic. It was real. There was a fire! Her dream was going to come true!

way out：逃げ道　metallic：金属の　heart beat：心拍数　extra：追加の
replied：返答した　hung up：電話を切った　couldn't help worrying：心配せずにはいられなかった
grabbed：～をつかんだ　highway：高速道路　pause：休止　freak out：ひどく困惑する
texted：(携帯電話で)～にメッセージを送った　sank：落ち込んだ

問１　(①)に入る語句として，最も適切なものを選び，記号で答えなさい。
ア　cried out　イ　thought about her dream again
ウ　took a deep breath　エ　moved quickly

問２　下線部②の具体的な内容を日本語で答えなさい。

問３　下線部③を日本語になおしなさい。

問４　下線部④を日本語になおしなさい。

問５　(⑤)に入る語として，最も適切なものを選び，記号で答えなさい。
ア　so　イ　or　ウ　for　エ　but

問６　下線部⑥の意味として，最も適切なものを選び，記号で答えなさい。
ア　to make someone clean　イ　to make someone better
ウ　to make someone interested　エ　to make someone worried

問７　(⑦)に入る語は直前のitが指すものである。(⑦)に入るsから始まる英語１語を本文中から抜き出し，答えなさい。

問８　次の英文が入る最も適切な箇所を探し，その直後の２語を英語で答えなさい。
Jen put the phone down and tried not to think about the dream from last night.

問９　次の英文は本文をまとめたものです。本文の内容から考えて，(　)内の文字から始まる英語１語をそれぞれ答えなさい。

Jen had a very bad dream. In it, her boyfriend Ben was caught in a fire. She tried not to think about the dream. While at 1(w___), something happened that reminded her of the dream. She realized that there was just over an hour before the dream might come true. She called Ben, but 2(r____) his voicemail. She decided to drive over to make sure that Ben was safe. On the way, Jen called Jaime and he said to her that he would 3(c____) up on Ben as well. The traffic wasn't bad at first, but it got worse and kept her from 4(m___) forward. When she finally arrived, she found there was a fire.

問10　次の問いに，主語と動詞を含んだ英文で答えなさい。

1　Who brought back one of the strongest memories for Jen ?

2　What time did Jen think her bad dream was going to come true ?

問11　本文の内容と一致するものには○，一致しないものには×を記入しなさい。

1　After waking up with a ringing sound in her ears, Jen felt that the dream she had just then was worse than any other dream in her life.

2　It took more than one hour for Jen to get ready to leave home for work.

3　The break room was silent enough for Jen to hear a spoon hit the table.

4　As Jen drove the car toward Ben's workplace, she spoke to Ben on the phone.

5　In the afternoon, Jen called Jaime three times.

3 次のエッセイの各段落（1～5）にある下線部には文法上の誤りが1ヶ所ずつある。訂正した語句を答えなさい。

（例題） It is almost impossible for me to finish cleaning all the rooms in my house until next Sunday. 解答：by

1 The countries in Europe which I'm going to visit with my husband has a lot of sightseeing spots. I have wanted to visit some beautiful castles in Germany for a long time, and it will come true this summer.

2 A country named the Holy Roman Empire was made in the middle of the 10th century. In the 17th century, they had the Thirty-Years' War in this area, and most of the land was destroyed. It was one of the most terrible war in human history.

3 Germany has become two countries, East Germany and West Germany, when World War II ended. Then, in 1990, they were put together into one country. It has since become the greatest economic power in Europe. Cars made in Germany, such as Mercedes, BMW and Porsche, are now popular around the world.

4 Berlin is the largest city in Germany. Around 3,700,000 people live there. In the city, you can find a lot of orchestras and opera houses. I am quite interested in listening to classical music, so I am planning to go to some classical concerts holding during my stay there.

5 I am looking forward to visiting Neuschwanstein Castle, a castle which was built by King Ludwig II in the 19th century. It is said that the castle looks beautifully when it is seen from a bridge nearby. Sleeping Beauty Castle in Disneyland in the US is based on this castle.

4　次の１～５の各組の英文がほぼ同じ意味になるように，(　)内に適切な１語を入れなさい。

1　I was so tired that I could no longer run.
　 I was (　　) tired to run any longer.

2　You can go to the station on that bus.
　 That bus will (　　) you to the station.

3　Parents should be careful of their child's social media, gaming and Internet use.
　 Parents should pay (　　) to their child's social media, gaming and Internet use.

4　Nobody can tell how old he is.
　 It is impossible to tell his (　　).

5　The research says that the number of children out of school in Myanmar has more than doubled in two years.
　 (　　) to the research, the number of children out of school in Myanmar has more than doubled in two years.

5　次のテーマに沿って，できるだけたくさんの英文を自由に書きなさい。囲み内の語句は英文を書くための参考です。これらの語句を使わなくてもかまいません。

英文のテーマ：久我山高校を選んだ理由

dream	university	belong	make efforts
friend	tradition	follow	school uniform

＜リスニングテスト放送原稿＞

これからリスニングテストを行います。リスニングの音質および音量については，すでにチェック済みです。このテストには**第１部**から**第３部**まであります。試験解答時間はそれぞれ10秒です。それでは始めます。

第１部です。これは，対話とその内容に関する質問を聞き，その答えとして最も適切なものを１，２，３，４の中から１つずつ選び，番号で答える問題です。英文は１度だけ放送されます。では，始めます。

No. 1　男：What are we going to do after school today, Rachel ?
　女：How about watching TV at my place, Jonathan ?　There's a tennis game on.
　男：Well . . . I'd rather go and see a play.
　女：What time does it start ?
　男：It's from 7 o'clock.
　女：Wait.　It's already 6:45.　It's impossible to get there in time.
　男：OK.　Then let's go to your place.
Question：What are the man and the woman going to do after school ?

No. 2　女：Good morning everybody.　Our online English class will start soon.　Prepare everything you need for this class before it starts.　Hey Nick, I can't see your face. Could you please turn on your video ?
　男：(Silence)
　女：Hello ?　Are you there, Nick ?　Hello ?

男： (Pause)　Aww good morning, Ms.Taylor.　I'm sorry.　I fell asleep for a moment there.　Umm . . . do we need a dictionary today ?

女： Of course, you always do Nick.　Go and get it.　If there are some words you don't understand, you can look them up yourself.　Can everybody hear me ?　Can you see my screen ?　If there are any problems, please let me know.

男： Ms.Taylor, my screen freezes sometimes.　What should I do ?

女： Hold on a second, Nick.　Let me see if the other students are having the same problem.　(Pause) I guess it is just you.　There must be something wrong with your network.　Please check it is working.

Question： Why didn't the boy respond to the woman at first ?

No. 3　女： Good afternoon.　This is Miramar Ocean View Restaurant.　How can I help you ?

男： Good afternoon.　I'm Honda.　I'm wondering if I can reserve a table for this Wednesday ?

女： Let me check . . . I'm sorry, we don't have any free tables that day, but we have some on Friday.　We will be open from 2 p.m. to 11 p.m.　Would that be ok ?

男： That sounds great.　A table for 2 people at 8 p.m. please.

女： Would you like to sit by the window or near the entrance ?

男： I'd like a quiet table by the window.

女： All right.　Your reservation is all set, Mr. Honda.　We look forward to seeing you.

Question： What table did the man reserve ?

第２部です。これは，英文とその内容に関する質問を聞き，その答えとして最も適切なものを１，２，３，４の中から１つずつ選び，番号で答える問題です。英文は１度だけ放送されます。では，始めます。

No. 1　男

Hi, I'm Alex, and I live in Tokyo.　This spring break, I'm planning to take a trip to Hiroshima.　The Shinkansen and the airplane both take about 4 hours to get to the city center.　However, the airplane costs less than the Shinkansen.　So, I've decided to choose the cheaper route.　While staying there, I'm going to do some sightseeing by bus and ferry.

Question： How is the speaker going to Hiroshima ?

No. 2　女

Today it's sunny and warm here in Kugayama.　However, we will have some bad weather starting from tomorrow.　From Monday to Wednesday, there will be a high chance of rain, but there should be more pleasant conditions from Thursday.　It will be mostly cloudy on Thursday and sunny on Friday and Saturday.

Question： According to the weather report, when is it going to be rainy ?

No. 3　男

Hi I'm Somchai from Thailand.　In my country, we have Songkran, Thailand's most famous festival, from April 13th to 15th every year.　This festival is held at the beginning of the traditional Thai New Year.　If you're joining this festival, prepare to get wet.　The local people go around throwing buckets of water and using water pistols.　During this period, we also make our way to our hometowns to spend time with older relatives.

Question： According to the speaker, if tourists take part in Songkran, what do they need to do ?

第３部です。これは，英文を聞き，No. 1からNo. 4の質問に対する答えを，英語で書く問題です。英文は２度放送されます。放送中，メモをとっても構いません。では，始めます。

On July 19th 2022, the United Kingdom broke its record for the highest temperature. Before that day, the highest temperature was 38.7℃, but the U.K. recorded 40.2℃ last summer. Not only in the U.K. but all over the world, we are seeing rising temperatures, which cause a lot of problems — for example, wildfires and rising sea levels. It is said that temperatures are likely to rise even further. We need to take actions to stop this.

First, saving electricity is one of the best ways to solve global warming, which is caused by increased greenhouse gases such as CO_2 in the air. Electricity is mostly made by burning coal, oil and gas, which produces CO_2. The less electricity we use, the less CO_2 will be produced.

Second, planting trees is another way to fight global warming. Plants can change CO_2 into O_2. Green spaces, such as parks and gardens, can also help to keep the temperatures cool.

In conclusion, to improve what is happening on Earth, we must work on what we can do in our daily life. If we don't, our children and grandchildren will not survive in the future.

繰り返します。

以上でリスニングテストを終了します。

【数　学】（50分）〈満点：100点〉

〔注意〕 円周率はπとする。

1　次の□を適当にうめなさい。

(1) $\dfrac{7x-1}{3}-\dfrac{5x-2}{6}-\dfrac{x-2}{5}=$□

(2) $x^4y^8z\div(-2x^2y^3)^3\div\left(\dfrac{z}{xy}\right)^2=$□

(3) $(\sqrt{12}+\sqrt{20})\left(\dfrac{6}{\sqrt{3}}-\dfrac{10}{\sqrt{5}}\right)=$□

(4) 2次方程式$\sqrt{2}x^2-x-\sqrt{2}=0$を解くと，$x=$□である。

(5) xを超えない最大の整数を$[x]$と表す。例えば，$[3.14]=3$である。$a=[\sqrt{5}]$，$b=\sqrt{5}-a$のとき，$a^5+a^4b-a^3b^2-a^2b^3$の値を求めると□である。

(6) 関数$y=ax^2$において，xの変域が$-2\leqq x\leqq 1$のとき，yの変域は$-9\leqq y\leqq 0$である。このとき，$a=$□である。

(7) 20人の生徒に10点満点のテストを実施した。次の表は，5点の生徒と10点の生徒を除いた，得点とその人数を表したものである。

得点(点)	0	1	2	3	4	6	7	8	9
人数(人)	0	0	0	0	0	3	5	3	3

ここで，10点の生徒の人数は5点の生徒の人数のちょうど2倍である。このとき，20人の生徒の得点の中央値は［ア］点で，最頻値は［イ］点である。

(8) 100円硬貨1枚，50円硬貨2枚，10円硬貨2枚を使って支払える金額は□通りある。ただし，「支払い」とは，使わない硬貨があってもよいものとし，金額が1円以上の場合とする。

(9) 右の図のような，6つの内角の大きさがすべて等しく，周の長さが39の六角形ABCDEFがある。AB＝8，BC＝7，CD＝6のとき，EF＝□となる。

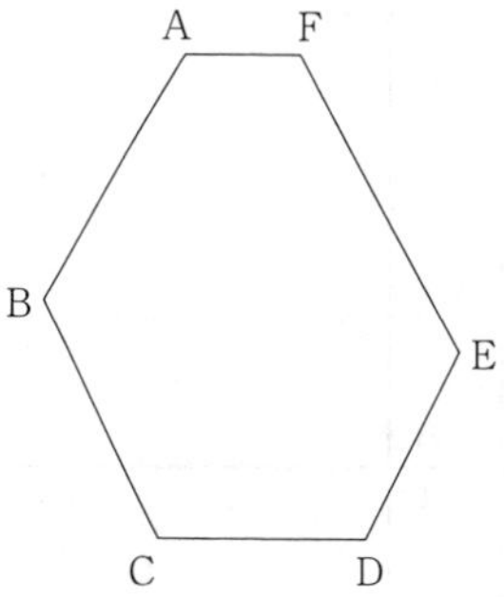

(10) 下の図のような，1辺の長さが2の立方体がある。この立方体の6つの面において，各面の対角線の交点をA，B，C，D，E，Fとする。A，B，C，D，E，Fを頂点とする立体の体積は□である。

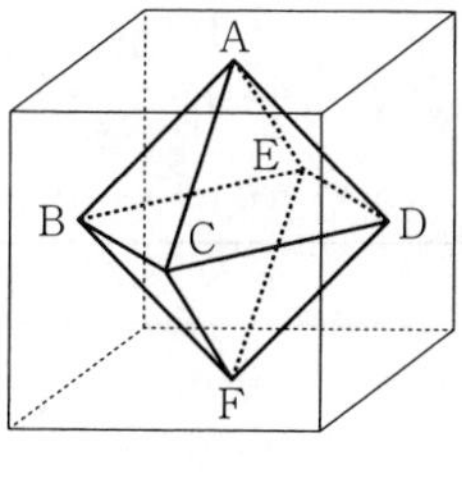

2　図のように，1辺が9の正方形ABCDの辺BC上にBE＝3となるように点Eをとり，頂点Aが点Eに重なるように折る。折り目をFGとし，頂点Dが移った点をHとする。EHとGCの交わる点をIとするとき，次の問いに答えなさい。

(1) EFの長さを求めなさい。

(2) CIの長さを求めなさい。

(3) GIの長さを求めなさい。

(4) GFの長さを求めなさい。

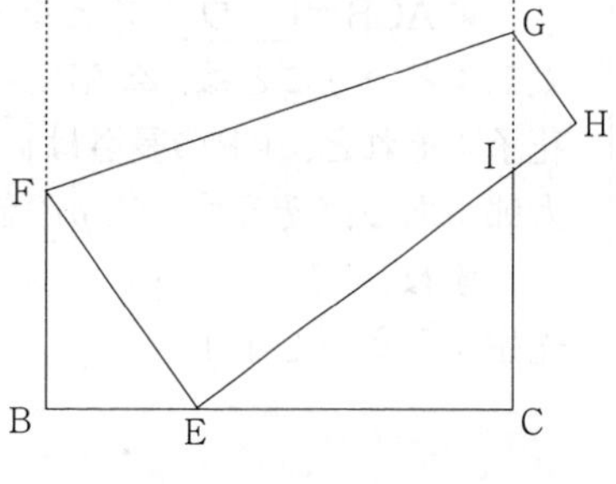

3　円周角の定理を学習した太郎さんと花子さんが，先生と話をしています。[ア]，[ウ]～[ク]の空欄に適する値を答えなさい。ただし，[キ]と[ク]の解答の順序は問わない。また，[イ]は選択肢から適する番号を選んで答えなさい。

＜問１＞
　図のように，Oを中心とする円の周上に３点A，B，Pがある。$\angle APB$の大きさを求めなさい。

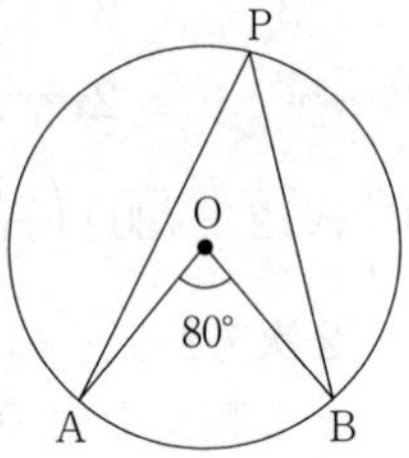

太郎：円周角の定理を使えるよね。
花子：そうすると，＜問１＞の答えは，$\angle APB=$ [ア] °になるね。
太郎：円周角の定理を使ったおもしろい問題はないかな？　先生に聞いてみよう。
先生：それならいい問題がありますよ。＜問２＞なんかどうでしょう？

＜問２＞
　図のように，２点A(0，1)，B(0，11)がある。x軸上に点P(p，0)を$\angle APB=30^\circ$となるようにとる。このとき，pの値をすべて求めなさい。ただし，$p>0$とする。

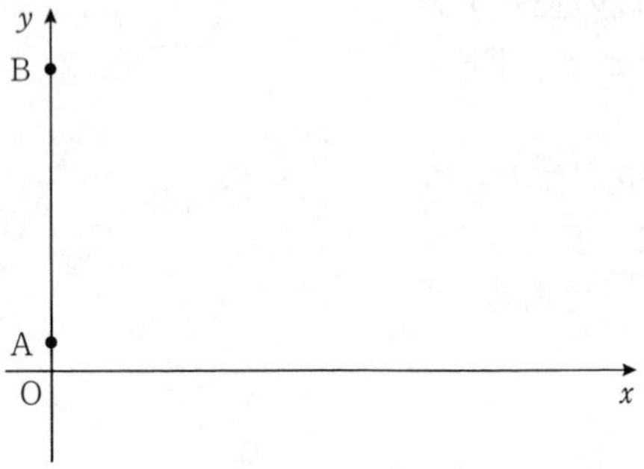

花子：円周角の定理を使うにはどうしたらいいかな？
太郎：[イ]円が描けたとしたらどうなるかな？
花子：そうね，$\angle APB=30^\circ$だから，[イ]円の中心をCとして，円周角の定理を使うと，$\angle ACB=$ [ウ] °となるね。
太郎：ということは，△ABCの形状に注目すれば，Cの座標は([エ]，[オ])となるのか！
花子：それと，CPの長さは[カ]になるね。
太郎：あっ，そうするとpの値は[キ]と[ク]ですね。先生，これはおもしろい問題ですね。
先生：そうでしょ！

＜イの選択肢＞

① 3点O，A，Pを通る　② 3点O，B，Pを通る　③ 3点A，B，Pを通る

4　［1］ 次の問いに答えなさい。

(1) 異なる2点$(p,\ p^2)$，$(q,\ q^2)$を通る直線の傾きをp，qを用いて表しなさい。

(2) 図のように，直線$y=2x$，2点A$(1,\ 0)$，B$(1,\ b)$がある。
Oは原点，点Bは直線$y=2x$上の点である。

① bの値を求めなさい。

② OBの長さを求めなさい。

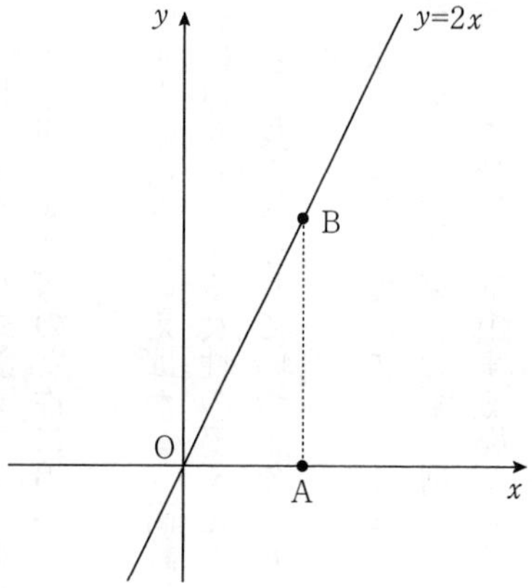

［2］ 図のように，放物線$y=x^2$上に3点P，Q，Rがある。P，Q，Rのx座標をそれぞれp，q，r $(r<p<q)$とする。△PQRはRP = RQ，PQ = $\sqrt{5}$の二等辺三角形であり，直線PQの傾きは2である。また，PQの中点をMとすると，直線MRの傾きは$-\dfrac{1}{2}$である。下の問いに答えなさい。ただし，(3)は途中過程を記しなさい。

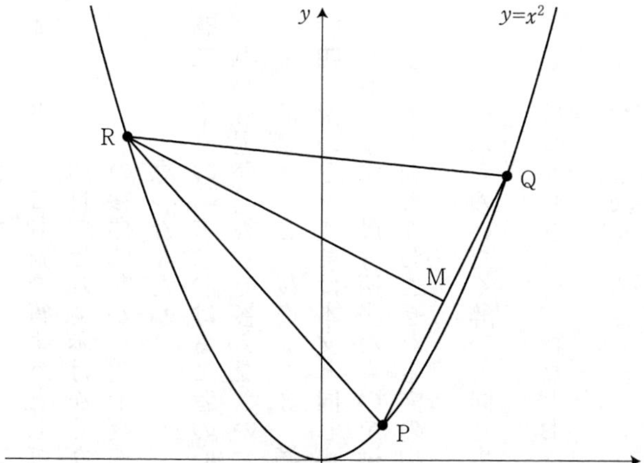

(1) $q-p$の値を求めなさい。

(2) qの値を求めなさい。

(3) rの値を求めなさい。

はあらで《ではなくて》、ただひき《着物の裾を》はこえ《上げる》たるが、「まろ《私》は※七度詣でし侍《はべ》るぞ。三度は詣でぬ《巡拝した》。いま四度はことにもあらず《あと四回はたいしたことではない》。まだ未《ひつじ》に下向しぬべし《帰途につけるだろう》」と、道にあひたる人にうち言ひて、くだり行きこそ、ただなる所《普段の場所》には目にもとまるまじきに《とまらないだろうけれども》、②これが身にただいまならばや《今すぐなりたい》、とおぼえしか。

（清少納言「枕草子」の文による）

〈注〉　中の御社…山の上にある社。上社・中社・下社の三社があった。
壺装束…女性の参詣や旅行時の服装。
七度詣で…一日で伏見稲荷の三社を七回巡拝すること。

問一　――線①の異名と季節を次の中からそれぞれ選び、番号で答えなさい。

異名　1　やよい　2　はづき
3　きさらぎ　4　みなづき

季節　1　春　2　夏　3　秋　4　冬

問二　――線②とありますが、その理由について述べた次の生徒の解釈の中から最も適当なものを選び、番号で答えなさい。

1　Aさん　お参りする人たちをうらやましく思って参拝した作者だけど、普段着慣れない壺装束で歩くのが遅くなって、一緒に登った四十歳過ぎの女性に追いつきたいと思ったんだね。

2　Bさん　当時の四十歳過ぎといえばかなり高齢になるんだけれど、元気にお参りをする女性の姿を見てうらやましく思って、作者も長生きをしていつまでも元気でいたいと思ったんだね。

3　Cさん　登りの途中で苦しくてたまらなくなった作者は、四十歳を過ぎた女性が旅装束をせずに裾をたくし上げただけの普通の着物で身軽に下山する姿を見てうらやましいと思ったんだね。

4　Dさん　ご利益を得ようとして七回参拝するはずだったのに一回目で疲れて歩けなくなった作者は、計画通りに四回目の参拝に向かう四十歳過ぎの女性を見てうらやましいと思ったんだね。

問三　本文の結末における筆者の心情として最も適当なものを次の中から選び、番号で答えなさい。

1　憤慨　2　後悔　3　満足　4　感激

問四　次の1～4には本文と同じ「うらやましげなるもの」の一節があります。最も適当なものを選び、番号で答えなさい。

1　人の国《地方》よりおこせたる文《送ってきた手紙》の物なき。

2　思ふ人《愛する人》のいたく《とても》酔《ゑ》ひて同じ事したる。

3　はづかしき人《立派な人》の、物などおこせたる《送った》返事。

4　髪いと《とても》長くうるはしく《きちんと整い》、さがりば《垂れ下がった額髪》などめでたき《すばらしい》人。

四　次の①～⑩の文の――線のカタカナをそれぞれ漢字に直しなさい。

①　恩師の話にケイハツされる。
②　細心の注意がカンヨウだ。
③　ヒクツな態度をとる。
④　物語がカキョウに入る。
⑤　雇用をソクシンする。
⑥　身をコにして働く。
⑦　家の改築をウけ負う。
⑧　梅雨前線がテイタイする。
⑨　暖衣ホウショクの時代に襟を正す。
⑩　名曲にトウスイする。

増やすことができるようになるから。

2　家畜の飼育に必要な土地を減らすことで、人口増加と気候変動の問題を解決することができるから。

3　テクノロジーの発達によって工業化が進展することで、家畜を殺す罪悪感から逃れることができるから。

4　社会的問題となっている家畜の生産に代わって、世界の人々に動物性タンパク質を供給する必要があるから。

問二　――線②とありますが、筆者が「チャーチル」の文を引用した意図として最も適当なものを次の中から選び、番号で答えなさい。

1　経済成長が進んだ国では畜産技術の合理化によって食肉需要が増大することを示すため。

2　畜産の合理化の流れとして培養肉が流通するようになるのは当然の流れであることを示すため。

3　食肉需要の増大に対応して工業化と技術化が進めば人々が培養肉を好むようになることを示すため。

4　人間と家畜との関係の中で生じたケアの世界の消失は人々から喜びの感情を奪うことを示すため。

問三　――線③を文中の語を用いて40字以上50字以内で説明しなさい。

問四　――線④の説明として最も適当なものを次の中から選び、番号で答えなさい。

1　家畜が健やかに育つよう愛情を込めて飼育した後に殺すのは人間にとってあたりまえの行為であり、そこに罪悪感を抱く必要はない。

2　殺し殺されるという命の危険が伴う直接飼育には、畜産を工業化して大量処理する形からは得られない家畜との信頼関係が生まれる。

3　人間が生きるために家畜の生命を奪うからこそ、その家畜を慈しみながら飼育することが互いの存在を尊重しケアする行為につながる。

4　ペットを飼う行為とも家畜を大量処理する行為とも異なる畜産では、人間が生きていくうえで他の固有の命を奪うことが自覚されるようになる。

問五　本文の内容として最も適当なものを次の中から選び、番号で答えなさい。

1　透明で汚れも痛みもない世界を人間に与える培養肉は、地球環境の悪化を救う切り札である。

2　培養肉はさまざまな利点を人々に与える一方で、人類の歴史が大きく変わる問題をはらんでいる。

3　畜産の合理化を目指す培養肉の導入によって、食肉階級社会の固定化問題が重くのしかかってくる。

4　培養肉が普及することで、人間がこれまで感じてきた自然界への摩擦や抵抗がようやく取り払われる。

三

次の文は『枕草子』の「うらやましげなるもの」の一節です。後の各問に答えなさい。

稲荷《伏見稲荷》に思ひ起こして詣でたるに、※中の御社《みやしろ》のほどの、わりなう《ひじょうに》苦しきを念じ《我慢して》登るに、いささか《少しも》苦しげもなく、遅れて来と見るものどもの、ただ《どんどん》行きに先に立ちて詣づる、いとめでたし《とても感服する》。①二月午《うま》の日の暁《あかつき》《夜明け前》に、いそぎしかど、坂のなからばかり歩みしかば、巳《み》の時ばかりになりにけり。やうやう《次第に》暑くさへなりて、まことにわびしくて《辛くて》、など《なぜ》、かからでよき日もあらんものを《こんなに暑苦しくない良い日もあろうのに》、何しに詣でつらむとまで涙も落ちて休み困《こう》ずるに《くたびれていると》、四十余ばかりなる女の、※壺装束《つぼしょうぞく》などにく、ということだ。多頭飼いすれば、ペットとは感覚が違ってくるが、それでもまず健やかに育ってほしいと思わなければ、豚は(牛も鶏も)育たない(特に牛は頭数も少なめなので、一頭ごとへの個別の愛情が湧きやすいと思われる)。経済的な打撃を受けてがっかりしているのはもちろんだが、それだけではないのだ。「健やかに育て」と愛情をこめて育てることと、それを出荷して、つまり殺して肉にして、換金すること。動物の死と生と、自分の生存とが(たとえ金銭が介在したとしても)有機的に共存することに、私はある種の豊かさを感じるのだ。

畜産の現場が消えていく、というのは、つまり最終的に(半年から数年後に)殺すことに向けてケアを続ける、という文化の担い手がいなくなる時代が、有史以来、初めてやってくる、ということを意味する。もちろん、現在の大規模畜産が生み出してきた膨大な化学薬品の大量の投与や、生育環境の悪化は、すでにこの「ケア」の意味も「殺す」の意味も薄め、限りなく「処理」や「生産」に変えてきたことは否《いな》めない。だが、培養肉、すなわち肉のある部位の細胞だけを培地の上で組織培養し人間に食べさせるというプロセスは、③内澤のいう「豊かさ」の痕跡《こんせき》も消す。生命を奪うことと生命を慈《いつく》しむことは矛盾しない、という一筋縄ではいかない世界が薄れていく。

一番乱暴な「夢明《ゆめあき》」という名前の三元豚(二種類の品種を掛け合わせ、雑種第一代を作り、それに三種類目を掛け合わせて作る、病気に強い豚)について内澤はこんな感想を漏らしている。「脱走した時に取っ組みあったし、何よりこの豚の、底意地の悪く頭のいい感じが、「喰べてやる」という気にさせるではないか」

牛馬豚の体重は重く、力があり、注意をしないと、かわいがろうとして人間も怪我をしたり、場合によっては殺されたりする可能性もある。内澤も、巨体の豚たちが乗ってきたり、豚たちが暴走したりして、何度も悲鳴をあげている。下手をすると殺されるかもしれない力持ちの動物に餌を与え、水をかけて洗い、育てるという行為は、基本的に人間が怪我をする危険性の少ないペットを飼う行為とは根源的に異なる。

【中略】

家畜を飼わない、家畜を殺さない、家畜を殺す罪悪感を抱かない、そして、メタンガスが出ない。このような「利点」を持つ培養肉という擬似肉がこれからの食肉の主流となるのであれば、もしかすると温暖化はある程度まで免れるのかもしれない。培養のための液剤は大量に必要であり、そのための自然に対する負荷についてはあまりにも議論されておらず、維持管理を必要とする電気も欠かせないこともあまりにも無視されているが、水面上昇は少しは抑えられるのかもしれない。

そして、地球の温暖化をある程度まで免れた人類は、培養肉によって、痛みの少ない透明な喜び、経由のない目的に直に到着するうれしさ、苛立ちのない自己満足のケアの世界に慣れ始めるだろう。ますます、人間社会のなかから陰影と摩擦は取り払われる。無菌室のように、どこまでも透明で、汚れがなく、摩擦のない、古典物理学のような世界。生命を奪う、奪われるという内澤が感じた緊張感がいっそう弱まっていく。④だからこそ、あの本の副題は「三匹の豚とわたし」なのだと思っている。

食行為は本来的に摩擦と抵抗の行為である。培養肉を大きなきっかけとして、食事はやがて自然界と人間の摩擦ではなく、調和の世界へと移行していくかもしれない。しかし、摩擦のない世界に生きることは、地球に生きることだといえるのだろうか。

(藤原辰史「培養肉についての考察」の文による)

〈注〉プレスリリース…企業・組織が発表する公式文書。
ウィンストン・S・チャーチル…イギリスの政治家。

問一 ――線①とありますが、「培養肉」が開発される理由として最も適当なものを次の中から選び、番号で答えなさい。

1 人口増加の問題と地球環境破壊の解消に加え、安全に家畜を

どんな変化も、人が気づかないほどじわじわと進行するだろう。

チャーチルが述べているのは、第一に、工業の進展による畜産の合理化という夢であり、鶏を一羽飼って、骨や羽などの食べるさいに無駄な部分をいちいち除去するよりは、工場内であらかじめ肉だけを生産できるようなテクノロジーの待望、つまり培養肉技術への期待である。しかし、それにもまして重要なのは、第二に、その夢が実現することでもたらされることへの不安に対する先回りの反論である。化学的に工場で合成された食品に人びとが示す嫌悪感と、機械化された食品を食べることによる喜びの喪失は、当時の読者も十分に想像できたであろう。だが、チャーチルは、それが、人が気づかない程度にwithout observationじわじわと広まっていくことで、その嫌悪感は緩和されるのではないか、と想像しているわけである。

ひるがえって、培養肉について考えてみよう。それがどれほど気候変動の正義にかなうものであっても、それに対する嫌悪感は容易に消えるものではないだろう。遺伝子組み換え作物のように、培養肉を使っているという表示をさせないことで、チャーチルのいうように、人に気づかれないようにいつの間にか自分の食べた料理に使用されている日が来るかもしれない。あるいは、培養肉は、インスタントラーメンやハンバーガーなどの低価格の食品にだけ使用され、それ以外の天然肉(と言われる日がくるのかわからないが)はもっぱら高級料理店で使用される、という食肉階級社会の到来も十分に考えられる。なぜなら、食肉は地球温暖化をもたらす、と国際社会で繰り返し喧伝《けんでん》されている以上、地球上から畜産業者が減少すれば、天然肉価格は高騰するだろう。経済状況からして食べざるをえない、という状況に持ち込まれるのは、これまでの食の近現代史がたどってきた歴史そのものである。

食品偽装の問題として、あるいは、階級の固定化の問題として、食肉が私たちの暮らしに登場する可能性は高い。これはあまりにも重いテーマであり、今後も議論が必要である。ただ、これらの二つの問題は、培養肉でなくても食の歴史がたどってきた問題の枠内にあるものだ。だが、わたしたちは、培養肉がわたしたちに与えるもうひとつの枠組みを破壊するような問題を考えなくてはならない。

それは第一に、畜産や屠畜の文化が衰弱するという問題である。あるいは畜産や屠畜の文化が博物館の展示物としてしか保存されなくなる、と言ってもよいかもしれない。畜産や屠畜の文化は世界的に多様性に富んでおり、それが、多くの地域で失われていくのは大きな損失であることは否定できない。エサの保存と配合、調教、小屋の設営、病気への対処、去勢、分娩、糞尿《ふんにょう》処理、安全な水の供給、肥育、運動、運搬、屠畜方法、肉の捌《さば》き方、肉の加工方法、骨や皮や内臓の利用方法など、無数に積み重なった屠畜文化が衰弱し、これを経由しない食肉が世界中の人の口に届くようになるのは、つまり、光合成による炭素の同化を経由せずに、細胞の培養(に必要な電力や養分)によって人間がエネルギーを得られる人類史の大きな転換点と言える。

第二に、肉を食べるために屠畜するというプロセスをスキップすることが及ぼす、精神史的な問題である。自分の家で三匹の子豚を、それぞれ名前をつけて育て、かわいがり、最後に屠畜場に持っていって処分をしてもらい、その処分の様子にも全て付き添い、最後にみんなで食べる、というプロセスを描いた内澤旬子の『飼い喰い——三匹の豚とわたし』(二〇一二年)は、おそらく、この問題に正面から取り組んだ稀有な書物だろう。二〇一〇年の宮崎県で起きた牛豚の口蹄疫《こうていえき》の感染拡大で、それを防ぐために行政が殺処分をしたところ、商売として飼って屠畜場に送り出すものなのに「かわいそう」という農家に違和感を持ったというネットの反応があった。内澤はこう反論している。

> でも、違うのだ。畜産は、そんな単純なものではない。自分がやってみて思ったのは、生き物を育てていれば、愛情は自然に湧

事に人びとが移行することは、普遍的にみられる現象である。これは高度経済成長期の日本が経験したことと同型の経験である。要するに、これから人口はますます増え、いくら菜食主義者が欧米諸国で増えようとも食肉需要の増大は止まらないだろう、という予測が前提となっている。

つぎに「広い土地を必要としない」とは、どういうことか。現在、経済先進国の主流になっている大規模家畜生産を営むうえでは、その施設を建設するのに広大な敷地が必要だ、ということよりも、その家畜に飼料を食べさせるために、膨大な耕地が必要になる、ということこそが問題である。飼料は、飼料用のトウモロコシや麦類などの濃厚飼料が主流となっている。たとえば、約七〇〇キロの肉牛一頭を生産するのに必要な濃厚飼料は五〇〇〇キロから六〇〇〇キロとなる。小さな工場で培養肉を作製できるのならば、この五〇〇〇キロから六〇〇〇キロ分を育てるのに必要な土地を、別の目的に使用できる。ちなみに、一頭分の飼料用トウモロコシ生産に必要な土地は日本の場合、平均で一〇アールであるので、一頭につき、一〇メートル×一〇メートルの土地が一〇個も必要になる。

もっといえば、一頭の生育に必要な安全な淡水を「ヴァーチャル・ウォーター」と呼ぶが、一二〇〇万キロ、つまり一万二〇〇〇トンとなる。これは牛が飲む水だけではなく、牛が食べた飼料を育てるのに必要な水も含まれる。

淡水を奪い合う「紛争」が各地で起こり、ミネラルウォーター業界が世界中で安全な水を求めて資金を投入しているうえに、世界穀物価格が高騰《こうとう》する現在、以上のことからだけでも、家畜の生産が社会的な問題であることを示していると言えるだろう。

ただ、現在、畜産に対する風当たりが強い理由は、膨大な農地と淡水を必要とすることだけではない。とりわけ牛がもたらす温室効果ガスの影響である、ということは知られているだろう。ウシは、四つの胃でエサを反芻《はんすう》する。その間に、四〇〇〇種類の微生物たちがエサを分解し、そこからゲップとしてメタンガスが放出されるが、このメタンガスが二酸化炭素の二五倍の温室効果があると言われ、二酸化炭素に換算すると年間七五六万トン、日本で走るバスが年間で排出する四一〇万トンと、タクシーが排出する二四八万トンの合計よりも多い。

培養肉の開発が、水、土地、気候変動、それぞれの危機を軽減するために効果を発揮することは、数値的にみれば疑いえないだろう。培養肉ベンチャーのモサ・ミート社は、自社ホームページで「ライフサイクルアセスメント」という研究所の二〇二一年二月の報告を引用している。「仮に、通常の牛肉が培養した牛肉に全部置き換われば、気候への影響を九二パーセント、大気汚染を九三パーセント、土地の利用を九五パーセント、水の使用量を七八パーセントほど削減できる」。しかも、牛の屠畜《とちく》もゼロパーセントになる。ちなみに、俳優のレオナルド・ディカプリオも、二〇二一年に、アドバイザー兼出資者としてモサ・ミートのプロジェクトに参画している。日本からは、三菱商事が出資者として参加している。

以上のように理詰めで考えていくと、培養肉が世界各地で、現在起こっているさまざまな危機の対応に大きな貢献を果たすことは間違いなさそうに思える。しかも、このような農業や畜産を工業化しようという試みは、ここ数十年に始まったことではない。②※ウィンストン・S・チャーチルは、一九三二年に刊行された『思想と冒険』のなかでこんなことを述べている。

われわれは、鶏の胸の肉と手羽先の肉を食べるためにこれを一羽飼うというようなバカバカしいことから逃れ、この二つの部分を適当な方法によって別々に生育させることが可能になるであろう。合成食品synthetic foodが将来摂取されるようになることも間違いないだろう。これによって食卓の喜びが取り払われることはないだろうし、低俗な食事の陰鬱《いんうつ》なユートピアに人がどっと押し寄せることもけっしてなかろう。そもそもその新しい食べものは、実際のところ自然由来の食品と区別はつけられないだろうし、子供の頃はちゃんと持っていた、自分がどうしたいのか、何を好きで、どうなりたいのか、それを測るものさし。

家に帰ったら、④寄宿舎に戻る日をもう少し延期すると母に言おうと千尋は決めた。もうしばらくこっちにいて、子供の頃のように自由に絵を描いてみよう。受験用のデッサンではなく、ただ、自由に、気の向くままに。

これからも絵を描きたいのか。

それとももう辞めたいのか。

ちゃんと、自分自身で、決めなければいけない。

（宮西真冬「友達未遂」の文による）

問一 ――線①の理由として最も適当なものを次の中から選び、番号で答えなさい。

1 真琴より自分が劣っていることを美穂子にだけは知られたくなかったから。

2 いつまでも自分に憧れ続けている美穂子の思いに応える自信がなかったから。

3 あからさまにお世辞を言う美穂子の態度を素直に喜ぶことができなかったから。

4 いつも自分を頼って甘えてくる美穂子に負担を感じて距離を置きたくなったから。

問二 □にあてはまる語を文中から漢字2字で抜き出しなさい。

問三 ――線②とありますが、隆志に対する祖父の考えとして最も適当なものを次の中から選び、番号で答えなさい。

1 隆志が山車に乗る権利を千尋に譲ってくれてありがたいと考えた。

2 太鼓のリズムも刻めなかった隆志がようやくまともになったと考えた。

3 自分の負けを素直に認めたことが、隆志の今後の成長につながると考えた。

4 千尋に負けてもやけにならず、前向きに努力を続ける隆志を偉いと考えた。

問四 ――線③とありますが、ここから読み取れる千尋の様子として最も適当なものを次の中から選び、番号で答えなさい。

1 いくら努力しても才能を発揮することができない自分の悲運を嘆いている。

2 見違えるほど成長して海外に旅立つ決心をした隆志に追いつこうとしている。

3 千尋を気遣った発言で、成長するきっかけを与えてくれた隆志に感謝している。

4 祖父が隆志に告げた言葉をかみしめながら、自分の弱さに向き合おうとしている。

問五 ――線④とありますが、千尋は何のためにこのような時間が必要だと考えたのですか。解答欄に合うように40字以上50字以内で説明しなさい。

二 次の文章を読んで、後の各問に答えなさい。

①培養肉とは、ウシなどの家畜の筋細胞を体外で組織培養した食品のことをいう。

二〇二二年三月三一日、東京大学大学院情報理工学系研究科の教授と日清食品ホールディングスの研究グループは、世界で初めて、食用可能な材料だけで培養肉を「作製」することに成功したと※プレスリリースした。資料にはこう書いてある。「世界的な人口増加やライフスタイルの変化により、将来、地球規模で食肉消費量の増加が見込まれています。一方で、畜肉の生産が地球環境に与える負荷や、家畜を育てるための飼料や土地の不足も大きな問題となっています」。また、培養肉の利点として、家畜を飼育するよりも「地球環境に与える負荷が低い」うえに、「広い土地を必要とせず」、さらには「厳密な衛生管理が可能であること」を挙げている。

「ライフスタイルの変化」とはなにか。経済成長が著しい国で炭水化物中心の食事から旨味《うまみ》の多い動物性タンパク質を多く摂取する食車に乗るって決めたときから、何も変わってないって分かって、なんか嬉しかった。だから、ありがとう」

「もういいって。別にあんたのために星華行ったわけじゃないし。まあ、頑張ってよ、アメリカでもどこでも行って」

じわじわと目頭が熱くなっているのを気づかれないように、投げやりな言い方をする。けれど隆志はそんなことを気にしていない様子で、ありがとう、とまた言った。

「俺、アメリカ行ったら、祭りの写真とか動画を見せようと思っとるんよ。小鳥遊村のこと、宣伝してさ。村のこと、すっげえ好きじゃけえ。千尋ちゃんの写真も見せようと思っとる。男よりかっこええ女の子がおるって」

じゃあ、と隆志は手を上げて、山車まで走り、気合入れろー、と叫んだ。

船から降りてきた神輿を先導するために、隆志はまた声を上げる。これから山車と神輿はまた村中を練り歩き、夕方には宮入りする。見物人は神輿について歩き出した。絵里子たちに、行こうと誘われたけれど動けず、ちょっと用事があるから先に行ってと無理やり頼み込んだ。

③人気のなくなった海岸を歩く。砂浜に降りると歩きなれない下駄の中に砂が入り込むから躊躇《ちゅうちょ》なく脱ぎ捨て、波打ち際まで行く。

涙が、足の甲を濡らす。

村を出て、成長しているつもりだった。外の世界を知って、自分を知って、強くなっているつもりだった。

だけど。

山車に乗りたかった小学六年生の私は、誰よりも強かったじゃないか。

前例がなくても、星華に行きたいと言い放ち、実行した私は、誰よりも自分がどうしたいかを分かっていたじゃないか。

それが、なんだ。なんだこのざまは。

たった一人、自分より絵がうまい人に出会ったくらいで、自分がどうしたいのかも分からないのか。

真琴を描いた肖像画を誰かに破られたとき、千尋は嬉しかった。自分の絵と真琴が描いた絵を並べられているのが、どうしても耐えられなかった。破ってくれた人に感謝したくらいだ。それなのに、千尋は怒っているふりをした。喜んでいることを、どうしても悟られるわけにはいかなかった。

靴にガラスの破片を入れられたときもそうだ。誰かに悪意を向けられたことよりも、怪我をして合宿に行かなくて済んだことを喜んだ。合宿へ行き、真琴の描く絵を見ることが、どうしても耐えられなかった。

祖父に真琴の絵を見てもらいたかった。見て、お前なんか足元にも及んでいないとぶった切って欲しかった。祖父がそう言うなら諦めようと、人のせいにして逃げ出そうとしていた。

自分で自分の才能の限りを、認めることが怖くて。悔しくて。

隆志は、すごい。祖父が褒めるだけある。彼こそが、小鳥遊村の英雄だ。期待の星だ。

そんなに遠くないところから、太鼓と掛け声が聞こえてくる。空気を振動させるその熱気が、崩壊しかけている涙腺を更に刺激する。

好きだ、と千尋は思った。

誰をも興奮させるこの太鼓の音が好きだ。

喉をからして叫ぶ掛け声が好きだ。

すれ違うときに必ず挨拶をする村の人たちが好きだ。

小鳥遊村が、大好きだ。

ブランドの服が買えなくても、コンビニがひとつしかなくても、流行に取り残されても、電車が一時間に一本しかなくても。

理屈ではなかった。ただ、今この瞬間に、ここにいることが好きだと思った。

村を出て、バカにされないように虚勢を張っている間に、自分が本当に好きなことを忘れてしまっていた。

ものさしを取り戻さなければいけない。

「ほら、昔さ、俺が太鼓の叩き手に選ばれそうになったことあったじゃろ？」

「……そんな大昔のことがどうかした？　ああ、叩き手をしたくなかったから、助かったとか？」

　話の行方が分からず投げやりな物言いになると、隆志は、そうじゃなくて、と困ったように眉《まゆ》を下げた。「あのときさ、めちゃくちゃ千尋ちゃんがかっこいいって思ったんよね。周りに何か言われても傷つかん、女だからって乗せてもらえん方が嫌じゃって、千尋ちゃん言ったじゃろ？　あの言葉には痺《しび》れたね。ああ、この人は、自分のものさしをちゃんと持ってて、周りに何を言われても動じないんじゃって。俺もそんな風になりたいって思ったんよ」

　千尋は声が出せなかった。昔の自分はそんな風に強かったのだろうかと思い起こす。今の自分はそんなに強くない。ものさしなんて、どこにあるのかも分からない。他人の意見に、視線に、左右されっぱなしだ。

「あのとき、俺、本当は、ラッキーって思ってた。千尋ちゃんが山車に乗れないから、俺が乗れるって。でも、千尋ちゃんのあの言葉聞いたら、すっげえ恥ずかしくなった。自分の実力じゃないのに山車に乗るのも、それを喜んだのも。じゃけえ、言ったんよ。俺じゃなくて、千尋ちゃんの方がいいって。……素直にそう思ったけえ」

　千尋は言葉が出なかった。今でもそんな風に思ってくれている隆志に、答える言葉が見つからない。

「……なんだ。私はてっきり、うちのじーちゃんが怖いから身を引いたのかと思ってた」

　頬《ほお》を引きつらせながら笑いにして誤魔化そうとすると、隆志は真剣な表情で、ああ、と頷いた。

「それもあるかもしれんなあ。千尋ちゃんちのじーちゃん、めっちゃ怖かったけえ。でも、②俺、じーちゃんに褒められたの、あのときが最初で最後かもしれん」

「褒められた？　あんたあのとき、じーちゃんにめっちゃ貶《けな》されたじゃん。まともにリズムも刻めないとか何とか……」

「ああ、太鼓のことじゃなくて、千尋ちゃんの方がいいって言ったこと」

　隆志はおかしそうに口の中で笑いを堪えた。

「千尋ちゃんが山車に乗ってたときだったかなあ。俺はそれについて歩いてたんよ。そしたら突然じーちゃんが来て、かき氷奢《おご》ってやるって言ってきて。俺、めっちゃビビったんよな。何ごとだって思ってさ。でも、素直にイチゴのかき氷奢ってもらって食べてたら、お前は偉かったって、頭ぐりぐり撫《な》で始めたんよ」

「……どうして？」

「な？　分からんじゃろ？　俺も何が何だか分からんくてさ。ぽかんってじーちゃんの顔を見上げてたら、〈お前は自分の方が負けたって思ったとき、素直に認めた。偉いぞ〉って」

　急に、胸が苦しくなった。呼吸をするのが難しい。隆志に気づかれないように、静かに息を吐き出す。

「人は自分の負けをなかなか認められない。客観的に見ることは大人にだって難しい。でも自分の負けを認めないと人は成長しないんだって。自分の弱さをちゃんと自覚しないと、克服もできないし、良いところだって伸ばせない。だから、お前は絶対に大きくなるぞって。そうじーちゃん言ってくれたんだよね。あれ、嬉しかったなあ。ほら、俺って、小さい頃から何してもダメだったからさ」

　隆志の声が、祖父のそれのように聞こえた。

〈負けを認めろ。自分の弱さを誤魔化すな〉

　祖父は思いがけない人に、千尋に必要な言葉を残してくれていた。きっと本人も気づかないところで。

「隆志！　そろそろ神輿が帰ってくるぞー！」

　山車の側から、彼を呼ぶ声が聞こえた。今行く！　と返事をし、千尋に向き直る。

「とにかくさ。千尋ちゃんが村を出て星華行ったの見て、俺も自分がしたいことをちゃんとやれるようになりたいって思ったんだ。山の太鼓が、一番かっこええと思う」
美穂子の褒め殺しに、
「もういいって。お世辞《せじ》なんか言わなくても」
「違うよー千尋ちゃん。美穂子のはお世辞なんかじゃないけえ。だって、美穂子は千尋ちゃんに憧れて、太鼓会に入って、叩き手やったんじゃから。星華に行きたいのだって、千尋ちゃんがいるからなんよー。千尋ちゃんは美穂子のヒーローなんよ。なー、美穂子？」
彩夏の問いかけに、美穂子は照れるでもなく、まっすぐと千尋を見つめて頷《うなず》いた。眼鏡の奥に輝く瞳があまりに眩《まぶ》しい。①千尋はその視線を、正面から受け止めることができなかった。
あなたはまだ知らないのだ。世界にはもっともっと素敵な人がいる。きっといつかその人に出会ったとき、私なんかに憧れていたことを、後悔するときが絶対に来る。
「あ、そろそろじゃ」
絵里子が声を上げる。神輿が舟に乗るところだった。
山車は神社から港まで神輿を先導してきて、御座船に引き渡す。神輿を乗せた御座船は湾内を回り、港では太鼓が打ち鳴らされ、海上安全や無病息災を祈願するお祓《はら》いが行われるのだ。
太陽が昇り始め、見物人や担ぎ手たちの顔もはっきりと輪郭が浮き彫りになってきた。神輿を乗せた御座船が沖に出ると、花火が打ち上げられる。どっと歓声が上がり、拍手が沸き起こる。
「千尋ちゃん」
さっきまで山車の先頭に立ち、先導していた男性に声をかけられた。何ごとだろうかと目を凝《こ》らすと、
「え……、もしかして隆志？」
「もしかせんでも、隆志じゃけど。どうしたん、そんな目真ん丸にして」
からりと笑う隆志は、千尋の記憶とは違い、すらりと背の高い男の人に成長していた。
「いや、しばらく会ってなかったから、分からんかった」
「酷《ひど》いわー。まあ、千尋ちゃん、こっちに帰ってきてもあんまり遊ばんと、絵ばっかし描いてたからなあ。会わんくても、しょうがないか」
「絵ばっかり描いてたって、何で知ってるわけ？」
「だって、千尋ちゃんの母さん、いっつも俺に会うたびに愚痴《ぐち》ってたで。あの子は家に帰ってきても、じーちゃんと話してるか絵描いてるか、勉強してるかのどれかじゃあって。おばちゃんと全然喋《しゃべ》ってくれんてな。学校から家帰るとき、千尋ちゃんちの前通るけん、よくおばちゃんにはお茶飲ませてもらいつつ、話させてもらっとるんよ」
「……そうなんだ」
人懐《ひとなつ》っこい子犬のような笑顔は昔と何も変わっていないのに、体つきが全く変わっていて、どきりとさせられる。出っ張った喉仏《のどぼとけ》も、ごつごつと節《ふし》だった大きな手も、昔からは想像できないほどに、大人だった。
「でも、千尋ちゃんが来てくれてよかった。今日は俺の最初で最後の晴れの舞台じゃったから」
「最後？」
隆志は、んー、と返事をしながら両腕を上げて、背筋を伸ばす。
「最初で最後の、神輿の先導。無事に港まで連れてこられてよかった。俺、来年から一年間高校休学して、アメリカに交換留学するんよ。だから、しばらく村におらんけえ」
アメリカ。留学。
考えたこともない選択肢に、頭を殴られたようにショックを受けた。［　　］が小さいのは私の方じゃないか。たった三時間ほどの高校に進学したからって何だ。それがどれほどのことだというのだろう。
「でも、千尋ちゃんに会えてよかった。どうしても、お礼が言いたかったけえ」
「お礼って？　私、何もしてないけど」

二〇二三年度
国学院大学久我山高等学校

【国　語】〈五〇分〉〈満点：一〇〇点〉

〔注意〕・解答の字数は、句読点・符号も一字と数えること。
・設問の都合上、原文の一部に変更あり。

一　次の文章を読んで、後の各問に答えなさい。

〈あらすじ〉　大島千尋《ちひろ》は、全寮制の星華高等学校の美術コース三年生。一年生の真琴が入学してきてから自分の才能に対する自信を失ってしまう。
　ある日千尋は描いた肖像画を誰かに破られ、さらに夏休み前にはスニーカーにガラスの破片を入れられて怪我を負う。夏休みを迎えて故郷に戻った千尋は、中学時代の同級生の絵里子と後輩の彩夏、美穂子とともに祭りに行く。

　待ち合わせの小鳥遊《たかなし》港へ行くと見物人に交じって、絵里子と彩夏、美穂子がカラフルな浴衣を着て街灯の下で待っていた。
「ごめん。遅れた」
　謝ると、絵里子は、わあ綺麗、と声を上げた。
「やっぱり千尋は違うわ。すっごい綺麗。どこのブランドの？」
　そんなことない、と言いかけて、
「いや、これはお母さんが買ってきたやつだから、そこらへんで買ったやつじゃない？」
「え？　そうなの？　千尋ちゃんのお母さんやるなあ」
　彩夏に褒《ほ》められ、何て言っていいか分からず、返事ができなかった。誤魔化《ごまか》すように、美穂子に、山車《だし》と神輿《みこし》まだ来てない？　と訊《たず》ねる。
「もうそろそろだと思うんじゃけど」
　美穂子が言ったとき、来たぞ、と声がした。民家の陰から山車と神輿が出てくる。
　タンタタン。
「よーいやっさ！」
　見物人が太鼓のリズムに合わせて掛け声をかける。その途端、体中の血液が煮えたぎるような興奮が頭に向かって動き出した。ああ、これだ、と千尋は思う。これでこそ、祭りだ。
　タンタタン、よーいやっさ、タンタタン、よーいやっさ。
　徐々にリズムを速めながら山車と神輿が港に設置された会場に近づいてくる。引き手、担ぎ手の若い衆はすでに汗だくだったけれど、その顔はいつもと違ってかっこよく見える。
　小学生たちが山車に向かって走り出すと、危ないからと言って親たちが慌てて引き留めるのが視界の片隅に入った。そうだ、これからが良いところなのだ。
　見物人の前まで来ると、先頭で掛け声をかけていた男が「行くぞー！」と声を張り上げた。それと同時に太鼓のリズムがより一層速くなり、いよいよ山車が左右にひっくり返された。叩き手の四人の子供は振り落とされないようにさらし布で縛られているが、あまりに豪快に返すため、誰か落ちてしまうんじゃないかと心配になる。よく見ると、今年は女の子が一人乗っている。あまりに細く、小さくて、目が離せない。
「あの子、大丈夫かな。落ちんじゃろうか」
　千尋がぼそっと呟《つぶや》くと、絵里子がぷはっと噴き出した。
「何言っとるんよ。村で初めての女子の叩き手が」
「いや、そうじゃけど……」
　慌てて弁解しようとして顔が真っ赤になった。それを見て、絵里子が更《さら》に笑う。
「動揺しすぎて、方言が出とるよ。千尋がなまってるの、久々に聞いたわ」
「今までいろんな叩き手がいたけど、私は千尋ちゃ、……千尋先輩

2023年度／国学院大学久我山高等学校

英語解答

1 第1部 No.1 1 No.2 2
No.3 2
第2部 No.1 2 No.2 1
No.3 3
第3部 No.1 It's 40.2.
No.2 It's saving electricity.
No.3 It's planting trees.
No.4 They will not survive.

2 問1 ウ
問2 (例)ベンがジェンに結婚指輪を買うためにお金を必要としているということ。
問3 (例)車の間を通って町の片側から反対側まで行くのに1時間かかった
問4 (例)ジェンがその瞬間心の奥深くに抱いていた感情は，彼女が逃れることができるものではなかった。
問5 エ　問6 エ　問7 smoke
問8 It wasn't
問9 1 work 2 reached
3 check 4 moving
問10 1 Sherry did.
2 She thought it was going to come true at 1:22 p.m.
問11 1…○ 2…× 3…○ 4…×
5…×

3 1 have 2 wars 3 became
4 held 5 beautiful

4 1 too 2 take〔bring〕
3 attention 4 age
5 According

5 (例) My dream is to become a baseball player and a doctor. To get to this goal, I need to make efforts to practice baseball and study every day. I believe my future friends in Kugayama and I can help each other to improve ourselves. I think I can do all of these things in Kugayama.

1〔放送問題〕解説省略

2〔長文読解総合―物語〕

≪全訳≫**1**ジェンとボーイフレンドのベンは友人たちと夕食を食べていた。ベンは友人たちに，ジェンの夢は一定の時間がたつと現実になることがあると話した。人々が質問をし，ジェンは自分の夢に何が起こったのか説明した。彼女はまた，それまで重要なことは何も現実にはならなかったとつけ加えた。彼女は，それはほんのささいなことだと言った。友人たちは多くの質問をし，ジェンは居心地が悪くなった。パーティーが終わり，ベンは帰宅した。彼は電気技師で，町の向こう側で早朝の仕事があった。ジェンはベンが彼女に結婚を申し込むことを空想しながら眠りに落ちた。**2**ジェンは翌朝，耳の中で鳴り響く奇妙な音とともに汗だくの状態で目を覚ました。彼女が見た夢は，彼女が覚えている中で最悪のものだった。それはベンが働いている建物で火事に遭い，逃げ道を見つけられないというものだった。火からくる煙や熱はひどいものだった！　そして，何か重いものが彼の上に落ちるとき，金属の鳴り響く大きな音がしたのだった。**3**ジェンは心拍数を落ち着かせるために深呼吸をした。彼女は時計を見た。午前7時5分だった。ベンはおそらくすでに働いているだろうが，彼女はとにかく彼に電話をしたいと思った。❹「もしもし？」とベンが２回目の呼び出し音の後に答えた。❺「もしもし，私」とジェンは言った。「あなたの声が聞きたかっただけなの。大丈夫？」❻「絶好調だよ，ベイビー！」と彼は言った。「ちょうど一日を始める準備をしているんだ。これは大きな仕事だし，いい仕事だよ。近いうちに臨時のお金が必要になるからね。僕の言いたいことがわからない？」❼ジェンの心が躍った。『彼は私に結婚指輪を買うためにお金が必要だと言ったのかしら？』と彼女は考え，ほほ笑んだ。「愛してるわ，ベン」と彼女は言った。❽「僕も愛してるよ，ジェン」と彼は言った。「仕事が終わったら会いに行くよ，いいかい？」❾「いいわよ」と彼女は答えた。「今日は安全にね」❿「いつもそうだよ」と彼は言い，電話を切った。⓫ジェンは電話を置き，昨夜の夢のことを考えないようにした。それは彼女の初めての悪夢ではなかったし，彼女の悪夢が現実になることは決してないとわかっていた。⓬ジェンはベッドから起き上がり，その日の準備を始めた。１時間後，彼女は車で職場に向かっていた。彼女はまだ夢について考えていた。ベンの新しい仕事は，彼女が看護師として働いている診療所から見て，町の反対側にある建物の中で行われていた。車の間を通って町の片側から反対側まで行くのに１時間かかったので，その晩の遅くまで彼女がベンの様子を確認する方法はなかった。彼女は夢について考えないようにしたが，心配せずにはいられなかった。⓭忙しい朝の後，正午に昼休みがくると，彼女はひとときの安らぎをうれしく思った。他の看護師数人も休憩室にいた。彼女らは皆，ただ沈黙を楽しんでいた…シェリーがスープを食べるスプーンを落とすまでは。テーブル上で金属の鳴り響く大きな音がした。⓮その鳴り響く音は，ジェンにとって最も強い感覚の記憶の１つを呼び起こした。それは，その朝，彼女の頭の中で聞いたのと同じ音だった。ベンが火の中にいて，何か重いものが彼の上に落ちた恐ろしい夢で聞いたのと同じ音だったのだ！⓯ジェンは時計を見た。午後０時７分だった。彼女は目覚めたときの時計の時刻を思い返した。それは午前７時５分だった。彼女の悪夢は決して現実になることはなかったが，ジェンがその瞬間心の奥深くに抱いていた感情は，彼女が逃れることができるものではなかった。⓰時計はそのとき，午後０時８分を指していた。ジェンはすばやく計算し，彼女は何かをするのに１時間14分あることに気づいた。彼女は急に立ち上がり，バッグをつかみ，休憩室から飛び出した。⓱車に乗り込むと，ジェンは片手でベンの電話番号にかけ，もう一方の手で車のエンジンをかけた。彼女が通りを運転しているとき，彼の電話は何度も呼び出し音が鳴り，最終的にボイスメールになった。⓲「ベン，私よ」とジェンは慌てて言った。「これを受け取ったら，電話してちょうだい」　彼女は高速道路に入ったところで，電話を切った。お昼時だったので，交通量は少し多かったが，一日の終わりのラッシュアワーほどひどくはなかった。それでも，ベンの建物にたどり着くには，おそらく１時間はかかるだろう。⓳ジェンは車の時計を見た。午後０時16分だった。彼女は再び電話を取り，ベンの友人のジェイムの電話番号にかけた。彼は３回目の呼び出し音の後に出た。⓴「ジェイム，ジェンよ」と彼女は言った。㉑「やあ，ジェン！」と彼は答えた。「どうしたの？」㉒彼女は『私の夢について彼に何か言うべきだろうか？』と自問した。長い沈黙の後，彼女は正直に言うことにした。「ベンが働いている建物で火事に遭う夢を見たの」とジェンは言った。「昨夜，私の夢は現実にはならないと言ったのはわかってるけど，これはとても気になっているのよ。それに今，彼は私の電話に出ないし，少し気が動転しているの」㉓「わかった。僕がそこに行って彼の様子を確認するよ」とジェイムは言った。㉔「ありがとう，ジェイム」とジェンは言った。「何でもないといいんだけど」㉕「そうだね」とジェイムは言った。「心配しないで，彼は大丈夫だよ，ジェン」㉖ジェンは電話を切り，再び時計を見た。午後０

時22分だった。27交通量はそれほど多くなく，最初の30分間はジェンはベンの建物に向かって進み続けることができた。その後，建物から約5マイル離れたところで，車は全く進まなくなった。彼女はベンの電話にもう一度かけたが，まだ出なかった。彼女はジェイムにメッセージを送ったが，彼の返事はすぐにこなかった。彼女は時計を見た。午後0時54分だった。夢が現実になるかもしれないその時間まであと28分だ。28ついに彼女はベンの建物に到着した。彼女は時計を見た。午後1時12分だった。彼女には10分あった。彼女はロビーのドアに向かって走った。彼女が入るとすぐに，そのにおいがした。煙だ！　心は落ち込み，彼女はうろたえ始めた。それは本当だった。火事があったのだ！　彼女の夢が現実になろうとしていたのだ！

問１＜適語句選択＞直後の to calm her heart beat「心拍数を落ち着かせるために」に合う内容を選ぶ。　calm「～を落ち着かせる，静める」　take a deep breath「深呼吸する」

問２＜語句解釈＞下線部の「私が意味すること」→「私が言いたいこと」とは，直前で言った「近いうちに臨時のお金が必要になる」という発言の意図のこと。この発言を受けてジェンは『彼は私に結婚指輪を買うためにお金が必要だと言ったのだろうか』と推測しており，これがベンの言いたいことだと考えられる。

問３＜英文和訳＞‘It takes＋時間＋to ～’「～するのに〈時間〉がかかる」の形。get through ～は「～を通り抜ける」，traffic は「交通(量)」。the other は「もう一方の」の意味で，後に side of the city が省略されている。

問４＜英文和訳＞文の主語は the feeling で，述語動詞は wasn't。the feeling Jen had deep ... と，something she could run away from は，どちらも目的格の関係代名詞が省略された‘名詞＋主語＋(助)動詞...’の形。　deep in ～'s heart「～の心の奥深くに」　run away from ～「～から逃げる〔逃れる〕」

問５＜適語選択＞空所前の「交通量は少し多かった」と空所後の「一日の終わりのラッシュアワーほどひどくはなかった」は相反する内容である。　‘not as ～ as …’「…ほど～ない」

問６＜語句解釈＞下線部を含む文の主語 this one は this dream，すなわちベンが火事に遭う夢を指す。この夢を見たジェンの行動から判断できる。bother は「～を悩ます，困らせる」という意味。　‘make＋目的語＋形容詞’「～を…(の状態)にする」

問７＜適語補充＞it の前の smell「～のにおいがする」に注目する。続く内容から，実際に火事があったことがわかるので，火事の現場で感じるにおいのあるものを本文から探す。夢の内容を説明する第２段落に smoke「煙」がある。

問８＜適所選択＞与えられた英文は「ジェンは電話を置き，昨夜の夢のことを考えないようにした」という意味。ジェンが電話をしている場面は，第４～10段落，第17～18段落，第19～26段落，第27段落にあるが，英文後半の「夢のことを考えないようにした」に合うのはベンが直接電話に出て，無事の確認が取れた最初の場面である。

問９＜要約文完成＞≪全訳≫ジェンはひどい悪夢を見た。その中で，彼女のボーイフレンドのベンが火事に遭った。彼女はその夢について考えないようにした。1仕事場で，彼女に夢のことを思い出させることが起こった。彼女は，夢が現実になるまであと１時間あまりしかないことに気づいた。彼女はベンに電話をかけたが，彼のボイスメールに2つながった。彼女は，ベンが安全であることを確認するために車で行くことにした。途中，ジェンはジェイムに電話し，彼もベンの$_3$様子を確認すると彼女に言った。最初は交通量はそれほど多くなかったが，増えていき，彼女は前に$_4$進めなくなった。彼女がついに到着したとき，彼女は火事であることに気づいた。

＜解説＞1．第13，14段落参照。ジェンが働く診療所で起こった出来事なので，at work「仕事場で」とする。at work は第3段落第4文でも使われている。要約文の While の後には Jen〔she〕was が省略されている。　2．第17段落第2文参照。reach ～'s voicemail で「～のボイスメールにつながる」。　3．第23段落参照。check (up) on ～で「～(の様子)を調べる」の意味。check up on ～は第12段落第5文でも使われている。　4．第27段落第2文参照。the traffic stopped completely を 'keep＋目的語＋from ～ing'「…が～するのを妨げる」を使って「(交通が)彼女が前に進むのを妨げた」と言い換える。

問10＜英問英答＞1．「誰がジェンに最も強い記憶の1つを思い出させたか」―「シェリーが思い出させた」　第13段落最後の2文および第14段落第1文参照。　**2**．「ジェンは何時に彼女の悪夢が現実になると思ったのか」―「彼女はそれが午後1時22分に現実になるだろうと思った」　第16段落第1，2文参照。午後0時8分時点で残された時間は1時間14分。他に第27段落最後の2文，第28段落第2，3文にもタイムリミットについての記述がある。

問11＜内容真偽＞1．「耳の中で鳴り響く音とともに目を覚ました後，ジェンはちょうどそのときに見た夢が人生のどの夢よりもひどいものだと感じた」…○　第2段落第1，2文に一致する。'比較級＋than any other＋単数名詞'「他のどの～より…」　**2**．「ジェンが家を出て仕事に向かう準備をするのに1時間以上かかった」…×　第12段落第1，2文参照。1時間後には車で職場に向かっている。　**3**．「休憩室は，スプーンがテーブルに当たる音がジェンに聞こえるほど静かだった」…○　第13段落の内容に一致する。　**4**．「ジェンがベンの職場に向かって車を運転したとき，彼女はベンと電話で話した」…×　第17段落および第27段落第3文参照。ベンは電話に出なかった。　**5**．「午後，ジェンはジェイムに3回電話をかけた」…×　第19段落第3，4文参照。ジェンがジェイムに電話をしたのはこの1回だけ。第4文の after the third ring は「3回目の呼び出し音の後に」の意味。

3〔**長文読解―誤文訂正―エッセー**〕

≪全訳≫❶私が夫と訪れる予定のヨーロッパの国々にはたくさんの観光スポットがあります。長い間ドイツにある美しい城に行きたいと思っていましたが，今年の夏に実現します。**❷**10世紀の半ばに神聖ローマ帝国という国がつくられました。17世紀には，この地域で三十年戦争が起こり，土地のほとんどが破壊されました。それは人類の歴史の中で最もひどい戦争の1つでした。**❸**ドイツは，第二次世界大戦が終わると，東ドイツと西ドイツという2つの国になりました。その後，1990年に1つの国にまとめられました。それ以来，それはヨーロッパで最大の経済大国になりました。メルセデス，BMW，ポルシェなどのドイツ製の自動車は，今や世界中で人気があります。**❹**ベルリンはドイツ最大の都市です。約370万人がそこで暮らしています。市内にはオーケストラやオペラハウスがたくさんあります。私はクラシック音楽を聴くことにとても興味があるので，そこに滞在中に開催されるクラシックコンサートに行く予定です。**❺**私は，19世紀にルートヴィヒ2世によって築かれた城，ノイシュヴァンシュタイン城に行くのを楽しみにしています。近くにある橋から見る城が美しいといわれています。アメリカのディズニーランドにある眠れる森の美女の城は，この城をもとにしています。

＜解説＞1．第1文の has が誤り。主語が The countries と複数形なので，動詞は have が正しい。　2．最終文の war が誤り。one of ～「～の1つ」の後には‘数えられる名詞’の複数形が続く。　3．第1文の has become が誤り。when World War II ended「第二次世界大戦が終わったとき」のような明確に過去を表す語句と現在完了形は一緒に使えない。過去形の became にする。　4．最終文の holding が誤り。コンサートは「開催される」ものなので過去分詞 held にする。held during my stay there が前にある some classical concerts を修飾する過去分詞の形容詞的用法。 hold－held－held　5．第2文の beautifully が誤り。‘look＋形容詞’で「～に見える」という意味になるので，形容詞 beautiful が正しい。

4〔書き換え―適語補充〕

1．「私はとても疲れていたのでもはや走ることができなかった」→「私は疲れすぎていてもはや走ることができなかった」 ‘so ～ that＋主語＋cannot …’「とても～なので―は…できない」を‘too ～ to …’「～すぎて…できない」に書き換える。no longer ～で「もはや～ない」の意味。下の文では too に否定的な意味があるので，no longer ではなく any longer が使われている。

2．「あなたはそのバスで駅まで行ける」→「そのバスはあなたを駅に連れていくだろう」 ‘take〔bring〕＋人＋to＋場所’で「〈人〉を〈場所〉に連れていく」の意味。

3．「親は子どものソーシャルメディア，ゲーム，インターネットの利用に注意すべきだ」→「親は子どものソーシャルメディア，ゲーム，インターネットの利用に注意を払うべきだ」 be careful of ～「～に注意する」を pay attention to ～「～に注意を払う」で言い換える。

4．「誰も彼が何歳かわからない」→「彼の年齢を言うことはできない」 間接疑問の how old he is「彼が何歳か」を his age「彼の年齢」と言い換える。

5．「その研究はミャンマーの学校に行かない子どもたちの数が2年間で2倍以上になったことを示している」→「その研究によると，ミャンマーの学校に行かない子どもたちの数は2年間で2倍以上になった」 according to ～「～によると」

5〔テーマ作文〕

テーマが「久我山高校を選んだ理由」なので，久我山高校を選んだ理由を表す文から始め，具体的な説明を続ける。将来の夢や，久我山高校でしたいことにふれるとよいだろう。解答例は「私の夢は野球選手と医者になることだ。この目標に到達するために，私は毎日野球を練習し，勉強する努力をする必要がある。久我山の未来の友人たちと私は，自分自身を向上させるために，お互いに助け合うことができると信じている。久我山ならこれら全てができると思う」の意味。

数学解答

1 (1) $\dfrac{13x+4}{10}$　(2) $-\dfrac{y}{8z}$　(3) -8

(4) $\sqrt{2}$，$-\dfrac{\sqrt{2}}{2}$　(5) $80-20\sqrt{5}$

(6) $-\dfrac{9}{4}$　(7) ア…7.5　イ…7

(8) 14　(9) 10　(10) $\dfrac{4}{3}$

2 (1) 5　(2) $\dfrac{9}{2}$　(3) $\dfrac{5}{2}$

(4) $3\sqrt{10}$

3 ア…40　イ…③　ウ…60

エ…$5\sqrt{3}$　オ…6　カ…10

キ・ク…$5\sqrt{3}-8$，$5\sqrt{3}+8$

4 ［1］ (1) $p+q$　(2) ①…2　②…$\sqrt{5}$

［2］ (1) 1　(2) $\dfrac{3}{2}$　(3) $\dfrac{-1-\sqrt{29}}{4}$

1 〔独立小問集合題〕

(1)＜式の計算＞与式 $=\dfrac{10(7x-1)-5(5x-2)-6(x-2)}{30}=\dfrac{70x-10-25x+10-6x+12}{30}=\dfrac{39x+12}{30}=\dfrac{13x+4}{10}$

(2)＜式の計算＞与式 $=x^4y^8z\div(-8x^6y^9)\div\dfrac{z^2}{x^2y^2}=x^4y^8z\times\left(-\dfrac{1}{8x^6y^9}\right)\times\dfrac{x^2y^2}{z^2}=-\dfrac{x^4y^8z\times1\times x^2y^2}{8x^6y^9\times z^2}=-\dfrac{y}{8z}$

(3)＜数の計算＞与式 $=(2\sqrt{3}+2\sqrt{5})\left(\dfrac{6\times\sqrt{3}}{\sqrt{3}\times\sqrt{3}}-\dfrac{10\times\sqrt{5}}{\sqrt{5}\times\sqrt{5}}\right)=(2\sqrt{3}+2\sqrt{5})\left(\dfrac{6\sqrt{3}}{3}-\dfrac{10\sqrt{5}}{5}\right)=(2\sqrt{3}+2\sqrt{5})(2\sqrt{3}-2\sqrt{5})=(2\sqrt{3})^2-(2\sqrt{5})^2=12-20=-8$

(4)＜二次方程式＞両辺に $\sqrt{2}$ をかけると，$2x^2-\sqrt{2}x-2=0$ となる。二次方程式の解の公式より，$x=\dfrac{-(-\sqrt{2})\pm\sqrt{(-\sqrt{2})^2-4\times2\times(-2)}}{2\times2}=\dfrac{\sqrt{2}\pm\sqrt{18}}{4}=\dfrac{\sqrt{2}\pm3\sqrt{2}}{4}$ となるから，$x=\dfrac{\sqrt{2}+3\sqrt{2}}{4}=\dfrac{4\sqrt{2}}{4}=\sqrt{2}$，$x=\dfrac{\sqrt{2}-3\sqrt{2}}{4}=-\dfrac{2\sqrt{2}}{4}=-\dfrac{\sqrt{2}}{2}$ である。

(5)＜数の計算＞$\sqrt{4}<\sqrt{5}<\sqrt{9}$ より，$2<\sqrt{5}<3$ だから，$a=[\sqrt{5}]=2$ であり，$b=\sqrt{5}-2$ となる。また，与式 $=a^5+a^4b-a^3b^2-a^2b^3=a^4(a+b)-a^2b^2(a+b)$ となる。$a+b=A$ とすると，与式 $=a^4A-a^2b^2A=a^2A(a^2-b^2)=a^2(a+b)(a+b)(a-b)=a^2(a+b)^2(a-b)$ となる。よって，$a+b=2+(\sqrt{5}-2)=\sqrt{5}$，$a-b=2-(\sqrt{5}-2)=4-\sqrt{5}$ だから，与式 $=2^2\times(\sqrt{5})^2\times(4-\sqrt{5})=80-20\sqrt{5}$ である。

(6)＜関数―変域＞関数 $y=ax^2$ の y の変域が $-9\leqq y\leqq0$ だから，$a<0$ である。よって，x の変域が $-2\leqq x\leqq1$ のとき，y の値は $x=-2$ で最小値 -9 となるから，$-9=a\times(-2)^2$ より，$a=-\dfrac{9}{4}$ である。

(7)＜データの活用―度数分布表＞5点の生徒数を x 人とすると，10点の生徒数はその2倍なので，$2x$ 人と表せる。よって，生徒は20人だから，$x+3+5+3+3+2x=20$ が成り立ち，$3x=6$ より，$x=2$ となる。これより，5点の生徒は2人，10点の生徒は $2\times2=4$(人)となる。20人の生徒の中央値は，点数の低い方から10番目と11番目の得点の平均で，7点以下の人数は $2+3+5=10$ より，点数の低い方から10番目の生徒は7点，11番目の生徒は8点だから，中央値は $\dfrac{7+8}{2}=7.5$(点)である。また，最頻値は，5人で最も人数の多い7点である。

(8)＜場合の数―硬貨＞100円硬貨を使わないとき，支払える金額は，10円，20円，50円，60円，70円，100円，110円，120円の8通りあり，100円硬貨を必ず1枚使うとき，100円，110円，120円，150円，

160円，170円，200円，210円，220円の9通りある。このうち，100円，110円，120円の3通りは重複しているので，支払える金額は $8+9-3=14$(通り)ある。

(9)＜平面図形—長さ＞右図1のように，$EF=x$，$FA=y$，$DE=z$ とすると，六角形の周の長さが39であることから，$8+7+6+x+y+z=39$ より，$x+y+z=18$ となる。また，この六角形は内角の大きさが全て等しいので，外角の大きさも等しい。よって，1つの外角の大きさは $360°\div6=60°$ だから，3辺AB，CD，EFを延長し，△GHIをつくると，△BHC，△DIE，△AFGはいずれも2つの角が60°となるから，正三角形であり，△GHIも正三角形となる。したがって，$AG=GF=y$，$CH=HB=7$，$EI=ID=z$ となり，$IG=z+x+y=18$ となるので，△GHIは1辺が18の正三角形である。これより，$GH=y+8+7=y+15$ だから，$y+15=18$ となり，$y=3$ であり，$HI=7+6+z=z+13$ だから，$z+13=18$ となり，$z=5$ である。以上より，$x+3+5=18$ となるので，$x=10$ となり，$EF=10$ である。

図1

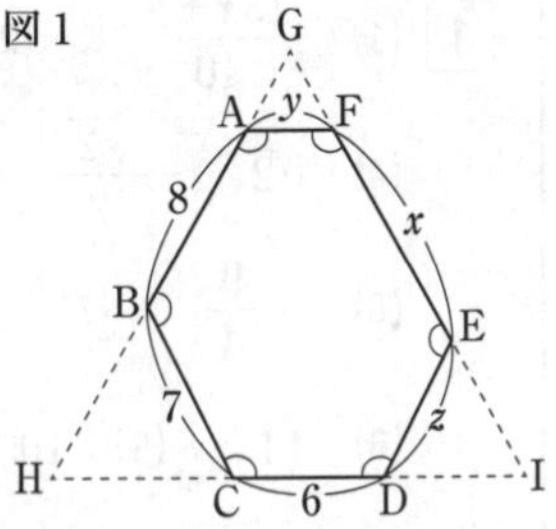

(10)＜空間図形—正八面体＞右図2の1辺2の立方体で，各面の対角線の交点A，B，C，D，E，Fを頂点とする立体は正八面体となる。正八面体は，合同な2つの正四角錐A-BCDEと正四角錐F-BCDEを合わせたものである。図形の対称性より，面BCDEは正方形であり，$BD=CE=2$ であり，$BD\perp CE$ だから，〔正方形BCDE〕$=\frac{1}{2}\times BD\times CE=\frac{1}{2}\times2\times2=2$ となる。また，$AF=2$ より，正四角錐A-BCDEの高さは，$2\div2=1$ である。よって，求める立体の体積は，〔正四角錐A-BCDE〕$\times2=\left(\frac{1}{3}\times2\times1\right)\times2=\frac{4}{3}$ となる。

図2

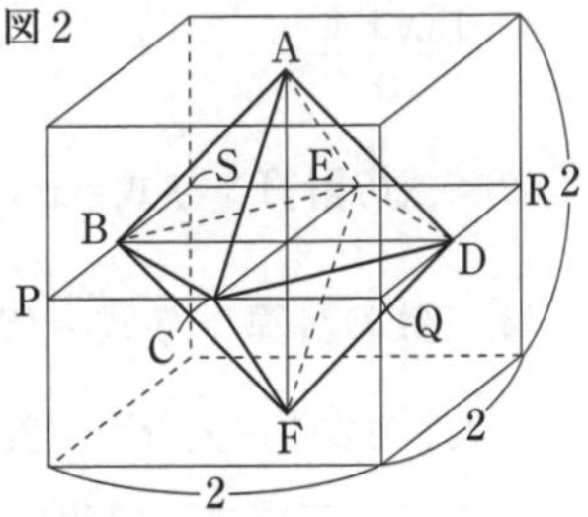

2 〔平面図形—正方形〕

≪基本方針の決定≫(1)　$EF=AF$ だから，$EF=x$ としたとき，BFの長さを x を用いて表せる。

(2)，(3)　相似を利用する。

(1)＜長さ＞右図で，$EF=x$ とすると，$AF=EF=x$ だから，$BF=9-x$ と表せる。よって，△BEFで三平方の定理 $BE^2+BF^2=EF^2$ より，$3^2+(9-x)^2=x^2$ が成り立つ。これを解くと，$9+(81-18x+x^2)=x^2$，$x^2-18x+90=x^2$，$-18x=-90$，$x=5$ となる。

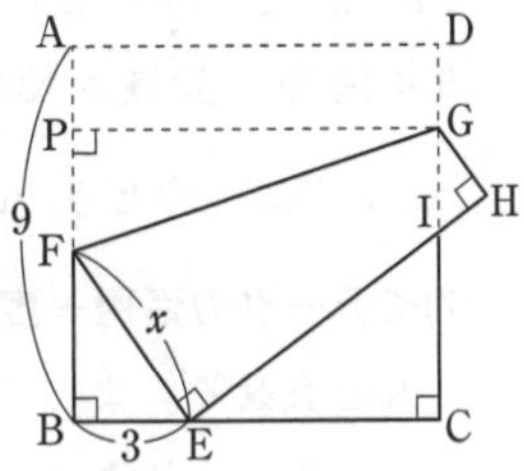

(2)＜長さ＞右図の△BEFと△CIEにおいて，$\angle FBE=\angle ECI=90°$ である。また，$\angle BFE=180°-\angle FBE-\angle BEF=180°-90°-\angle BEF=90°-\angle BEF$ であり，また，$\angle CEI=180°-\angle FEH-\angle BEF=180°-90°-\angle BEF=90°-\angle BEF$ だから，$\angle BFE=\angle CEI$ となる。よって，2組の角がそれぞれ等しいので，△BEF∽△CIEとなり，$BE:CI=FB:EC$ である。(1)で，$AF=EF=5$ より $FB=AB-AF=9-5=4$ となり，$EC=BC-BE=9-3=6$ だから，$3:CI=4:6$ が成り立ち，$CI\times4=3\times6$，$CI=\frac{9}{2}$ となる。

(3)＜長さ＞右上図で，$\angle CIE=\angle HIG$，$\angle ECI=\angle GHI=90°$ だから，△CIE∽△HIGである。よって，

⑵より，△BEF∽△CIE だから，△HIG∽△BEF である。△BEF において，3辺の比は，BE：FB：FE＝3：4：5 だから，△CIE∽△BEF より，EI：EC＝FE：FB＝5：4 となり，$EI=\frac{5}{4}EC=\frac{5}{4}\times6=\frac{15}{2}$ であり，EH＝AD＝9 より，$HI=EH-EI=9-\frac{15}{2}=\frac{3}{2}$ となる。さらに，△HIG∽△BEF より，GI：HI＝FE：BE＝5：3 となり，$GI=\frac{5}{3}HI=\frac{5}{3}\times\frac{3}{2}=\frac{5}{2}$ である。

⑷＜長さ＞前ページの図のように，点Gから辺 AB に垂線 GP を引くと，GP＝AD＝9，$BP=CG=CI+GI=\frac{9}{2}+\frac{5}{2}=7$ である。また，FB＝4 だから，PF＝BP－FB＝7－4＝3 となる。よって，△GPF で三平方の定理より，$GF=\sqrt{PF^2+GP^2}=\sqrt{3^2+9^2}=\sqrt{90}=3\sqrt{10}$ となる。

3 〔平面図形―円〕

図1

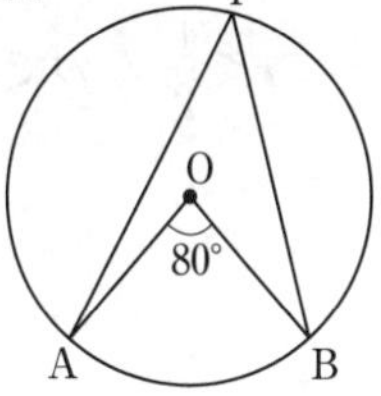

右図1で，∠AOB は $\overset{\frown}{AB}$ に対する中心角だから，円周角の定理より，$\angle APB=\frac{1}{2}\angle AOB=\frac{1}{2}\times80^\circ=\underline{40^\circ}$ア となる。次に，右下図2で，∠APB＝30° となるとき，<u>3点A，B，Pを通る</u>イ円をかき，円の中心をCとすると，$\angle ACB=2\angle APB=2\times30^\circ=\underline{60^\circ}$ウ となり，△ABC は正三角形である。図2より，円Cは x 軸の正の部分と2点で交わるので，点Pの位置は P_1，P_2 の2つある。また，点Cは弦 AB の垂直二等分線上の点である。点Cから x 軸，y 軸にそれぞれ垂線 CM，CN を引くと，点Nは線分 AB の中点となり，y 座標は $\frac{1+11}{2}=6$ である。また，BN＝11－6＝5 であり，△BCN は∠CBN＝60° より3辺の比が $1:2:\sqrt{3}$ の直角三角形となるので，$NC=\sqrt{3}BN=\sqrt{3}\times5=5\sqrt{3}$ となる。よって，C($\underline{5\sqrt{3}}$エ，$\underline{6}$オ) となる。また，CB＝2BN＝2×5＝10 だから，CP＝$\underline{10}$カ となる。$\triangle CP_1P_2$ は二等辺三角形であり，点Mは辺 P_1P_2 の中点となる。$M(5\sqrt{3},\ 0)$，CM＝NO＝6 より，$\triangle CP_1M$ で三平方の定理より，$P_1M=\sqrt{CP_1{}^2-CM^2}=\sqrt{10^2-6^2}=\sqrt{64}=8$ となり，$P_2M=P_1M=8$ だから，p の値は，$\underline{5\sqrt{3}-8}$キ と $\underline{5\sqrt{3}+8}$ク である。

図2

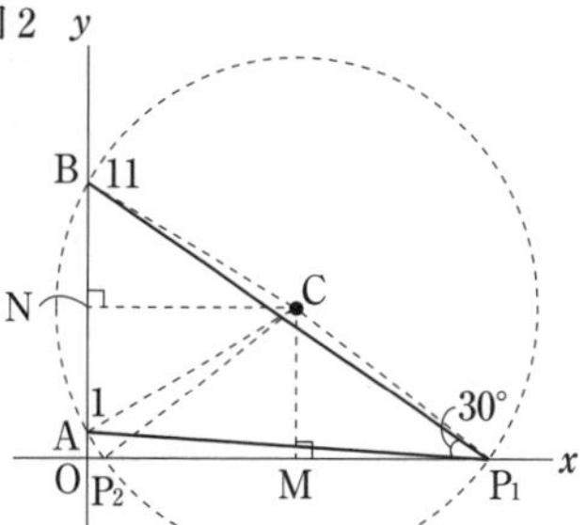

4 〔関数―関数と図形〕

［1］＜傾き，長さ＞⑴2点 $(p,\ p^2)$，$(q,\ q^2)$ を通る直線の傾きは，$\frac{p^2-q^2}{p-q}=\frac{(p+q)(p-q)}{p-q}=p+q$ と表せる。　⑵①右図1で，点Bは直線 $y=2x$ 上にあり，その座標は $(1,\ b)$ だから，$b=2\times1=2$ となる。　②図1で，A(1，0)，①より B(1，2) だから，OA＝1，AB＝2 となる。よって，△OAB で三平方の定理より，$OB=\sqrt{OA^2+AB^2}=\sqrt{1^2+2^2}=\sqrt{5}$ となる。

図1

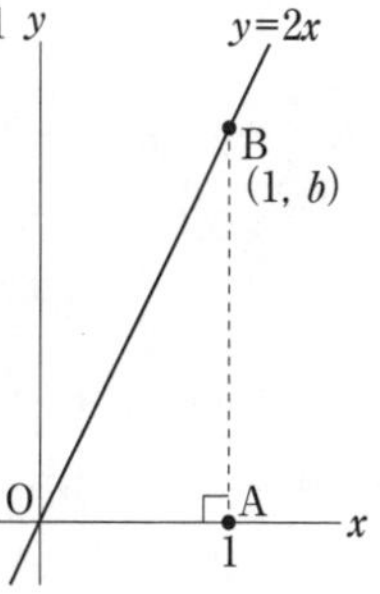

［2］＜座標＞⑴右図2のように，線分 PQ を斜辺とし，他の2辺が x 軸，y 軸と平行な直角三角形 PSQ をつくると，直線 PQ の傾きが2，$PQ=\sqrt{5}$ より，図2の△PSQ は図1の△OAB と合同である。よって，$q-p=PS=OA=1$ となる。　⑵⑴より，$q-p=1$ であり，［1］⑴より，直線 PQ の傾きについて，$p+q=2$ が成り立つ。これら2式を

図2

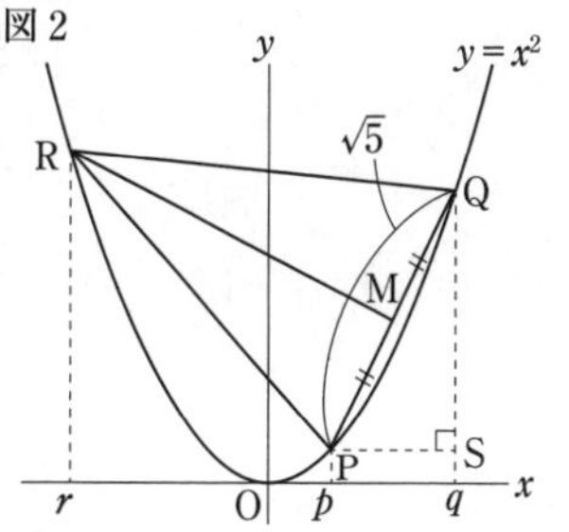

連立方程式として解くと，$p=\frac{1}{2}$，$q=\frac{3}{2}$となる。　(3)(2)より，$p=\frac{1}{2}$，$q=\frac{3}{2}$だから，$y=\left(\frac{1}{2}\right)^2=\frac{1}{4}$，$y=\left(\frac{3}{2}\right)^2=\frac{9}{4}$より，$\mathrm{P}\left(\frac{1}{2},\ \frac{1}{4}\right)$，$\mathrm{Q}\left(\frac{3}{2},\ \frac{9}{4}\right)$である。これより，線分PQの中点Mの$x$座標は$\left(\frac{1}{2}+\frac{3}{2}\right)\div 2=1$，$y$座標は$\left(\frac{1}{4}+\frac{9}{4}\right)\div 2=\frac{5}{4}$となるので，$\mathrm{M}\left(1,\ \frac{5}{4}\right)$である。直線MRは傾きが$-\frac{1}{2}$なので，その式を$y=-\frac{1}{2}x+m$とすると，点Mの座標から，$\frac{5}{4}=-\frac{1}{2}\times 1+m$，$m=\frac{7}{4}$となる。よって，直線MRの式は$y=-\frac{1}{2}x+\frac{7}{4}$であり，点Rは放物線$y=x^2$上の点で，$x$座標が$r$より，$\mathrm{R}(r,\ r^2)$であることから，$r^2=-\frac{1}{2}r+\frac{7}{4}$となる。これを解くと，$4r^2+2r-7=0$より，$r=\frac{-2\pm\sqrt{2^2-4\times 4\times(-7)}}{2\times 4}=\frac{-2\pm\sqrt{116}}{8}=\frac{-2\pm 2\sqrt{29}}{8}=\frac{-1\pm\sqrt{29}}{4}$となる。したがって，$r<p$より，$r<\frac{1}{2}$なので，$r=\frac{-1-\sqrt{29}}{4}$である。

国語解答

一 問一　2　問二　世界　問三　3

問四　4

問五　子どもの頃にはあった自分の考えを測るものさしを取り戻して，これからの進路を自分で決める(43字)［ため。］

二 問一　4　問二　2

問三　家畜の生命を奪って生活を成り立たせていながら，その命をいつくしむことで動物と有機的に共存すること。(49字)

問四　4　問五　2

三 問一　異名…3　季節…1　問二　3

問三　2　問四　4

四 ①　啓発　②　肝要　③　卑屈

④　佳境　⑤　促進　⑥　粉

⑦　請　⑧　停滞　⑨　飽食

⑩　陶酔

一〔**小説の読解**〕出典；宮西真冬『友達未遂』。

問一＜心情＞美穂子は，憧れの思いを込めてまっすぐに千尋を見つめた。しかし，千尋は，真琴の才能と自分を比較して自信を失い，自分は憧れられるような存在ではないと感じていたので，美穂子の思いを受け止められないのであった。

問二＜文章内容＞千尋は，村を出て「外の世界を知って，自分を知って，強くなっているつもり」だった。しかし，隆志から一年間アメリカに留学することを聞いた千尋は，三時間ほどの距離の全寮制の高校に進学したことで外の世界を知ったと思っていたのは，自分の世界が小さいからだと感じたのである。

問三＜文章内容＞祖父は，「自分の負けを認めないと人は成長しない」と考えていた。そのため，祖父は，自分の方が千尋に負けたと素直に認めた隆志は「絶対に大きくなる」と，隆志のことを褒めたのである。

問四＜心情＞千尋は，自分より絵がうまい真琴の存在によって，「自分がどうしたいのかも分からない」状態になっていた。「負けを認めろ。自分の弱さを誤魔化すな」という祖父の言葉を，隆志を通じて聞いたことによって，千尋は，一人になって，自分の弱さをごまかそうとしていた自分と向き合おうとしたのである。

問五＜文章内容＞千尋は，子どもの頃には持っていた「自分がどうしたいのか，何を好きで，どうなりたいのか，それを測るものさし」を取り戻すために，村で自由に絵を描いて過ごす時間が必要だと考えたのである。村で気の向くままに絵を描くことによって，自分のものさしを取り戻して，自分が本当に好きなことが何なのか，これからも絵を描きたいのか，もうやめたいのか，考えることができると，千尋は感じていた。

二〔**論説文の読解―自然科学的分野―技術**〕出典；藤原辰史「培養肉についての考察」(「現代思想」2022年６月号掲載)。

≪本文の概要≫培養肉とは，ウシなどの家畜の筋細胞を体外で組織培養した食品のことをいう。家畜を飼育するよりも，地球環境に与える負荷が低く，広い土地を必要とせず，厳密な衛生管理が可能であることが，培養肉の利点であるとされる。世界的に人口は増加傾向にあり，食肉需要が増大すると予測されている。しかし，畜産は，膨大な農地と淡水を必要とし，ウシのゲップとして放出されるメタンガスが温暖化に悪影響を与える。培養肉の開発が，水，土地，気候変動の危機を軽減するために効果を発揮することは疑いない。培養肉に対する人々の嫌悪感は容易に消えるものではないだろうが，いつの間にか自分の食べた料理に使用されているという日がくるかもしれない。あるいは，培養肉ではない肉が高級化するかもしれない。しかし，培養肉のもたらす問題は，それだけではない。第一に，無数に積み重なった畜産や屠畜の文化が衰弱するという問題がある。また第二に，肉を食べるために家畜を殺す罪悪感を抱くことがなくなるという精神史的な問題もある。食べる行為というものは，本来的に自然界と人間の摩擦と抵抗の行為である。摩擦のない世界に生きることは，地球に生きることといえるのだろうか。

問一＜文章内容＞経済成長が著しい国では，炭水化物中心の食事から動物性タンパク質を多く摂取する食事に移行している。今後，世界の人口は増え，食肉需要の増大は止まらないと考えられる。しかし，畜産は，家畜の飼料のために膨大な耕地が必要となるし，安全な淡水も大量に必要となり，さらにはウシのゲップは温室効果ガスとなる。培養肉の開発は，「水，土地，気候変動，それぞれの危機を軽減するために効果を発揮する」と考えられているのである。

問二＜文章内容＞「農業や畜産を工業化しようという試みは，ここ数十年に始まったことではない」のであって，九十年前にもチャーチルが培養肉技術への期待を述べていた。工場内で食肉を生産するという発想は，工業の進展が畜産分野にも広がっていることを表し，畜産の合理化を目指す一つの動きである。

問三＜文章内容＞内澤は，動物を「愛情をこめて育てること」とそれを「殺して肉にして，換金すること」は，動物の死と生と，自分の生存とが「有機的に共存すること」であり，その点に「ある種の豊かさを感じる」と述べている。屠畜することによって，自分たちは生きているのだが，健やかに育ってほしいと思わなければ，生き物は育たない。生命を奪うことと生命をいつくしむことは矛盾しないのである。

問四＜文章内容＞畜産とは，「殺すことに向けてケアを続ける，という文化」であり，自分の生存のためにほかの動物の生命を奪うという痛みを伴うものである。さらに，畜産には，危険性の少ないペットを飼う行為とは全く違い，「生命を奪う，奪われる」という緊張感がある。内澤は，生命を持つものとして，自分も含めて「三匹の豚とわたし」という副題をつけたのだと考えられる。

問五＜要旨＞培養肉をつくるためにも，液剤や電気が大量に必要ではあるが，それでも「家畜を飼わない，家畜を殺さない，家畜を殺す罪悪感を抱かない，そして，メタンガスが出ない」という利点が培養肉にはある。しかし，「痛みの少ない透明な喜び」によって食べ物が得られるということは，人間社会の中から陰影と摩擦を取り払うことになる。屠畜というプロセスがなくなり，畜産の文化が衰弱することで，食事が自然界と人間の摩擦ではなくなるという状態は，よいことばかりではないということを考える必要がある。

三〔**古文の読解―随筆**〕出典；清少納言『枕草子』。

≪現代語訳≫伏見稲荷に気力を奮い起こしてお参りしたのだが，中の御社くらいで，非常に苦しいのを我慢して登っていると，少しも苦しそうでもなく，後から来たと思われる人々が，どんどん先に行き(上の御社を)詣でるのには，とても感服する。二月の午の日の夜明け前に(参詣して)，急いだけれど，

(上の御社までの)坂の半ばくらいまで歩いたところで，午前十時頃になった。しだいに暑さまでひどくなって，本当につらくて，なぜ，こんなに暑苦しくないよい日もあろうのに，どうしてお参りしたのだろうとまでも思い涙もこぼれて休んでくたびれていると，四十を過ぎている女で，旅装ではなくて，ただ着物の裾を上げている女が，「私は，七度詣でをします。三度は巡拝した。あと四回はたいしたことではない。午後二時頃には帰途につけるだろう」と，道で会った人に言って，下って行くのは，ふだんの場所では(この人は私の)目にもとまらないだろうけれども，(このときは)この人の身に今すぐなりたい，と思われたものだ。

問一＜古典の知識＞旧暦の月の異名は，一月から順に，睦月(むつき)，如月(きさらぎ)，弥生(やよい)，卯月(うづき)，皐月(さつき)，水無月(みなづき)，文月(ふづき・ふみづき)，葉月(はづき)，長月(ながつき)，神無月(かんなづき)，霜月(しもつき)，師走(しわす)となる。また，旧暦では一月から三月は春。

問二＜古文の内容理解＞伏見稲荷を二月の午の日に参詣しようとした作者は，夜明け前に出発したが，山上の上社に着く前に十時ぐらいになり，暑くてつらいと休んでいた。そこへ，旅装束ではなく着物の裾を上げただけという格好の四十歳以上の女性が，七度詣でのうちの三度は終えて，さらに四回詣でても二時には終わるだろうと言って，山道を降りていくのを見て，あの人になりたいとうらやましく思ったのである。

問三＜古文の内容理解＞ふだんの場所では，注意がひきつけられることもないような女性になりたいと思うほど，伏見稲荷の参詣は，作者にとってつらいものであった。こんな暑くないよい日もあるのに，どうして今日参詣しているのだろうと作者は後悔したのである。

問四＜古文の内容理解＞作者は，髪がとても長くきちんと整い，垂れ下がった額の髪もすばらしい人を，「うらやましげなるもの」として取り上げている(4…○)。地方から送ってきた手紙に贈り物がないことは，『枕草子』の「すさまじきもの」として取り上げており，興ざめなものだと述べている(1…×)。愛する人がとても酔って同じことを繰り返しているのは，『枕草子』の「かたはらいたきもの」として取り上げており，気恥ずかしいものだと述べている(2…×)。立派な人が贈り物を送ってきたときにこちらから出す返事を，『枕草子』の「言ひにくきもの」として取り上げており，うまく言えないものだと述べている(3…×)。

四〔漢字〕

①「啓発」は，人が気づかずにいることを教え示して，より高い理解に導くこと。　②「肝要」は，とても重要なこと。　③「卑屈」は，いじけて，必要以上に自分を取るに足らないものであるとして蔑むこと。　④「佳境」は，興味を感じさせる場面のこと。　⑤「促進」は，物事が順調にどんどん進むようにすること。　⑥「身を粉にして働く」は，苦労をいとわず一所懸命に働く，という意味。　⑦「請け負う」は，仕事を引き受ける，責任を持って引き受ける，という意味。　⑧「停滞」は，一か所にとどまって動かないこと。　⑨「飽食」は，食べ物が十分にあること。　⑩「陶酔」は，心を奪われてうっとりすること。

Memo

Memo

Memo

2022年度 国学院大学久我山高等学校

【英　語】（50分）〈満点：100点〉

1 リスニングテスト

第1部

No. 1　1　Yumiko and Ryo.　2　Sachiko and Ryo.
　　　3　Sachiko and Ken.　4　Ryo and Ken.

No. 2　1　Afraid.　2　Angry.　3　Sad.　4　Sorry.

No. 3　1　10:23.　2　10:30.　3　10:37.　4　11:23.

第2部

No. 1　1　Wear a face mask.
　　　2　Eat and drink.
　　　3　Wash hands often.
　　　4　Keep a distance from other people.

No. 2　1　When cleaning yourself.
　　　2　When greeting.
　　　3　When exchanging money.
　　　4　When eating.

No. 3　1　Talk online.　2　Talk in Japanese.
　　　3　Talk in English.　4　Talk in a group.

第3部

No. 1　How many drones formed a giant Earth in the Tokyo Olympics opening ceremony?

No. 2　Thanks to drones, where can we take pictures from more easily?

No. 3　How can farmers easily check the condition of the food we grow?

No. 4　What does the speaker believe drones will do in the future?

※**＜リスニングテスト放送原稿＞**は英語の問題の終わりに付けてあります。

2 次の英文を読み，後の問いに答えなさい。

[1] In the 14th century, a sickness called *the Black Death arrived in Europe. It spread quickly and killed many people. By 1350, millions of people in Europe had died. The Black Death killed between 30% to 50% of the European population. Everything changed. Many skilled workers died, (①) there were not enough workers to make things. There were not enough farmers to work the land, either. Fortunately, it was not the end of the world as many had thought. Life and light came after the darkness and death. The Black Death changed Europe in many ways. Some historians say the Black Death helped make Europe ready for a *rebirth called *the Renaissance. The Renaissance was many things. For one, it was a rebirth of art and learning. Europeans looked back through time at the great cities and works of the Greeks and Romans over a thousand years before. ②They (ア Europe イ know ウ be エ wanted オ how カ to キ could) great again. They wanted to learn from their past.

2 One person who learned from Europe's past was *Francesco Petrarch. He loved the books and teachings of ancient Rome and Greece. In contrast, he felt that he was living in a time of darkness which he called *the Dark Ages. Petrarch spent much of his life (③) through Europe. He found many Latin and Greek texts that had been lost. Petrarch published them again. He wanted Europe (④) the Dark Ages, and he wanted to return to the light of the Romans and Greeks. Petrarch's love for old books influenced many Europeans to learn from their past. But Petrarch didn't just love books. He also loved a woman. One day at church, Petrarch saw a woman named Laura. He (⑤) deeply in love with her. Today, we don't know much about Laura, but her name probably was *Laura de Noves. She was indeed beautiful, but there was a problem. She was already married, so Petrarch showed his love for Laura in writing. He wrote hundreds and hundreds of poems and songs for her, with words like these :

When from hour to hour among the other ladies,
Love appears in her beautiful face.

Even today, Petrarch's love songs are famous. They influenced many great writers, including *William Shakespeare. Petrarch died in his home on July 19, 1374. It was one day before his 70th birthday. One popular story says that he was found dead in his library *leaning over a book. Because of his work and learning, we call Petrarch the Father of the Renaissance. He created great art with words, and he helped Europeans learn from their past.

3 For Europeans to learn from their past, people needed to read. But there was a problem. Books were expensive and hard to make. People usually copied books by writing them out by hand. A young German named *Johannes Gutenberg created a new way of printing. He made a printing machine that used moveable letters on metal blocks. He was the first European to be able to quickly print books. By 1482, there were about 100 printing presses in Europe. These presses helped spread knowledge quickly and accurately. People studied the art and ideas of ancient Greece and Rome. Thanks to Gutenberg, Europe began its rebirth through the power of print.

4 New ideas were part of Europe's rebirth. One man who had many new ideas was *Leonardo da Vinci. He learned from the past, but he also studied nature and the world around him. Today we know Leonardo for his paintings, but he was also an inventor and a scientist. Leonardo filled *multiple notebooks with notes and drawings. In his notes, he wrote about many things including music, light, and the human body. He designed flying machines, robots, and even terrible weapons of war. Leonardo brought (⑥) together. We can see this in his famous painting, the *Mona Lisa*. In Italian, the painting is also called "the laughing one." This is because of the mysterious smile on the *Mona Lisa*'s face. The smile seems to disappear when people look at it directly. There are shadows around her smile. The shadows seem soft or smoky. Leonardo described this technique as "without lines or borders, in the manner of smoke." By studying light and the human body in a scientific way, Leonardo made his art come alive. He made it look like the real world.

5 During the Renaissance, Europeans created art. But they also created a rebirth of knowledge and science. Leonardo da Vinci discovered new knowledge by using science. He looked at the world as it really was, not as people said it was. [⑦] This idea was

even taught by *the Roman Catholic Church. The church followed the ideas of the Greek philosopher *Aristotle, who wrote that the moon and sun move around the earth.

6 ⑧It was difficult at that time, even dangerous, to go against the ideas of the church. Leonardo da Vinci only mentioned the idea that the sun does not move. But in 1632, *Galileo Galilei wrote a book about it. He based his ideas on the work of *Nicolaus Copernicus and ideas from the ancient Greeks. When church leaders read Galileo's work, they became very angry. Galileo said that the sun was the center of the universe. Church leaders questioned Galileo. They forced him to give up his ideas. They made him a prisoner in his own home. But today we know that Galileo was right. Galileo Galilei is one of the most important thinkers of the Renaissance. *Albert Einstein called him the father of modern science. Like Leonardo da Vinci, Galileo *referenced the books of the ancient Greeks. Galileo read the work of *Aristarchus, who lived over a thousand years before Galileo. Aristarchus said that the sun was the center of the universe. He was an ancient thinker who disagreed with (⑨). ⑩Galileo looked at the natural world. He used mathematics to understand how the planets moved. He improved the *telescope, and he looked carefully at the stars in the sky. He found real answers about the earth and the sun. And he helped create a new way of thinking. We call it science.

7 What was the result of what these people did? It was an explosion of art and creativity. It was a new beginning for knowledge and science. It was the bringing together of art and science for making beautiful, powerful, and sometimes ⑪terrible inventions. It was the Renaissance.

the Black Death：黒死病（ペスト）　rebirth：復興　the Renaissance：ルネサンス
Francesco Petrarch：フランチェスコ・ペトラルカ　the Dark Ages：暗黒時代
Laura de Noves：ラウラ・デ・ノヴェス　William Shakespeare：ウィリアム・シェイクスピア
leaning over：～の上にもたれて　Johannes Gutenberg：ヨハネス・グーテンベルク
Leonardo da Vinci：レオナルド・ダ・ヴィンチ　multiple：複数の
the Roman Catholic Church：ローマカトリック教会　Aristotle：アリストテレス
Galileo Galilei：ガリレオ・ガリレイ　Nicolaus Copernicus：ニコラウス・コペルニクス
Albert Einstein：アルバート・アインシュタイン　referenced：～を参照した
Aristarchus：アリスタルカス　telescope：望遠鏡

問1　(①)に入る語として，最も適切なものを選び，記号で答えなさい。

ア　but　　イ　or　　ウ　because　　エ　so

問2　下線部②が文脈に沿った内容の英文になるように，(　)内の語を最も適切な順番に並べかえ，記号で答えなさい。

問3　(③)～(⑤)にあてはまる動詞を以下から選び，最も適切な形に直して答えなさい。ただし，直した形は1語とは限らない。また，同じ語を2回以上用いないこと。

【fall　　travel　　end】

問4　(⑥)に入る語句として，最も適切なものを選び，記号で答えなさい。

ア　art and science　　イ　knowledge and science

ウ　beauty and power　　エ　art and creativity

問5　空所⑦に入れるべき文が，下の(A)～(C)に示されている。最も適切な順に並べかえたものを選び，記号で答えなさい。

(A)　This may seem unimportant. But at the time, most Europeans believed that the sun moved around the earth.

(B)　They believed that the earth was the center of the universe.

(C)　For example, in his notes, Leonardo wrote, "The sun does not move."

ア　(A)→(B)→(C)　　イ　(A)→(C)→(B)　　ウ　(B)→(A)→(C)

エ　(B)→(C)→(A)　　オ　(C)→(A)→(B)　　カ　(C)→(B)→(A)

問6　下線部⑧を日本語にしなさい。

問7　空所(⑨)に入る人名として最も適切なものを選び，記号で答えなさい。

ア　Leonardo　　イ　Copernicus　　ウ　Galileo　　エ　Aristotle

問8　下線部⑩とあるが，その結果，ガリレオがたどり着いた考え方を現在では一般的に何と言うか，漢字3文字で答えなさい。

問9　下線部⑪とあるが，その具体例を本文中より探し，日本語で答えなさい。

問10　次の英文は，本文の一部をまとめたものです。本文の内容から考えて，(　)内の文字から始まる英語1語をそれぞれ答えなさい。

The Renaissance was a rebirth of art and a beginning of science in Europe. Thanks to people like Francesco Petrarch, Renaissance thinkers learned from the $_{1}$(p____), especially from the works of the ancient Greeks and Romans. People did this by reading great books. Thanks to Johannes Gutenberg, many books were $_{2}$(p____) and knowledge spread quickly across Europe. At the same time, people like Leonardo da Vinci created new knowledge by studying nature. Leonardo made art look more $_{3}$(r____), invented new machines, and had many new ideas. As time passed, thinkers like Galileo learned to challenge old ideas. They saw that even the ancient Greeks had different ideas about the nature of the $_{4}$(u____). Galileo looked at nature to find the answer.

問11　次の問いに，(　)内に記された段落を参考に，指定された語数の英語で答えなさい。

1　How did people usually copy books before Gutenberg invented the printing machine?
(第[3]段落／6語)

2　Was Leonardo da Vinci an inventor and a scientist as well as a painter?
(第[4]段落／3語)

3　Who was called the father of modern science by Albert Einstein?　(第[6]段落／3語)

4　What do we call the new way of thinking that Galileo helped create? (第[6]段落／4語)

問12　本文の内容と一致するものには○，一致しないものには×を記入しなさい。

1　Although the Black Death spread and killed a lot of people in Europe, the writer didn't think that it was the end of the world.

2　William Shakespeare was one of the writers who were influenced by the works of Petrarch.

3　The printing machine invented by Gutenberg made it possible for people to get books more easily than before.

4　Leonardo made his painting, the *Mona Lisa*, come alive by using clear lines.

5　The Roman Catholic leaders followed the idea that the sun moved around the earth, but now we know that the idea was wrong.

3　次の１～５の各組の英文がほぼ同じ意味になるように，（　）内に適切な１語を入れなさい。

1
He can play the violin better than I.
I cannot play the violin as (　　) as he.

2
I know the writer of the book.
I know (　　) wrote the book.

3
The picture which Mark drew was sold at a high price.
The picture (　　) by Mark was sold at a high price.

4
I am sure that the story is not true.
The story (　　) be true.

5
Please pass me the salt.
Would you (　　) passing me the salt?

4　次の１～５の英文中の下線部には１ヶ所誤りがある。訂正した語句を答えなさい。

（例題）　Tom and Mike were late for school because a heavy rain.　解答：because of

1　It's very nice of you to teach me how to get to the post office.

2　Mark is used to take long flights because he goes back and forth between Japan and China on business.

3　John and Paul are so great musicians that they are loved by many people all over the world.

4　Please don't forget turning off the lights before you go out for shopping.

5　Mary asked Bill and I to go to the concert with her, but I was too busy to go there.

5　次のテーマに沿って，できるだけたくさんの英文を自由に書きなさい。囲み内の語は英文を書くための参考です。これらの語を使っても使わなくても構いません。

英文のテーマ：私がもらった一番の贈り物

because	when	important	receive
that	gift	ever	surprised

＜リスニングテスト放送原稿＞

第１部

No. 1

Taro　: Hi Yumiko.　We have an English speaking test coming up next week right?

Yumiko : Yes, Taro.　Are you ready for it?

Taro　: No, not yet.　I need more practice.　Could you help me with it this weekend?

Yumiko : Sorry, I promised my mom I would stay home and take care of my brothers.　But maybe Sachiko could.

Taro　: OK.　I could also ask Ryo to help.

Yumiko : Ryo has a soccer match, so you should ask Ken instead.

Question : Who will Taro ask to help him this weekend?

No. 2

Teacher : Mark told me that you broke the window.　Is that true, Luke?

Student : Yes, Mr. Davis.

Teacher : Why didn't you tell me that when I asked you yesterday?

Student : I was afraid you would get angry.

Teacher : I'm more sad that you didn't say anything to me.

Student : I'm sorry. . . .

Question : How does Ms. Davis feel now?

No. 3

Man : Excuse me, which train should I take to get to Kugayama station?

Woman : You need to go to Platform 5 to take the train leaving at 10:30.

Man : Do I have enough time to get there?

Woman : Well . . . it leaves in 7 minutes, so you'd better hurry. The next train after that doesn't leave until 11:30.

Man : Oh, I can't wait that long. Thank you for your help.

Woman : Good luck.

Question : What time is it now?

第2部

No. 1 Thank you for visiting us today. Just a few reminders: face masks must fully cover your nose and mouth, and please wear them at all times. Guests that do not follow this rule will be asked to leave. You can remove your face mask only when eating or drinking. Wash your hands often. Cover your mouth and nose when coughing and sneezing. And keep a distance from other people. Thank you.

Question : What rule must visitors follow to stay there?

No. 2 In some countries, it is thought that using the left hand for certain activities like eating is rude. People in these countries often use their left hand to clean themselves after using the toilet and therefore, it is considered dirty. Sri Lanka, India and parts of Africa share this habit. To be safe, always use your right hand when greeting, exchanging money, and, of course, eating while you are in these parts of the world.

Question : When is it OK to use your left hand it India?

No. 3 We are creating a place where Japanese people and people who are learning Japanese can safely talk with each other online. Over 150 to 200 participants attend our events every weekend. Participants talk to each other one-on-one, so you don't have to worry even if you are a beginner. We can talk in English or Japanese and freely change partners and talk to the people you want to talk to. If you want to talk to more Japanese people or want to talk to more people who are learning Japanese, come join us!

Question : According to the speaker, what can't we do?

第3部

Many of you saw a giant Earth made of 1,824 drones in the Tokyo Olympics opening ceremony. As you can see, there are many ways to use drones.

First, drones are useful for carrying things. For example, they make it possible for us to deliver daily necessities, even to the people who live in very rural areas where it is hard to deliver something by car or train.

Next, drones enable us to take pictures from the sky more easily. For instance, if we want to take a picture of a whole city, we can do that with drones. Generally, using a drone is cheaper than using other forms of flying transportation, such as airplanes and helicopters. Therefore, more people can enjoy taking drone photos or videos and sharing them on social media these days.

Finally, we can also use drones to help us with farming. The number of farmers is decreasing year by year because young people aren't interested in farming. What can we do with drones? They have small cameras, so we can check the condition of the food we grow such as grains, fruits, or vegetables, easily by flying them over the farm. Moreover, we can spray agricultural chemicals more efficiently. Thanks to drones, farmers can do all this work alone.

In conclusion, there are more ways to use drones than we expected. They have a lot of possibilities, and I'm sure they will make our lives much better in the future.

【数　学】（50分）〈満点：100点〉

〔注意〕円周率はπとする。

1　次の□を適当にうめなさい。

(1) $\dfrac{5x-4y}{3}-\dfrac{4x-y}{2}=$□

(2) $(-2)^{2022}\div(-2)^{2020}-(-2^{2022})\div(-2^{2021})=$□

(3) $a=\dfrac{1}{4}$のとき，$\dfrac{1-a}{\sqrt{a^2+2a+1}+\sqrt{9a^2-6a+1}}=$□

(4) $(x+y+1)(x+y-1)-(x-y)^2$ を展開すると□である。

(5) 縦の長さがx，横の長さがyの長方形がある。縦の長さを20%短くしても長方形の面積が変わらないようにするには，横の長さを□%長くすればよい。

(6) 連立方程式$\begin{cases}\dfrac{1}{x+y}+\dfrac{1}{x-y}=7\\ \dfrac{1}{x+y}-\dfrac{1}{x-y}=3\end{cases}$を解くと，$x=$［ア］，$y=$［イ］である。

(7) 関数$y=ax+1\,(a<0)$のxの変域が$b\leqq x\leqq b+2$のとき，yの変域は$-2\leqq y\leqq 4$となる。このとき，$a=$［ア］，$b=$［イ］である。

(8) 4を「1+1+1+1」や「1+1+2」のように，自然数の和の形で表したとき，その表し方は全部で□通りある。ただし，同じ自然数の組み合わせであっても「1+3」と「3+1」のように，その順番が異なるものは，異なる表し方であるとする。また，「4」は和の形では表していないものとする。

(9) 下の図のように，縦9 cm，横8 cmの長方形ABCDに，円Pが辺AB，BCと接し，円Qが辺AD，DCと接している。2つの円は互いに接し，円Qの半径が円Pの半径の2倍であるとき，2つの円の中心の距離は□cmである。

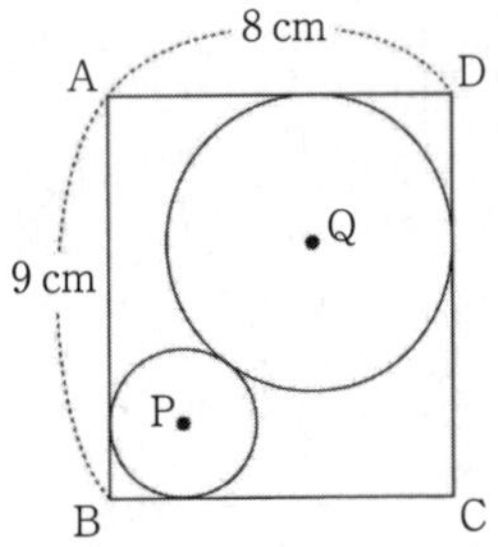

(10) 右の図のように，∠AOB=20°で開いた2枚の鏡OA，OBがある。OA上の点Pから，図のような角度でレーザーを発射する。最初に反射した点をQ，2回目に反射した点をRとする。レーザーは全部で□回反射したあと点Pに戻る。

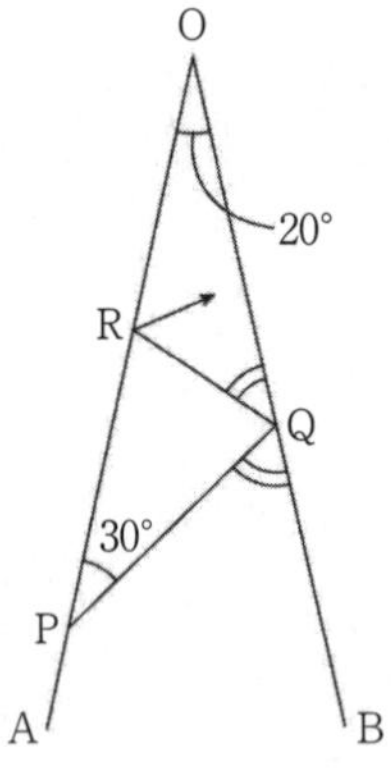

2　次の問いに答えなさい。

(1) 反例の説明として正しいものをア～エから1つ選び，記号で答えなさい。

ア．あることがらの仮定にあてはまるもののうち，結論が成り立つ場合の例

イ．あることがらの仮定にあてはまらないもののうち，結論が成り立つ場合の例

ウ．あることがらの仮定にあてはまるもののうち，結論が成り立たない場合の例

エ．あることがらの仮定にあてはまらないもののうち，結論が成り立たない場合の例

(2) 以下の文の □ をうめなさい。

k 番目が k である数の列 $\{1,\ 2,\ 3,\ \cdots\cdots\}$ の１番目から n 番目までのすべての数の列の和を $\sum_{k=1}^{n}k$ で表します。式で表すと，

$$\sum_{k=1}^{n}k=1+2+3+\cdots+n$$

となります。

同様に，k 番目が k^2 である数の列 $\{1^2,\ 2^2,\ 3^2,\ \cdots\cdots\}$ の１番目から n 番目までのすべての数の列の和を式で表すと，

$$\sum_{k=1}^{n}k^2=1^2+2^2+3^2+\cdots+n^2$$

となります。$\sum_{k=1}^{5}k^3$ を式で表すと，

$$\sum_{k=1}^{5}k^3=\square$$

となります。

(3) 図１のヒストグラムに対応する箱ひげ図を，図２のア～カから１つ選び，記号で答えなさい。

図１

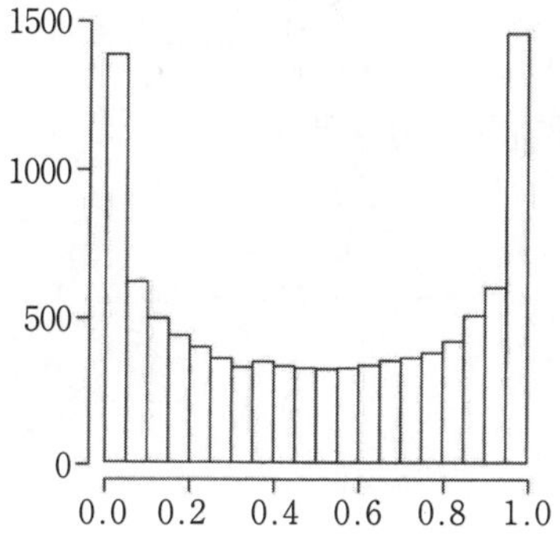

図２

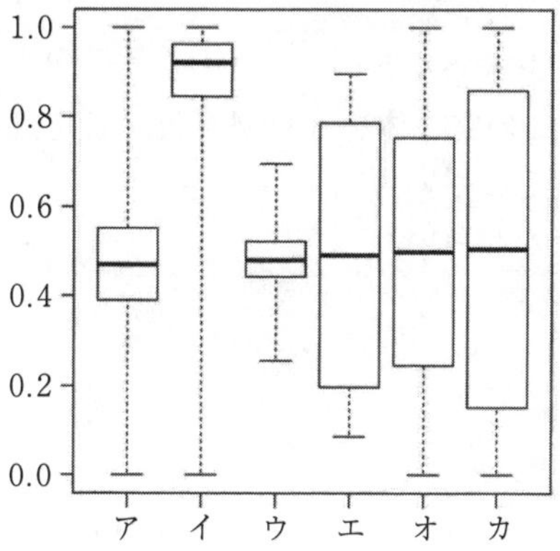

(4) 方程式の解の個数は，グラフの交点の個数を調べることでわかります。例えば，$-2\leqq x\leqq 2$ の範囲で考えたとき，x の方程式 $x^2=x+1$ の解の個数は２個です。このことは，図１の関数 $y=x^2$ のグラフと関数 $y=x+1$ のグラフの交点の個数からもわかります。

$-1\leqq x\leqq 3$ の範囲で考えたとき，x の方程式 $x^3-2x^2=1$ の解の個数を答えなさい。ここで，関数 $y=x^3-2x^2$ のグラフは図２の通りです。

図１

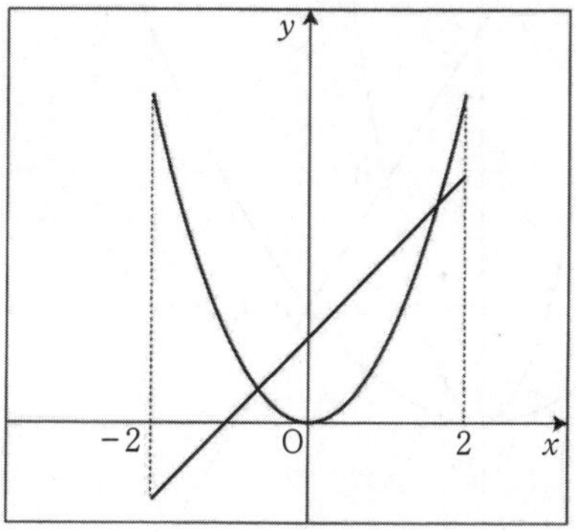

図２

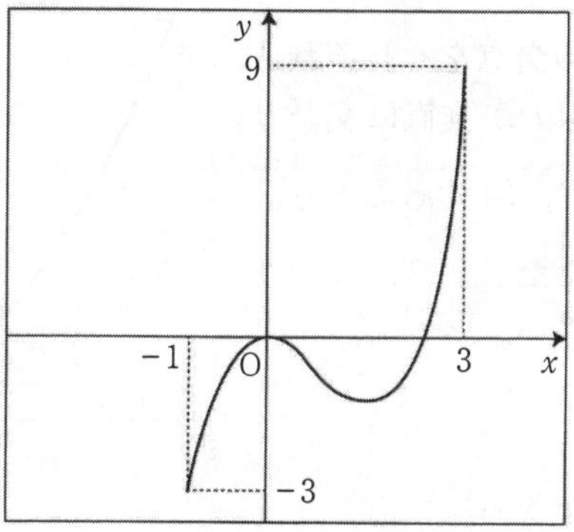

3　右の図のような1辺の長さが4 cmの立方体がある。この立方体の辺AB，ADの中点をそれぞれM，Nとする。次の問いに答えなさい。

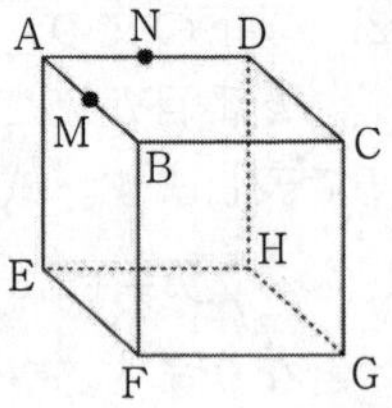

(1)　辺AEの中点をPとする。この立方体を3点M，N，Pを通る平面で切ります。切り口の図形の名称を答えなさい。

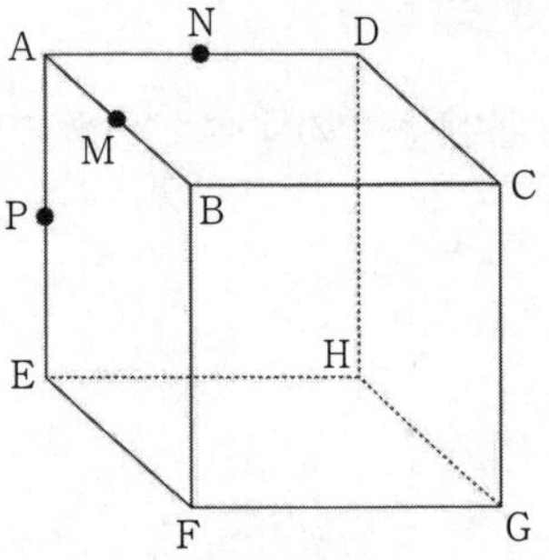

(2)　辺FGの中点をQとする。この立方体を3点M，N，Qを通る平面で切ります。

①　切り口の図形の名称を答えなさい。

②　切り口の図形の周の長さを求めなさい。

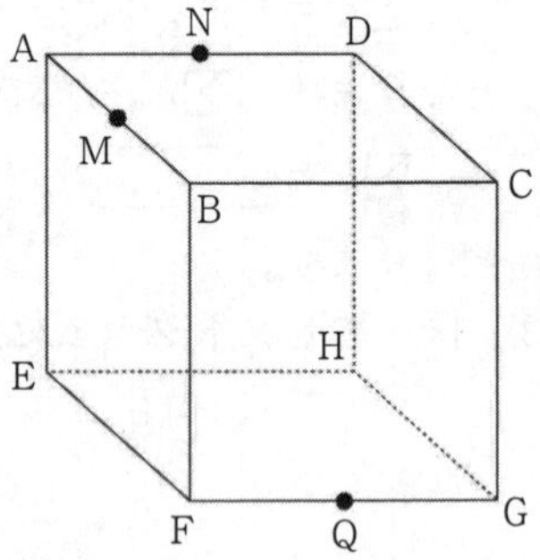

(3)　辺CGの中点をRとする。この立方体を3点M，N，Rを通る平面で切ります。

①　切り口の図形の名称を答えなさい。

②　切り口の図形の面積を求めなさい。

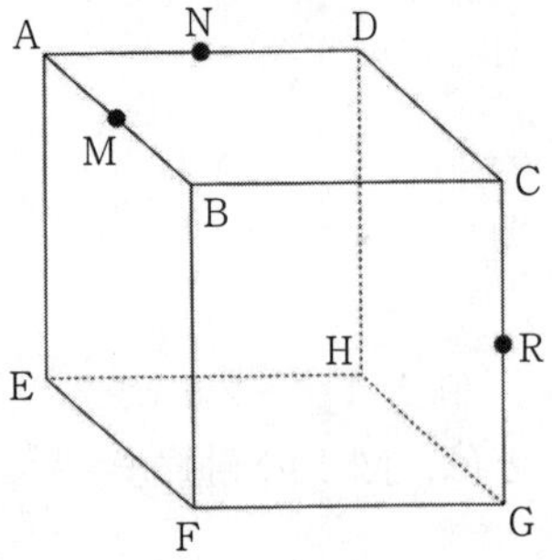

4　図のように，2つの放物線 $y=ax^2$…①，$y=bx^2$…②と傾きが $-\frac{4}{3}$ の直線 l がある。直線 l と放物線①，②との交点をそれぞれA，Bとする。直線OAと直線 l が垂直に交わり，△OABの面積が $\frac{75}{8}$，A(4, 3)であるとき，次の問いに答えなさい。ただし，(3)，(4)については途中過程も記しなさい。

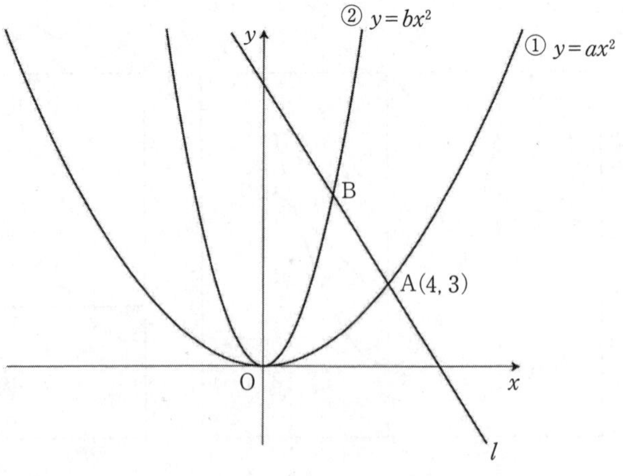

(1)　a の値を求めなさい。

(2)　直線 l の式を求めなさい。

(3)　線分ABの長さを求めなさい。

(4)　b の値を求めなさい。

の寝姿を、②あなかしこ《絶対に、》、人にかたる事なかれ。
③※袴《はかま》着る日はやすまする団かな

〈注〉団…団扇《うちわ》のこと。本文のように「団」の一字で表されることもある。
ひさご…夕顔。花の名前。
宿直…警備の勤務。ここでは見張り番の意味。
地紙…扇に貼《は》る用紙。
野ざらし…粗略に扱われて捨てられること。
扇…団を携帯用にたためるようにしたもの。拍子《ひょうし》を取る時や舞踊の時にも用いられる。
袴…江戸時代に改まった場で着た服。

問一　――線①が指すものを次の中から選び、記号で答えなさい。
ア　帝　　イ　作者　　ウ　団　　エ　扇

問二　□に入る季節を漢字で記しなさい。

問三　――線②とありますが、ここから読み取れる作者の心情として最も適当なものを次の中から選び、記号で答えなさい。
ア　憧《あこが》れ　　イ　親しみ　　ウ　怒り　　エ　不満

問四　――線③の句から読み取れることは何ですか。次の文章の空欄[A]・[B]にあてはまる言葉を文中からそれぞれ抜き出しなさい。

改まった席では[A]の代わりに[B]が用いられるということ。

問五　右の文の内容に合うものを次の中から選び、記号で答えなさい。
ア　扇はその場に適した様々な種類があるので、使用者によろこびを与える。
イ　扇は人々に使われなくなると、鼠に汚されて地紙をはがされてしまう。
ウ　団は修行僧のように雨風にさらされるために、やがて使い捨てられる。
エ　団は私的な場でこそ使用するのにふさわしく、作者は愛着を抱いている。

四
次の各問に答えなさい。

問一　次の1～7の文の――線のカタカナを漢字に直しなさい。
1　日本国ケンポウを読み直す。
2　ビリョクながらお役に立ちたい。
3　チームは優勝争いからダツラクした。
4　缶ジュースにはトウブンが多く含まれている。
5　熊がキョタイを揺らしながら現れた。
6　新しいベッドでココチよく眠ることができた。
7　シンセンな魚が届いた。

問二　次の1～3の四字熟語には誤字がそれぞれ一字あります。誤りを正しく書き直しなさい。
1　自忙自棄（自分を大切にせず、やけになること）
2　免許会伝（武術や技術などの奥義をすべて弟子に授けること）
3　一機当千（一人で千人の敵に対抗できるほど強いこと）

らそれぞれ選び、記号で答えなさい。

1「社会的な土台」
a 社会的平等　b 政治的発言力
c 戦争と平和　d 所得と仕事

2「環境的な上限」
e 生物多様性の喪失　f オゾン層の増加
g 気候変動　h 海洋酸性化

問二 [A]・[B]に入る語句の組み合わせとして適当なものを次の中から選び、記号で答えなさい。

ア A 左上 B 右上　イ A 右上 B 左上
ウ A 左上 B 右下　エ A 中央 B 右上

問三 ――線②とありますが、「都合」が「悪い」のはなぜですか。その理由を[C]にあてはまるように50~60字で記しなさい。ただし、「格差是正」、「地球環境」の2つの言葉を必ず用いること。

問四 ――線③の説明として最も適当なものを次の中から選び、記号で答えなさい。

ア 持続可能性を追い求めているようで、実は途上国による地球資源の使用を抑制すること。
イ 将来の世代への責任を負うふりをして、実は自分たちの世代のことばかり考えていること。
ウ 公正の名の下に途上国の経済発展を促しながら、実は先進国の受け皿になることを求めること。
エ 社会的リソースの再分配を主張しながらも、実は自国の利益だけしか念頭に置いていないこと。

問五 右の文の内容に合うものを次の中から選び、記号で答えなさい。

ア 地球環境が環境的上限を超えていけば「持続可能で公正な社会」も実現されず、先進国の現在の繁栄も危機にさらされることとなる。
イ 経済成長に伴って社会の繁栄がもたらされるということは、先進諸国が歩んできたこれまでの歴史が証明している動かしがたい事実である。
ウ 世界全体のさらなる繁栄を実現するためには、なお一層の経済成長を推し進めるだけでなく、生活環境の改善を図っていかなくてはならない。
エ 先進国の経済成長を断念しないためには、ドーナツ経済の内縁にも届かなかった人々の生活水準を上昇させる以外の方策を考える必要がある。

三

左に示すのは江戸時代の俳人、横井也有『鶉衣《うずらごろも》』の中の「奈良※団《うちは》の賛」と題された文章である。本文を読んで、後の各問に答えなさい。

青によし奈良の帝の御時《おほんとき》、いかなる叡慮《えいりょ》にあづかりてか、《御治世に、どのようなお考えによって、》此《この》地の名産とはなれりけむ。世はただ其《その》道の芸くはしからば、《世間では専門の芸道に優れていれば、》多能はなくてもあらまし。《よいだろう。》①かれよ、かしこくも《上手に》風を生ずるの外《ほか》は、たえて《まったく》無能にして、一曲《ひとさし》かなでの間《ま》にもあはざれば、《ちょっとした舞踊の際にも使い物にならないから、》腰にたたまれて《腰に差されて》公《く》界《がい》にへつらふ《世間にこびる》ねぢけ心《ひねくれた心》もなし。ただ木の端《はし》と思ひすてたる雲水《うんすい》の生涯ならむ。《この世を木の切れ端のように軽く思い捨てた修行僧の生き方なのだろう。》さるは《そういうわけで》桐《きり》の箱の家をも求めず、※ひさごがもとの夕すずみ、昼ねの枕に※宿直《とのゐ》して、人の心に秋風たてば、また来る□を頼むとも見えず。《あてにする様子もなく、》物置の片隅《かたすみ》に紙屑籠《かみくづかご》と相住《あひずみ》して、《同居して、》鼠《ねずみ》の足にけがさるれども、※地紙《ぢがみ》をまくられて《めくられて》※野ざらしとなる※扇《あふぎ》にはまさりなむ。《勝るにちがいない》我汝《なんぢ》に心をゆるす。汝我に馴《な》れて、《うちとけるあまり》はだか身の経済水準を超えると、それほどはっきりとはしないのである。

わかりやすいのが、アメリカとヨーロッパ諸国の比較だろう。独仏や北欧などのヨーロッパ諸国の多くは、ひとりあたりの※GDPがアメリカより低い。しかし、社会福祉全般の水準はずっと高く、医療や高等教育が無償で提供される国がいくつもある。一方、アメリカでは、無保険のせいで治療が受けられない人々や、返済できない学生ローンに苦しむ人々が大勢いる。

あるいは身近な例を挙げれば、日本のひとりあたりのGDPはアメリカよりずっと低いが、日本人の平均寿命は、アメリカよりも六歳近く長い。

要するに、生産や分配をどのように組織し、社会的※リソースをどのように配置するかで、社会の繁栄は大きく変わる。いくら経済成長しても、その成果を一部の人々が独占し、再分配を行わないなら、大勢の人々は潜在能力を実現できず、不幸になっていく。

このことは、逆にいえば、経済成長しなくても、既存のリソースをうまく分配さえできれば、社会は今以上に繁栄できる可能性があるということでもある。

だから、公正な資源配分が、資本主義システムのもとで恒常的に達成できるのかどうかをもっと真剣に考えなくてはならない。

ただし、ここで難しいのが、この公正な資源配分は、一国内だけの問題ではないという点だ。グローバルな公正さと持続可能性をどうやって両方とも実現できるのか、という非常に大きな問題にぶちあたるのだ。

この問題を、③偽善的な話として誤解しないでほしい。気候変動問題が示すように、地球はひとつで、世界はつながっている。先進国が浪費を続けたり、自国の製品を売りつけたりするために、途上国にも同じような経済発展の道をたどるよう求めることは、どう考えても持続可能ではない。

世界全体が「持続可能で公正な社会」へ移行しなければ、最終的には、地球が住めないような環境になって、先進国の繁栄さえも、脅かされてしまうのである。

そうはいっても、これまでドーナツ経済の内縁にも届かなかった人々の生活水準を上昇させることは不可欠である。だが、それは世界の総※マテリアル・フットプリントの増大につながる。そのような増大は、すでにプラネタリー・バウンダリーの閾値を多くの領域で超えてしまっている現状のもとでは致命的となる。

だから、（図2）のグラフの右上に位置している先進国が、膨大なエネルギーを使って、さらなる経済成長を求めることは、明らかに不合理である。ましてや、経済成長がそれほど大きな幸福度の増大をもたらさないなら、なおさらである。

しかも、同じ資源とエネルギーを※グローバル・サウスで使えば、そこで生活する人々の幸福度は大幅に増大するはずなのだ。だとしたら、カーボン・バジェット（まだ排出が許される二酸化炭素の量）は彼らのために残しておくべきではないか。

つまり、「現在飢餓で苦しんでいる一〇億人は苦しみ続ければいい」、「地球環境の悪化で苦しむ将来の世代などどうでもいい」という立場を取るのであれば別だが、そうでない私たちは、先進国の経済成長を諦め、マテリアル・フットプリントを自発的に減らしていく道を検討すべきではないか。

（斎藤幸平『人新世の「資本論」』による）

〈注〉ラワース…ケイト・ラワース。経済成長を中心にした開発モデルを批判する政治経済学者。
プラネタリー・バウンダリー…地球の限界。
GDP…国内総生産。
リソース…資源全般。
マテリアル・フットプリント…資源の採掘量。
グローバル・サウス…資本主義のグローバル化によって負の影響を受けている場所や人々。

問一　――線①とありますが、（図1）の「社会的な土台」、「環境的な上限」のそれぞれの要素として**ふさわしくないもの**を後の中か

ダニエル・オニールらの定量的研究である。この研究は、ラワースの「ドーナツ経済」の概念を使いながら、約一五〇ヶ国の具体的な数値を測定し、どれくらいの国々がこのドーナツの輪のなかで暮らしているかを明らかにしてくれる。（図２）

図２　生活の質と環境負荷の相関関係

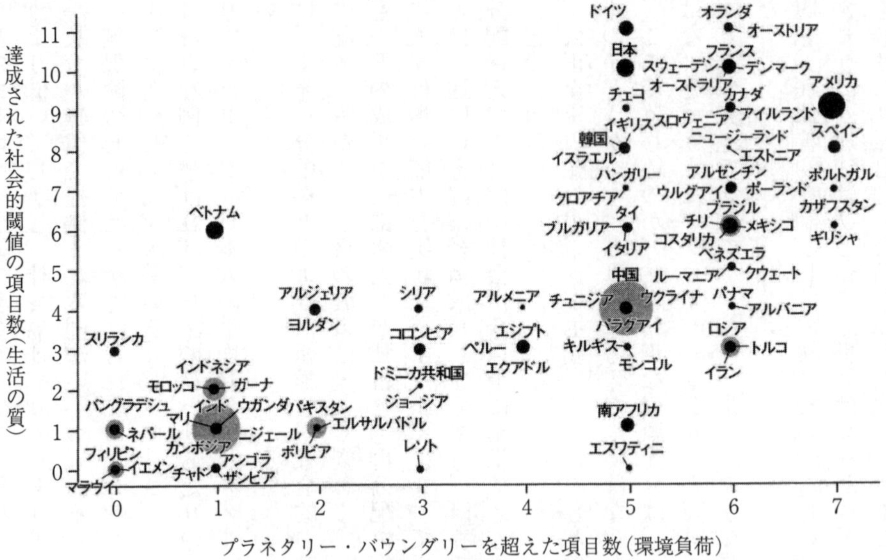

Daniel W.O'Neill et al., "A good life for all within planetary boundaries," Nature Sustainability 1 (2018) をもとに作成

グラフが表しているのは、横軸がプラネタリー・バウンダリー（ドーナツの外縁）を超えてしまっている項目の数、縦軸が社会的閾《いき》値《ち》（ドーナツの内縁）を達成している項目の数である。つまり、このグラフで［　A　］にいけばいくほど、その社会は「安全で公正な社会」に近いことになる。

　ところが、実際には、社会的閾値を満たす項目数が増えるほど、プラネタリー・バウンダリーを超えることになり、（ベトナムの例外を除いて）グラフの［　B　］の方に近づいてしまう。ほとんどの国は、持続可能性を犠牲にすることで、社会的欲求を満たしているのである。

　②これは大変都合の悪い事実だ。［　C　］からである。

　ただ、ラワースによれば、仮に資源やエネルギー消費がより多く必要になるとしても、公正を実現するための追加的な負荷は、一般に想定されるよりもずっと低いという。

　例えば、食料についていえば、今の総供給カロリーを一％増やすだけで、八億五〇〇〇万人の飢餓を救うことができる。現在、電力が利用できないでいる人口は一三億人いるといわれているが、彼らに電力を供給しても、二酸化炭素排出量は一％増加するだけだ。そして、一日一・二五ドル以下で暮らす一四億人の貧困を終わらせるには、世界の所得のわずか〇・二％を再分配すれば、足りるというのである。

　また、ラワースは指摘していないが、民主主義は環境負荷を増やすことなく実現できる。

　経済的平等も、軍事費や石油産業への補助金を削減したうえで再分配をするなら、追加の環境負荷は生じない。いや、環境はむしろ改善するだろう。

　こうした議論が示唆《しさ》するように、南北のあいだの激しい格差という不公正は、経済成長にしがみついて、これ以上の環境破壊をしなくとも、ある程度は是正できるのである。

　もうひとつ重要なラワースの指摘は、あるレベルを超えると、経済成長と人々の生活の向上に明確な相関関係が見られなくなるという点だ。経済成長だけが社会の繁栄をもたらすという前提は、一定

イ　死んだ父親は腕が立つ和食の料理人だったのに、自分は惣菜屋の店主でいいのかと葛藤《かっとう》している。

ウ　先に勤めた映樹さんにではなく自分に継がせたい、と言ってくれたことを素直には喜べないでいる。

エ　仕事に向き合う姿を評価されたのは嬉しいが、赤の他人である自分が継いでよいのかと悩んでいる。

問四　A にあてはまる言葉を10字以内で記しなさい。

問五　――線④とありますが、聖輔はなぜ「身が震え」たのですか。「督次さん」という言葉を必ず用いて、解答欄に合うように20～30字で理由を記しなさい。

二

次の文章を読んで、後の各問に答えなさい。

※ラワースの議論の出発点は、「地球の生態学的限界のなかで、どのレベルまでの経済発展であれば、人類全員の繁栄が可能になるのか」という問いだ。この問いに答えるために彼女が用いる概念が「ドーナツ経済」である。（図1）

図からもわかるように、①ドーナツ経済の内縁は「社会的な土台」、外縁が「環境的な上限」を表している。

まず、水や所得、教育などの基本的な「社会的な土台」が不十分な状態で生活している限り、人間はけっして繁栄することはできない。社会的な土台の欠如とは、自由に良く生きるための「潜在能力」を実現する物質的条件が欠けていることを意味する。人々が本来もっている能力を十分に開花できないならば、「公正な」社会はけっして実現されない。これが今、途上国の人々が置かれている状態である。

けれども、自らの潜在能力を発揮するために、各人が好き勝手に振る舞っていいわけではない。将来世代の繁栄のためには、持続可能性が不可欠となる。そして、持続可能性のためには、現在の世代は、一定の限界内で生活しなくてはならない。それが、※プラネタリー・バウンダリー論に依拠した「環境的な上限」であり、ドーナツでいえば外縁を成す。

要するに、この上限と下限のあいだに、できるだけ多くの人々が入るグローバルな経済システムを設計できれば、持続可能で公正な社会を実現することができる、というのがラワースの基本的な考えである。

だが、ここまでで何度も確認したように、今の先進国の人々はプラネタリー・バウンダリーを大きく超える暮らしをしている。他方で、途上国の人々は、社会的な土台に満たない生活を強いられている。現在のシステムは、環境を酷《ひど》く破壊しているだけでなく、不公正なのである。

ラワースの問題提起は大きなインパクトを与え、政治経済学を超えて、分野横断的な研究を誘発した。そのひとつが、環境経済学者

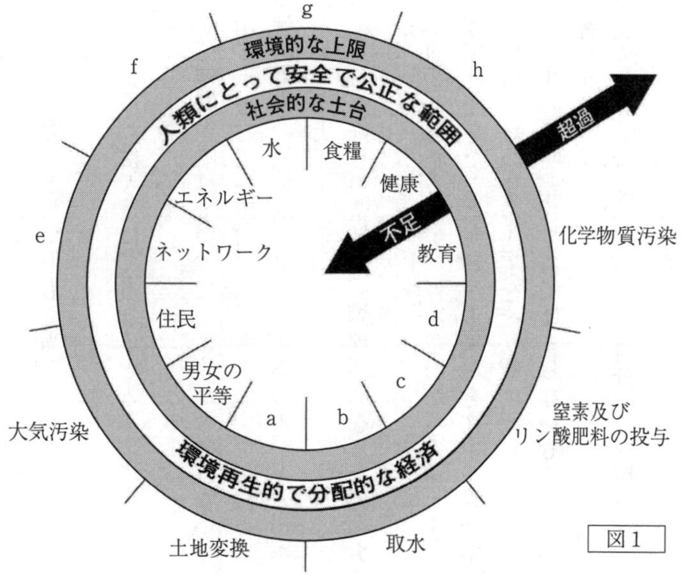

図1

「あれはおれが帰らせたんだ。おれが言わなかったら、お前は帰らなかったろ」
そうかもしれない。挙句《あげく》に倒れたりして、かえって迷惑をかけていたかもしれない。
「先のことだからって、いい加減な気持ちで言ってるわけじゃない。それはわかってくれよな」
「はい」
わかる。そんな大事なことを、いい加減な気持ちで言えるわけがない。
③とまどいはする。大いにする。でも、単純にうれしい。店がどうこうでなく、督次さんがそんなふうに言ってくれたことが。身寄りのない僕なら、つまりあとがない僕ならちゃんとやる。必死にやる。督次さんはそう考えてくれたのだと思う。
普通なら、映樹さんだろう。督次さんから見れば、友人の息子。僕よりは仕事歴も長い。手際もいい。経営面はともかくとして、厨房で督次さんがやることの七割八割はすでにこなせる。
一美さんもそれは同じかもしれない。が、立場はちがう。男がどう女がどう、ではない。まず一美さん自身に店を持つ気がないはずだ。
映樹さんはどうなのか。店を持つ気があるのか。店主になる気があるのか。
ないことはないだろう。おれが店をやるならおにぎりも扱うよ、なんて言うこともあるから。米を炊《た》く設備を導入しても、ここなら充分もうけを出せるだろ、とかなり具体的なことも言う。
督次さんが同じ話を映樹さんにもしたとは思えない。二人を天秤《てんびん》にかけて競わせる。督次さんはそんなことをする人ではない。それこそ八ヵ月一緒に働いているのだから、そのくらいのことはわかる。督次さんは、あえて今日言ったのだ。暇な雨の日だから、ではなく、［A］だから。
「これじゃ休憩になんねえよな」と言って、督次さんは丸イスから立ち上がる。
僕も立ち上がろうとするが、制される。
「いい。お前はもうちょっと休め」
「でも、そろそろ時間ですし」
「忙しいときはちゃんと休ませてやれないからな、こんなときぐらいは休め。給料から引いたりはしないよ。というか、ほんとは、きちんと休めてない分を上乗せしなきゃいけないんだよな」
督次さんが更衣室兼休憩室から出ていく。階段を下りる音が聞こえてくる。
僕は浮かせてた腰をストンと落とす。丸イスの脚がギギッと鳴る。
④何だろう。ちょっと身が震える。親切な人は、いる。鳥取にも、銀座にも。新習志野にも、南砂町にも。

（小野寺史宜『ひと』による）

問一　——線①の意図として最も適当なものを次の中から選び、記号で答えなさい。
ア　資格さえ取ればどうにでもなると安易に考えている聖輔に、釘《くぎ》を刺そうとしている。
イ　やがて聖輔が離れていってしまうかも知れないという不安を、打ち消そうとしている。
ウ　聖輔に将来の具体的なプランがあるのかどうかを、それとなく確かめようとしている。
エ　単純でお人好しの聖輔に、調理師になるための方法を具体的に教えようとしている。

問二　——線②とありますが、督次さんが「愛着」をもってコロッケを揚げ続けてきたことがわかる表現を文中から30字以内で抜き出し、はじめと終わりの4字をそれぞれ記しなさい。

問三　——線③の説明として**あてはまらないもの**を次の中から選び、記号で答えなさい。
ア　調理師免許すら持っていない自分に、『田野倉』を継ぐ資格があるのかと自信を持てないでいる。

「和といえば和なんですかね。鶏がメインの居酒屋をやってたので」
「お前、惣菜屋をやるのはいやか？」
「え？」
「惣菜屋だよ」
「こういうお店、ですか？」
「というか、この店、だな。おかずの田野倉」
督次さんは組み合わせた指を解《ほど》く。マッサージをするように、右手の親指で左の手のひらをもむ。
「おれと詩子に子どもはいないだろ？」
「はい」
「初めからわかってたんだよ。できないって」
知っている。一美さんから聞いた。でもそうは言えないので、黙っている。
「先のことを考えて店を始めたわけじゃない。ここまで続けられるとも思わなかった。でも運よく続けられた。で、そろそろこの問題に向き合わなきゃいけなくなった。要するに、後継《あとつ》ぎがいないんだ」
「あぁ」
「といって、継がせるほどの店でもないけどな」
「いえ、そんな」
「ただ、詩子と二人でずっとやってきた。もうおれも六十八だ。これからは何があってもおかしくない」
確かにおかしくない。まったくおかしくない。たとえ四十代でも、何かが起こるときは起こるのだ。二十代だってわからない。例えば猫は、飛び出す相手を選ばない。
そんなことを思いながらも、言う。
「まだまだじゃないですか」
「まだまだじゃない。聖輔ならおれ以上に知ってるだろ、人間にはいつ何があるかわからないって。おれもな、聖輔のことを知って、考えるようになったよ。おれはたまたまこの歳まで生きてこられたんだなって」
「でもたいていの人は、そうですし」
「悪いな。いやなことを思いださせて」
「いえ」
「②こんなちっぽけな店でも、やっぱり愛着はあるんだよ。できることなら残したい。おれと詩子がやめたあとも、ここでコロッケが売られるのを見たい。そのコロッケを買いに来たい。だからやめるときは、店を閉めるんじゃなく、誰かに譲りたいんだ。誰かってのは、この店を知ってる誰かだな。名前は変えてもらってかまわない。田野倉じゃないのにおかずの田野倉としてやる必要はない」督次さんは真横から僕を見て、こう続ける。「聖輔なら、ちゃんとやってくれると思うんだ」
聖輔なら。身寄りのない僕なら、という意味だろう。たぶん、映樹さんより僕、という意味でもある。
「でも、僕はまだ」
「働いて一年も経たないのにそんなこと言われたって困るよな。それはわかってる。ただ、おれも、早いうちに準備はしとかなきゃいけないんだ。別に深く考えなくていい。おれにそんな気持ちがあることだけ、知っといてくれ」
何も言えない。どう反応すればいいかわからない。
「聖輔が入ったのはいつだ。去年の九月か？」
「十月、ですね」
「てことは、えーと、八ヵ月か」
「はい」
「短いと思うかもしれないけどな、充分だよ。半年も一緒に働いてれば、ある程度のことはわかる。聖輔ならいずれ店をまかせられるとおれは思ってる。あのときメンチを負けといてよかったとも思ってるよ。八ヵ月とはいえ、お前は一度も店を休んでない。遅刻もしてない」
「早退はしましたよ。カゼで」

二〇二二年度　国学院大学久我山高等学校

【国　語】（五〇分）〈満点：一〇〇点〉

〔注意〕解答の字数は、句読点・符号も一字と数えること。

一　次の文章を読んで、後の各問に答えなさい。

〈あらすじ〉鳥取で育った柏木聖輔は、幼くして事故で父親を失った。その後、女手ひとつで東京の私大に進ませてくれた母までもが急死したことでたった独りとなった。二十歳で大学を中退することとなり、就職のあても見つからない。
ある日、空腹でふと立ち寄った砂町銀座商店街の惣菜屋《そうざいや》で、その日最後のコロッケを見知らぬお婆さんに譲ったことがきっかけとなって、その店「おかずの田野倉」で実直な店主の督次、心優しい奥さんの詩子、お調子者の先輩映樹、パートの一美と共に働くようになった。

雨が降っても、人は仕事に行かなければならない。だから通勤電車が空いたりはしない。でも雨が降って、今日は買物はいいか、となることはある。だから商店街の人通りは少なくなる。

アーケードがある商店街ならちがうのだと思う。ないところは、影響が出る。店に出入りするたびに傘を閉じたり開いたりする。それは面倒だ。

降りの程度にもよる。本降りになれば、さすがに閑散《かんさん》とする。食べ歩きを雨天決行する人も、そうはいない。店は暇になる。揚げるコロッケの数も減る。そこは督次さんが自身の判断で調整する。

今日がまさにその日だ。梅雨入り後初の、本格的な雨。通りは閑散。揚げは調整。

こんな日に休みだなんて映樹さんはツイてるな、と思う。いや。映樹さんなら、むしろツイてないと思うのか。店が暇なときに休んじゃもったいないだろ、くらいのことは言いそうな気がする。

僕は逆だ。暇なほうがツラい。お客さんが少ない日の店番は退屈だ。時間が経つのが遅い。休憩にもありがたみがない。こうして丸イスに座っていても、休憩感がない。

いつも忙しくしている督次さんまでもがこの更衣室兼休憩室にやってきて、隣の丸イスに座る。

「今日はもうダメだな」

「はい」

「これから上がってくれりゃいいけど、一日みたいだしな」

「明日も午前中は雨ですよ。スマホの天気予報で見ました。午後からはくもり、降水確率は四十パーセント、だそうです」

「四十は厳しいな。結局ダラダラ降るんじゃねえか？　みんなそう思うから、買物には出てこないだろ」

「そうなんですかね」

「まあ、今日出なかった人は来てくれるか」

「だといいですけど」

督次さんは両腿《もも》に両ひじを載せ、顔の前で両手の指を組み合わせる。油の熱に耐えられるよう皮が厚くなり、結果太くもなった指だ。実際、督次さんは高温の油がはねても動じない。僕なんかは、はねるたびに、うっ！　だの、熱っ！　だのと声を出してしまうが。

「なあ、聖輔」

「はい？」

「①お前、調理師免許をとってこうなりたいとかってのは、あるのか？　和食の料理人になりたいとか、洋食の料理人になりたいとか。レストランで働きたいとか、ホテルの厨房《ちゅうぼう》で働きたいとか」

「あぁ」少し考えて、言う。「今はまだ、ないです」

「決めとくこともねえか。そのうち自然と決まるだろうし」

「はい」

「親父さんは、和食だったか」

英語解答

1 第1部 No.1 3 No.2 3
No.3 1
第2部 No.1 1 No.2 1
No.3 4
第3部 No.1 1,824 drones did.
No.2 From the sky.
No.3 By flying drones over the farm.
No.4 He believes that they will make our lives much better.

2 問1 エ
問2 エ→カ→イ→オ→ア→キ→ウ
問3 ③ traveling ④ to end
⑤ fell
問4 ア 問5 オ
問6 教会の考えに反対することは当時難しく，危険でさえあった。
問7 エ 問8 地動説
問9 戦争の武器
問10 1 past 2 printed 3 real
4 universe
問11 1 By writing them out by hand.
2 Yes, he was.
3 Galileo Galilei was.
4 We call it science.
問12 1…○ 2…○ 3…○ 4…× 5…○

3 1 well 2 who 3 drawn
4 can't 5 mind

4 1 tell 2 taking 3 such
4 to turn 5 Bill and me

5 (例) The best gift that I've ever got is my pet dog. It was given to me by my parents on my 12th birthday. I named him Leo. He is very active and cute. He likes taking a walk and playing with me. I will take better care of him. I hope he will be my best treasure forever.

1 〔放送問題〕解説省略

2 〔長文読解総合―説明文〕

≪全訳≫❶14世紀，黒死病と呼ばれる病気がヨーロッパにやってきた。それは急速に広がり，多くの人々が亡くなった。1350年までにヨーロッパの何百万もの人々が亡くなった。黒死病で，ヨーロッパの人口の30％～50％の人々が亡くなった。あらゆるものが変わった。多くの熟練労働者が亡くなったので，物をつくるのに十分な労働者がいなかった。土地を耕すのに十分な農民もいなかった。幸いなことに，それは多くの人が考えていたような世界の終わりではなかった。闇と死の後には生と光がやってきた。黒死病はさまざまな点でヨーロッパを変えた。歴史家の中には，黒死病が，ヨーロッパがルネサンスと呼ばれる復興の準備に一役買ったと言う者もいる。ルネサンスでは多くのことが起こった。1つは，芸術と学問の復興だった。ヨーロッパ人は，1000年以上前のギリシャ人とローマ人のすばらしい都市と作品を振り返った。②彼らはどうすればヨーロッパが再びすばらしくなるかを知りたがっていた。彼らは過去から学びたいと考えたのだ。❷ヨーロッパの過去から学んだ人の1人にフランチェスコ・ペトラルカがいた。彼は古代ローマとギリシャの本や教えを愛していた。対照的に，彼は自らが暗黒時代と呼んだ闇の時代に生きていると感じていた。ペトラルカは生涯の多くを，ヨーロッパ中を旅して過ごした。彼は失われていた多くのラテン語とギリシャ語の文書を見つけた。ペトラルカはそれらを再び公開した。

彼はヨーロッパが暗黒時代を終わらせることを望み，ローマ人やギリシャ人の輝かしい時代に戻りたいと思っていた。ペトラルカの古文書に対する愛情によって多くのヨーロッパ人が過去から学ぶようになった。しかし，ペトラルカは本だけを愛したのではなかった。彼はある女性も愛していた。ある日，ペトラルカは教会でラウラという女性を見かけた。彼は彼女と深く恋に落ちた。今日，ラウラについてはあまりわかっていないが，彼女の名前はおそらくラウラ・デ・ノヴェスであったと考えられている。彼女は確かに美しかったのだが，ある問題があった。彼女はすでに結婚していたので，ペトラルカはラウラへの愛を書いて表した。彼は彼女のために何百もの詩や歌を次のような言葉で書いたのだ。／「他の婦人たちといるとき，刻一刻と，愛の神が彼女の美しい顔に現れる」／今日でも，ペトラルカのラブソングは有名だ。それらはウィリアム・シェイクスピアを含む，多くの偉大な作家に影響を与えた。ペトラルカは1374年７月19日に自宅で亡くなった。彼の70歳の誕生日の１日前だった。あるよく知られた話によれば，彼は自分の図書室で本の上にもたれて死んでいたということだ。彼の研究と学識のために，私たちはペトラルカをルネサンスの父と呼ぶ。彼は言葉ですばらしい芸術を創造し，ヨーロッパ人が過去から学ぶ手助けをしたのだ。**3**ヨーロッパ人が過去から学ぶためには，本を読む必要があった。しかし，１つ問題があった。本は高価でつくるのが大変だったのだ。人々は普通，手書きで本を写した。ヨハネス・グーテンベルクという若いドイツ人が新しい印刷方法を生み出した。彼は金属の凸版台で移動可能な文字を使う印刷機をつくった。彼は本をすばやく印刷することができた最初のヨーロッパ人だった。1482年までに，ヨーロッパには約100台の印刷機があった。これらの印刷機は，知識をすばやく正確に広めるのに役立った。人々は古代ギリシャとローマの芸術や考えを研究した。グーテンベルクのおかげで，ヨーロッパは活字の力を使って復興し始めたのだ。**4**新しい考えはヨーロッパの復興の一部だった。多くの新しい考えを持つ男の１人にレオナルド・ダ・ヴィンチがいた。彼は過去から学んだが，身の回りの自然と世界についても研究していた。今日，私たちは彼の絵でレオナルドのことを知っているが，彼は発明家であり，科学者でもあった。レオナルドは複数のノートをメモや絵でいっぱいにした。彼はメモに，音楽や光，人体など，さまざまなことについて書いている。彼は空飛ぶ機械やロボット，さらには恐ろしい戦争の武器の図案まで描いた。レオナルドは芸術と科学を結びつけたのだ。このことは彼の有名な絵画，モナリザの中に見て取れる。イタリア語では，この絵は「笑う人」とも呼ばれている。これはモナリザの顔に浮かぶ不思議なほほ笑みのためだ。そのほほ笑みはじかに見ると消えるように思える。彼女のほほ笑みの周りには影がある。影は柔らかく，くすんで見える。レオナルドはこの技術を「煙のように線や境界線を使わない」と表現した。レオナルドは，光と人体を科学的に研究することで，彼の芸術を生き生きとしたものにした。彼はそれを現実の世界のように見せたのだ。**5**ルネサンスの間に，ヨーロッパ人は芸術を創造した。しかし，彼らはまた，知識と科学の復興をも生み出したのだ。レオナルド・ダ・ヴィンチは，科学を使うことで新しい知識を発見した。彼は，人々が言うようにではなく，ありのままに世界を見た。／→(C)例えば，彼のメモの中で，レオナルドは「太陽は動かない」と書いた。／→(A)これは重要ではないように思えるかもしれない。しかし，その当時，ほとんどのヨーロッパ人は太陽が地球の周りを移動すると信じていた。／→(B)彼らは地球が宇宙の中心だと信じていたのだ。／この考えはローマカトリック教会でも教えられていた。教会は，月と太陽が地球の周りを移動すると書いたギリシャの哲学者，アリストテレスの考えに従っていたのだ。**6**教会の考えに反対することは当時難しく，危険でさえあった。レオナルド・ダ・ヴィンチは，太陽は動かないという考えを述べただけだった。しかし，1632年，ガリレオ・ガリレイはそのことについて本を書いた。彼の考えは，ニコラウス・コペルニクスの著作と古代ギリシャ人の考えに基づいていた。教会の指導者たちがガリレオの著作を読んだとき，彼らは激高した。ガリレオは太陽が宇宙の中心だと言った。教会の指導者たちはガリレオに尋問をした。彼らはガリレオに自分の考えを捨てさせた。彼らは彼を自宅に監禁した。しかし現在では，私たちはガリレオが正しかったことを知っている。ガリレオ・ガリレイは，ルネサンスの最も重要な思想家の1人だ。アルバート・アインシュタインは彼を近代科学の父と呼んだ。レオナルド・ダ・ヴィンチと同様，ガリレオは古代ギリシャ人の本を参照した。ガリレオは，ガリレオより1000年以上前に生きていたアリスタルカスの著作を読んでいた。アリスタルカスは，太陽が宇宙の中心だと言っていた。彼はアリストテレスに反対した古代の思想家だった。ガリレオは自然界に目を向けた。彼は惑星がどのように動くのかを理解するために数学を用いた。彼は望遠鏡を改良し，空の星を注意深く見た。彼は地球と太陽に関する本当の答えを発見した。そして彼は新しい考え方を生み出す手助けをしたのだ。私たちはそれを科学と呼んでいる。**7**これらの人々がしたことの結果は何だったのだろうか。それは芸術と創造性の爆発だ。それは知識と科学の新たな始まりだった。それは，美しく，力強く，ときに恐ろしい発明を生み出す芸術と科学の結合だった。それがルネサンスだったのだ。

問1＜適語選択＞空所前の「多くの熟練労働者が亡くなった」と空所後の「物をつくるのに十分な労働者がいなかった」が‘原因’と‘結果’の関係になっている。接続詞 so「だから」の前後にはこの関係が成り立つ。

問2＜整序結合＞前後の内容から，「彼ら（＝ヨーロッパ人）は何かを知りたかった」といった意味になると推測できるので，まず want to ～「～したい」を用いて they wanted to know とまとめると，残りは‘疑問詞＋主語＋(助)動詞…’の間接疑問にまとまる。

問3＜適語選択・語形変化＞③‘spend＋時間＋(on) ～ing’で「〈時間〉を～して過ごす」という意味。through Europe からペトラルカはヨーロッパ中を「旅して」過ごしたと考えられる。　④‘want＋目的語＋to＋動詞の原形’「～に…してほしい」の形。前後の文脈からペトラルカはヨーロッパに暗黒時代を終わらせてほしいと思っていたと考えられる。　⑤ fall in love with ～で「～と恋に落ちる」という意味。過去の文なので過去形にする。　fall－<u>fell</u>－fallen

問4＜適語句選択＞ bring ～ together で「～を結びつける，まとめる」という意味。何と何を結びつけたのかは，直後の文からこの段落の最終文にかけてモナリザの絵を例にとって説明されている。この段落の最後から2文目には，By studying light and the human body in a <u>scientific</u> way, Leonardo made his <u>art</u> come alive. とある。

問5＜文整序＞まず，(C)のメモの内容は，空所の前で述べられている，ダ・ヴィンチが世界をありのまま見ていた具体例なので，これを最初に置く。残りは指示語に着目すれば，(A)の This は(C)の “The sun does not move.” という内容を，(B)の They は，(A)の most Europeans を受けていると判断できる。文整序の問題は，意味のつながりだけでなく，代名詞や指示語を意識して考えるとよい。

問6＜英文和訳＞ difficult の後に at that time やカンマで囲まれた even dangerous があるのでややわかりにくく見えるが，‘It is ～ to …’「…するのは～だ」の形式主語構文である。文の構造がわかりにくいときは，It was difficult ~~at that time, even dangerous,~~ to go against the ideas of the church. のように，前置詞で始まる語句やカンマで囲まれた語句をいったん無視して考えるとよい。　at that time「当時」　go against ～「～に反対する，逆らう」

問7＜適語選択＞空所を含む文の前文から，アリスタルカスは太陽が宇宙の中心であると考えていたことがわかる。disagree with ～は「～と意見が異なる」という意味なので，空所にはアリスタルカスと反対の，地球が宇宙の中心だと考えている人物が入る。第5段落最終文に，... the Greek philosopher Aristotle, who wrote that the moon and sun move around the earth とある。

問8＜要旨把握＞下線部の結果たどり着いたガリレオの考え方は，第6段落第6文にある Galileo said that the sun was the center of the universe. のことで，これは「地動説」である。

問9＜語句解釈＞ terrible inventions は「恐ろしい発明」という意味。第4段落中盤に terrible weapons of war とある。

問10＜要約文完成＞≪全訳≫ルネッサンスとは，ヨーロッパにおける芸術の復興と科学の始まりである。フランチェスコ・ペトラルカのような人々のおかげで，ルネッサンス時代の思想家は$_1$過去から，特に古代ギリシャ人や古代ローマ人の著作から学んだ。人々は名著を読むことでこれをした。ヨハネス・グーテンベルクのおかげで多くの本が$_2$印刷され，知識がヨーロッパ中に急激に広まった。同時に，レオナルド・ダ・ヴィンチのような人々が，自然を研究することにより新たな知識を生み出した。レオナルドは，芸術をより$_3$リアルにし，新しい機械を発明し，たくさんの新しい考えを持っていた。時が過ぎるにつれ，ガリレオのような思想家は古い考え方に異議を唱えるようになった。彼らは，古代ギリシャ人でさえも，$_4$宇宙の本質について異なる考えを持っていたことをわかっていた。ガリレオは，自然を観察してその答えを発見した。

＜解説＞1．第2段落第1，8文および第3段落第1文参照。learn(ed) from Europe's〔their〕past という表現が繰り返し見られる。　2．第3段落参照。グーテンベルクのおかげで多くの本が印刷された。'be動詞＋過去分詞' の受け身にする。　3．第4段落最終文参照。He made it(＝art) look like the real world. とある。　4．第6段落最後から8文目参照。ガリレオがその著作を読んでいた古代ギリシャの思想家アリスタルカスは，太陽が universe「宇宙」の中心だと述べていた。空所の前の nature は「本質，性質」の意味。

問11＜英問英答＞1．「グーテンベルクが印刷機を発明する前，人々は普通，どのように本を複製していたか」―「手で書き出すことによって」　第3段落第4文参照。　2．「レオナルド・ダ・ヴィンチは画家であると同時に科学者だったか」―「はい，そうだ」　第4段落第4文参照。3．「誰がアルバート・アインシュタインに近代科学の父と呼ばれたか」―「ガリレオ・ガリレイが呼ばれた」　第6段落中盤参照。疑問詞が主語で，be動詞 was を使った疑問文なので '主語＋was.' の形で答える。　4．「ガリレオがつくり出す手助けをした新しい考え方を私たちは何と呼ぶか」―「私たちはそれを科学と呼ぶ」　第6段落最後の2文参照。

問12＜内容真偽＞1．「黒死病がヨーロッパで広がり多くの人が亡くなったが，筆者はそれが世界の終わりだとは思わなかった」…○　第1段落第8文に一致する。　2．「ウィリアム・シェイクスピアはペトラルカの著作に影響された作家の1人だった」…○　第2段落にあるペトラルカの詩の直後の2文に一致する。　3．「グーテンベルクによって発明された印刷機によって人々は本をそれ以前よりも容易に入手できるようになった」…○　第3段落に一致する。　4．「レオナルドははっきりとした線を使うことで彼の絵画の『モナリザ』を生き生きとしたものにした」…×　第4段落終盤参照。レオナルドは線を使わず，光や人体を科学的に研究することでこの作品を生き生きとしたものにした。　5．「ローマカトリックの指導者たちは太陽が地球の周りを移動するという考えに従っていたが，現在私たちはその考えが誤りだったとわかっている」…○　第5段落最後の2文および第6段落第10文に一致する。

3〔書き換え―適語補充〕

1．「彼は私よりも上手にバイオリンを弾くことができる」→「私は彼ほど上手にバイオリンを弾くことができない」　better「より上手に」の原級は well。　good/well－better－best

2．「私はこの本を書いた人を知っている」→「私は誰がこの本を書いたか知っている」　疑問詞 who を主語とする間接疑問に書き換える。疑問詞が主語になるので‘疑問詞＋動詞...’の語順になる。

3．「マークが描いた絵は高値で売られた」→「マークによって描かれた絵は高値で売られた」　直後にある by から過去分詞を使って表すと判断できる。The picture drawn by Mark は‘名詞＋過去分詞＋その他の語句’の形(過去分詞の形容詞的用法)。　draw－drew－drawn

4．「私はその話が本当ではないと確信している」→「その話は本当のはずがない」　can't〔cannot〕には「～のはずがない」という意味がある。

5．「塩を取ってください」→「塩を取っていただけますか」　空所の後が動名詞(～ing)になっていることに着目する。Would you mind ～ing? で「(～するのが嫌ですか→)～してくれませんか」という意味を表す。mind は「嫌だと思う，気にする」という意味なので，依頼を受ける場合は Not at all. や Of course not. などと否定の形で答える。

4〔誤文訂正〕

1．teach は「(知識や技術など)を教える」という意味。道案内では一般に tell を使う。なお，この文は‘It is ～ of ― to …’「…するとは―は～だ」の構文。‘～’の部分に‘人の性質’を表す形容詞が入る場合(この文の nice は「親切な」の意味)，‘for ―’ではなく‘of ―’となることに注意。「郵便局への行き方を私に教えてくれてどうもありがとう」

2．‘be used to＋(動)名詞’で「～に慣れている」という意味。この to は前置詞なので動詞が続くときは動名詞(～ing)になる。　back and forth「行ったり来たり」　「マークは日本と中国の間を仕事で行ったり来たりしているので，長時間の飛行に慣れている」

3．‘so ～ that …’「とても～なので…」の‘～’には形容詞または副詞が入る。名詞を伴うときは‘such (a/an)＋形容詞＋名詞＋ that …’「とても～な―なので…」の形になる。　「ジョンとポールはとてもすばらしい音楽家なので，彼らは世界中の多くの人々に愛されている」

4．forget ～ing は「～したことを忘れる」という意味になるのでここでは不適。出かけるのは未来のことなので forget to ～「～することを忘れる」の形にする。　「買い物に出かける前に忘れずに電気を消してください」

5．‘ask＋人＋to ～’「〈人〉に～するよう頼む」の形。‘人’の部分は目的語なので I は目的格の me にする。　「メアリーはビルと私に彼女と一緒にコンサートに行くよう頼んだが，私は忙しすぎてそこに行けなかった」

5〔テーマ作文〕

テーマが「私がもらった一番の贈り物」なので，それが何かを伝える文で始める。囲み内にある receive や ever を使って The best gift that I've ever received〔got〕is ～.「私がこれまでにもらった一番の贈り物は～です」などと表すとよい。その後は，贈り物をいつ，誰からもらったか，贈り物がどんな物か，なぜそれが一番の贈り物なのか，今後その贈り物をどうしたいかなど，贈り物に関する説明を続けるとよいだろう。

2022年度／国学院大学久我山高等学校

数学解答

1 (1) $\dfrac{-2x-5y}{6}$ (2) 2 (3) $\dfrac{1}{2}$

(4) $4xy-1$ (5) 25

(6) ア…$\dfrac{7}{20}$ イ…$-\dfrac{3}{20}$

(7) ア…-3 イ…-1

(8) 7 (9) 5 (10) 5

2 (1) ウ (2) $1^3+2^3+3^3+4^3+5^3$

(3) カ (4) 1個

3 (1) 正三角形

(2) ① 正六角形 ② $12\sqrt{2}$cm

(3) ① 五角形 ② $\dfrac{14\sqrt{11}}{3}$cm^2

4 (1) $\dfrac{3}{16}$ (2) $y=-\dfrac{4}{3}x+\dfrac{25}{3}$

(3) $\dfrac{15}{4}$ (4) $\dfrac{96}{49}$

1〔独立小問集合題〕

(1)＜式の計算＞与式$=\dfrac{2(5x-4y)-3(4x-y)}{6}=\dfrac{10x-8y-12x+3y}{6}=\dfrac{-2x-5y}{6}$

(2)＜数の計算＞与式$=\dfrac{(-2)^{2022}}{(-2)^{2020}}-\dfrac{-2^{2022}}{-2^{2021}}=(-2)^2-2=4-2=2$

(3)＜数の計算＞$1-a=1-\dfrac{1}{4}=\dfrac{3}{4}$，$\sqrt{a^2+2a+1}=\sqrt{(a+1)^2}=\sqrt{\left(\dfrac{1}{4}+1\right)^2}=\sqrt{\left(\dfrac{5}{4}\right)^2}=\dfrac{5}{4}$，$\sqrt{9a^2-6a+1}$ $=\sqrt{(3a)^2-2\times3a\times1+1^2}=\sqrt{(3a-1)^2}=\sqrt{\left(3\times\dfrac{1}{4}-1\right)^2}=\sqrt{\left(\dfrac{3}{4}-1\right)^2}=\sqrt{\left(-\dfrac{1}{4}\right)^2}=\sqrt{\dfrac{1}{16}}=\dfrac{1}{4}$ だから，与式$=(1-a)\div(\sqrt{a^2+2a+1}+\sqrt{9a^2-6a+1})=\dfrac{3}{4}\div\left(\dfrac{5}{4}+\dfrac{1}{4}\right)=\dfrac{3}{4}\div\dfrac{3}{2}=\dfrac{3}{4}\times\dfrac{2}{3}=\dfrac{1}{2}$ である。

(4)＜式の計算＞$x+y=A$ とすると，与式$=(A+1)(A-1)-(x-y)^2=A^2-1-(x^2-2xy+y^2)=A^2-1-x^2+2xy-y^2$ となる。A をもとに戻して，与式$=(x+y)^2-1-x^2+2xy-y^2=x^2+2xy+y^2-1-x^2+2xy-y^2=4xy-1$ である。

(5)＜方程式の応用＞横の長さを a% 長くするとする。もとの長方形の縦の長さは x，横の長さは y だから，縦の長さを20% 短くすると $x\times\left(1-\dfrac{20}{100}\right)=\dfrac{4}{5}x$，横の長さを a% 長くすると $y\left(1+\dfrac{a}{100}\right)$ と表せる。新たにできた長方形の面積はもとの長方形の面積と変わらないようにするので，$\dfrac{4}{5}x\times y\left(1+\dfrac{a}{100}\right)=xy$ が成り立つ。両辺を xy でわって，$\dfrac{4}{5}\left(1+\dfrac{a}{100}\right)=1$，$1+\dfrac{a}{100}=\dfrac{5}{4}$，$\dfrac{a}{100}=\dfrac{1}{4}$ より，$a=25$(%)となる。

(6)＜連立方程式＞$\dfrac{1}{x+y}+\dfrac{1}{x-y}=7$……①，$\dfrac{1}{x+y}-\dfrac{1}{x-y}=3$……②とする。①＋②より，$\dfrac{1}{x+y}+\dfrac{1}{x+y}=7+3$，$\dfrac{2}{x+y}=10$，$x+y=\dfrac{1}{5}$……③となり，①－②より，$\dfrac{1}{x-y}-\left(-\dfrac{1}{x-y}\right)=7-3$，$\dfrac{2}{x-y}=4$，$x-y=\dfrac{1}{2}$……④となる。③，④の連立方程式を解くと，③＋④より，$x+x=\dfrac{1}{5}+\dfrac{1}{2}$，$2x=\dfrac{7}{10}$ $\therefore x=\dfrac{7}{20}$ ③－④より，$y-(-y)=\dfrac{1}{5}-\dfrac{1}{2}$，$2y=-\dfrac{3}{10}$ $\therefore y=-\dfrac{3}{20}$

(7)＜関数―a，b の値＞関数 $y=ax+1$ は，$a<0$ だから，x の値が増加すると y の値は減少する。x の変域が $b\leqq x\leqq b+2$ のときの y の変域が $-2\leqq y\leqq4$ だから，$x=b$ のとき y は最大で $y=4$ となり，$x=b+2$ のとき y は最小で $y=-2$ となる。$y=ax+1$ に $x=b$，$y=4$ を代入すると，$4=ab+1$，$ab=3$ となる。また，$x=b+2$，$y=-2$ を代入すると，$-2=a(b+2)+1$，$-2=ab+2a+1$ となる。これ

に $ab=3$ を代入すると，$-2=3+2a+1$，$2a=-6$，$a=-3$ となり，$ab=3$ より，$-3b=3$，$b=-1$ となる。

(8)＜**場合の数**＞4つの数の和となるのは $1+1+1+1$ の1通り，3つの数の和となるのは $1+1+2$，$1+2+1$，$2+1+1$ の3通り，2つの数の和となるのは $1+3$，$2+2$，$3+1$ の3通りある。よって，4を自然数の和の形で表したときの表し方は，$1+3+3=7$(通り)ある。

(9)＜**平面図形—長さ**＞右図1のように，円P，円Qと長方形ABCDの辺との接点をそれぞれE～Hとし，点Pを通り辺BCに平行な直線と点Qを通り辺CDに平行な直線の交点をRとする。円Pの半径を $x$cmとすると，円Qの半径は円Pの半径の2倍だから，$2x$cmとなり，$PQ=x+2x=3x$ となる。また，$PR=BC-PE-QH=8-x-2x=8-3x$，$QR=AB-QG-PF=9-2x-x=9-3x$ となる。△PQRで三平方の定理より，$PR^2+QR^2=PQ^2$ だから，$(8-3x)^2+(9-3x)^2=(3x)^2$ が成り立つ。これを解くと，$64-48x+9x^2+81-54x+9x^2=9x^2$，$9x^2-102x+145=0$，$(3x)^2-34\times3x+145=0$，$(3x-5)(3x-29)=0$ より，$x=\frac{5}{3}$，$\frac{29}{3}$ となる。円Qの直径は辺ADの長さより小さいから，$2x\times2<8$，$4x<8$ である。よって，$x=\frac{5}{3}$ であり，2つの円の中心間の距離は $PQ=3x=3\times\frac{5}{3}=5$(cm)である。

図1

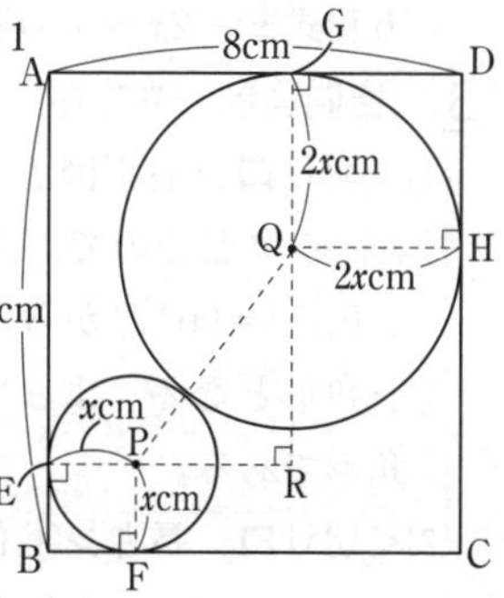

(10)＜**平面図形—反射した回数**＞右図2で，点Rで反射したレーザーがOBで反射する点をSとする。レーザーが鏡で反射するとき，∠BQP＝∠OQR，∠PRQ＝∠ORSである。△POQで内角と外角の関係から，∠BQP＝∠OPQ＋∠POQ＝30°＋20°＝50°となるので，∠OQR＝∠BQP＝50°である。これより，∠PQR＝180°－∠BQP－∠OQR＝180°－50°－50°＝80°となるので，△PQRで，∠PRQ＝180°－∠OPQ－∠PQR＝180°－30°－80°＝70°となり，∠ORS＝∠PRQ＝70°である。△ORSで，∠OSR＝180°－∠ORS－∠ROS＝180°－70°－20°＝90°となる。鏡に対して90°に入ったレーザーは，そのまま進んできた方向に反射するので，点Sで反射した後，点R，点Qで反射して，点Pに戻る。よって，レーザーは，Q，R，S，R，Qで反射して点Pに戻るので，反射した回数は5回となる。

図2

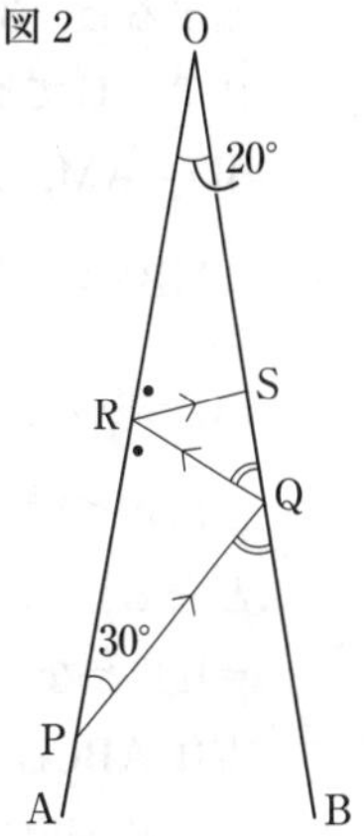

2〔**独立小問集合題**〕

(1)＜**特殊・新傾向問題**＞反例は，条件(仮定)は満たすが，結果(結論)が成り立たない例である。例えば，「$x^2=4$ のとき，$x=2$ である」が正しくないことをいうには，$x^2=4$ を満たす x で，$x=2$ 以外のものを示す必要がある。この例が反例となる。

(2)＜**特殊・新傾向問題**＞$\sum_{k=1}^{5}k^3$ は，k 番目が k^3 である数の列 $\{1^3, 2^3, 3^3, \cdots\cdots\}$ の1番目から5番目までの全ての数の和を表しているから，$1^3+2^3+3^3+4^3+5^3$ となる。

(3)＜**データの活用—箱ひげ図**＞ヒストグラムより，データの最小値は0.0，最大値は1.0なので，箱ひげ図はア，イ，オ，カのいずれかである。また，ヒストグラムは，ほぼ左右が対称になっているから，中央値はおよそ0.5である。ア，イ，オ，カの中で中央値が0.5に近いのは，ア，オ，カとなる。さらに，全ての階級の度数がほぼ同じだと，オのような，第1四分位数，中央値，第3四分位数が範囲を4等分する箱ひげ図になるが，ヒストグラムでは，最小値，最大値に近い階段の度数が大きくなっているので，第１四分位数はオより小さく，第３四分位数はオより大きくなる。よって，対応する箱ひげ図はカとなる。

(4)**＜関数—方程式の解の個数＞**方程式 $x^3-2x^2=1$ の解の個数は，関数 $y=x^3-2x^2$ のグラフと関数 $y=1$ のグラフの交点の個数である。$-1\leqq x\leqq 3$ の範囲において，この２つのグラフは右図のようになり，交点は１個だから，方程式 $x^3-2x^2=1$ の解は１個である。

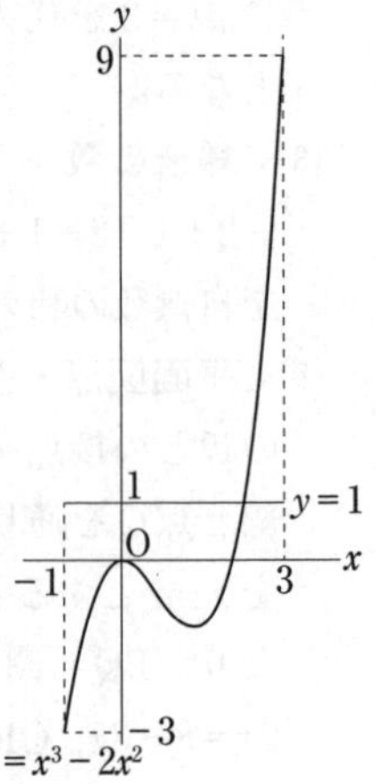

3 **〔空間図形—立方体〕**

(1)**＜切り口＞**右下図１で，３点M，N，Pはそれぞれ辺AB，辺AD，辺AEの中点なので，AM＝AN＝APとなる。また，∠MAN＝∠NAP＝∠PAM＝90°だから，△MAN，△NAP，△PAMは合同な直角二等辺三角形となる。よって，MN＝NP＝PMより，切り口の△MNPは正三角形である。

図１

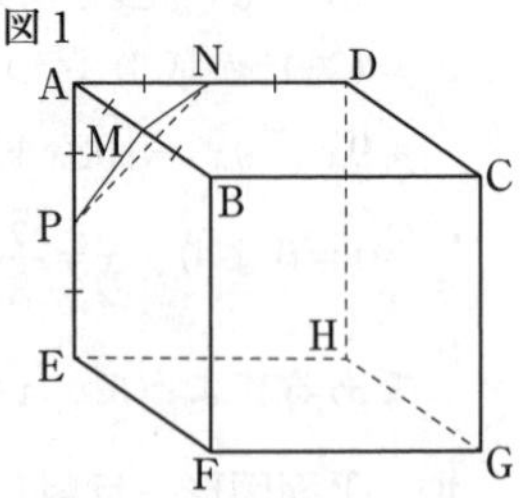

(2)**＜切り口，長さ＞**①右下図２で，直線MNと，辺CB，辺CDの延長との交点をそれぞれX，Yとする。２点X，Qを通る直線と辺BFとの交点をSとすると，３点M，N，Qを通る平面は辺BFと点Sで交わる。直線XQと辺CGの延長との交点をZとし，２点Y，Zを通る直線と辺GH，辺DHの交点をそれぞれT，Uとすると，３点M，N，Qを通る平面は辺GH，辺DHとそれぞれT，Uで交わり，切り口の図形は，六角形MSQTUNとなる。BM＝AM，∠BMX＝∠AMN，∠XBM＝∠NAM＝90°より，△MBX≡△MANである。よって，$BX=AN=\frac{1}{2}\times4=2$ である。$FQ=\frac{1}{2}\times4=2$ だから，BX＝FQである。XB∥FQより∠BXS＝∠FQSであり，∠SBX＝∠SFQ＝90°だから，△XBS≡△QFSとなる。よって，BS＝FSである。同様にして，DU＝HU，GT＝HTとなる。切り口の六角形MSQTUNの６個の頂点は全て立方体ABCD-EFGHの辺の中点となるので，図形の対称性から，六角形MSQTUNは正六角形となる。　②図２で，△MANは直角二等辺三角形だから，$MN=\sqrt{2}AN=\sqrt{2}\times2=2\sqrt{2}$ となる。①より，切り口の図形は正六角形なので，周の長さは $6MN=6\times2\sqrt{2}=12\sqrt{2}$(cm)となる。

図２

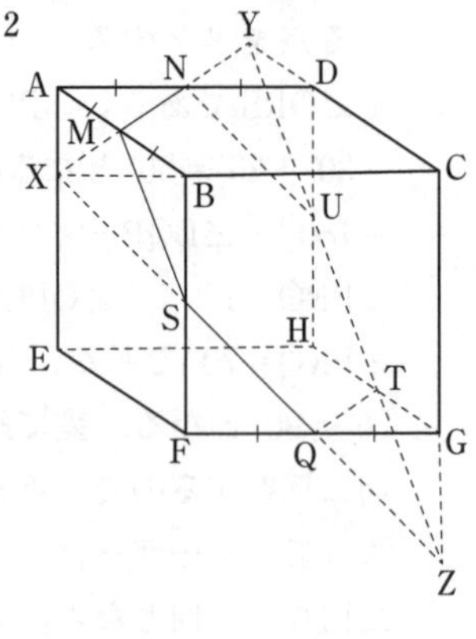

(3)**＜切り口，面積＞**①右図３で，線分XRと辺BF，線分YRと辺DHの交点をそれぞれK，Lとすると，３点M，N，Rを通る平面による切り口の図形は五角形MKRLNとなる。　②図３で，XC＝BX＋BC＝2＋4＝6，同様にして，YC＝6である。△XCYは直角二等辺三角形なので，$XY=\sqrt{2}XC=\sqrt{2}\times6=6\sqrt{2}$ となる。また，$CR=\frac{1}{2}\times4=2$ だから，△XCRで三平方の定理より，$XR=\sqrt{XC^2+CR^2}=\sqrt{6^2+2^2}=\sqrt{40}=2\sqrt{10}$ となる。同様にして，$YR=2\sqrt{10}$ だから，△XRYは次ページの図４のような二等辺三角形となる。点RからXYに垂線RVを引くと，$XV=\frac{1}{2}XY=\frac{1}{2}\times6\sqrt{2}=3\sqrt{2}$ となる。△XRVで三平方の定理より，RV

図３

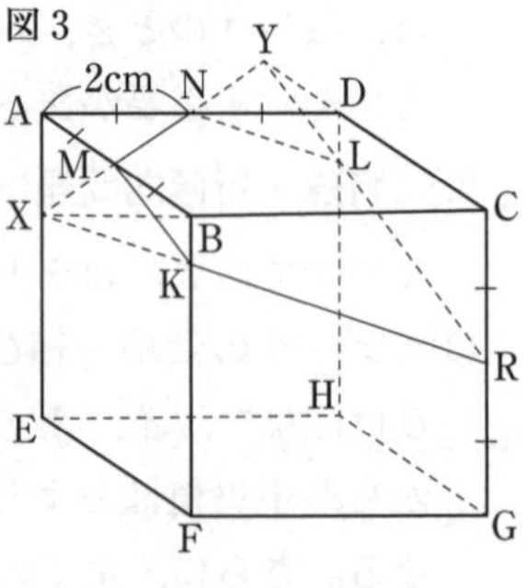

$=\sqrt{\mathrm{XR}^2-\mathrm{XV}^2}=\sqrt{(2\sqrt{10})^2-(3\sqrt{2})^2}=\sqrt{22}$ となるので，$\triangle\mathrm{XRY}=\frac{1}{2}\times\mathrm{XY}\times\mathrm{RV}=\frac{1}{2}\times6\sqrt{2}\times\sqrt{22}=6\sqrt{11}$ である。図3で，KM∥RYだから，△XKM∽△XRYであり，相似比はXK：XR＝XB：XC＝2：6＝1：3だから，$\triangle\mathrm{XKM}:\triangle\mathrm{XRY}=1^2:3^2=1:9$ となる。これより，$\triangle\mathrm{XKM}=\frac{1}{9}\triangle\mathrm{XRY}=\frac{1}{9}\times6\sqrt{11}=\frac{2\sqrt{11}}{3}$ となり，$\triangle\mathrm{NLY}=\triangle\mathrm{XKM}=\frac{2\sqrt{11}}{3}$ である。よって，求める切り口の面積は，$\triangle\mathrm{XRY}-\triangle\mathrm{XKM}-\triangle\mathrm{NLY}=6\sqrt{11}-\frac{2\sqrt{11}}{3}-\frac{2\sqrt{11}}{3}=\frac{14\sqrt{11}}{3}$ (cm²)となる。

図4

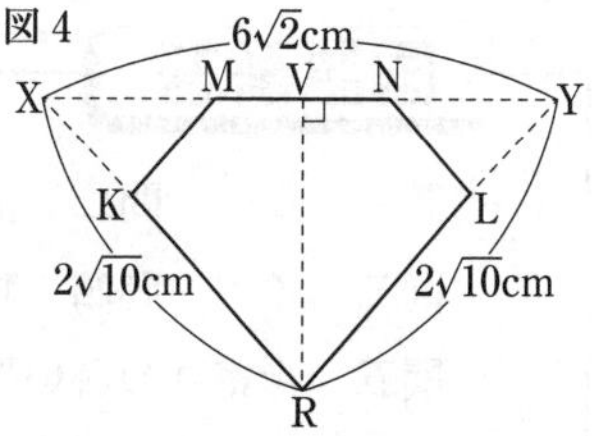

4 〔関数─関数 $y=ax^2$ と一次関数のグラフ〕

≪基本方針の決定≫(3)　$\triangle\mathrm{OAB}=\frac{1}{2}\times\mathrm{OA}\times\mathrm{AB}$ である。

(1)<**比例定数**>放物線 $y=ax^2$ はA(4, 3)を通るので，$3=a\times4^2$ より，$a=\frac{3}{16}$ となる。

(2)<**直線の式**>直線 l は，傾きが $-\frac{4}{3}$ なので，その式は $y=-\frac{4}{3}x+k$ とおける。A(4, 3)を通るので，$3=-\frac{4}{3}\times4+k$，$k=\frac{25}{3}$ となり，直線 l の式は $y=-\frac{4}{3}x+\frac{25}{3}$ である。

(3)<**長さ**>右図で，点Aから x 軸に垂線ACを引くと，A(4, 3)より，OC＝4，AC＝3だから，△OACで三平方の定理より，$\mathrm{OA}=\sqrt{\mathrm{OC}^2+\mathrm{AC}^2}=\sqrt{4^2+3^2}=\sqrt{25}=5$ となる。OA⊥ABであり，$\triangle\mathrm{OAB}=\frac{75}{8}$ だから，$\frac{1}{2}\times\mathrm{OA}\times\mathrm{AB}=\frac{75}{8}$ より，$\frac{1}{2}\times5\times\mathrm{AB}=\frac{75}{8}$ が成り立ち，$\mathrm{AB}=\frac{15}{4}$ となる。

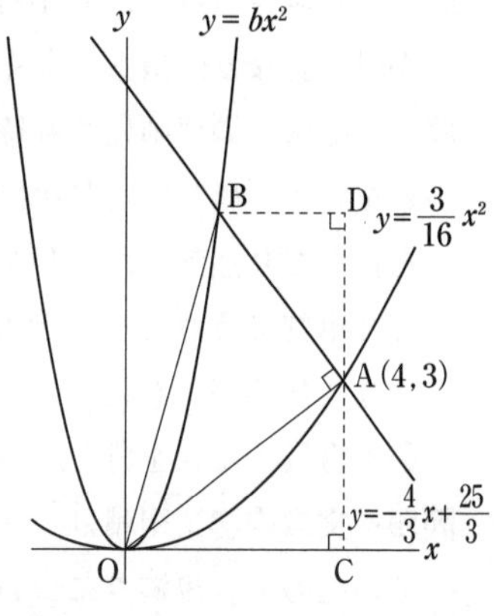

(4)<**比例定数**>右図で，点Bを通り x 軸に平行な直線とCAの延長との交点をDとする。△AOCで，∠AOC＝180°−90°−∠OAC＝90°−∠OACであり，∠OAB＝90°より，∠BAD＝180°−90°−∠OAC＝90°−∠OACだから，∠AOC＝∠BADである。また，∠OCA＝∠ADB＝90°だから，△AOC∽△BADとなる。(3)より，相似比は $\mathrm{OA}:\mathrm{AB}=5:\frac{15}{4}=4:3$ なので，AC：BD＝4：3より，$\mathrm{BD}=\frac{3}{4}\mathrm{AC}=\frac{3}{4}\times3=\frac{9}{4}$ となり，OC：AD＝4：3より，$\mathrm{AD}=\frac{3}{4}\mathrm{OC}=\frac{3}{4}\times4=3$ となる。よって，点Bの x 座標は $4-\frac{9}{4}=\frac{7}{4}$，$y$ 座標は3＋3＝6となるので，$\mathrm{B}\left(\frac{7}{4},\ 6\right)$ である。放物線 $y=bx^2$ は点Bを通るので，$6=b\times\left(\frac{7}{4}\right)^2$ より，$b=\frac{96}{49}$ となる。

＝読者へのメッセージ＝

1(3)は，$\sqrt{a^2+2a+1}=\sqrt{(a+1)^2}=a+1$，$\sqrt{9a^2-6a+1}=\sqrt{(3a-1)^2}=3a-1$ としてしまいそうですが，根号内が文字式のときは注意が必要です。$\sqrt{(a+1)^2}$ は，$a+1\geqq0$ のときは $\sqrt{(a+1)^2}=a+1$ となりますが，$a+1<0$ のときは $\sqrt{(a+1)^2}=-(a+1)$ となります。$\sqrt{(3a-1)^2}$ も，$3a-1\geqq0$ のときは $\sqrt{(3a-1)^2}=3a-1$ ですが，$3a-1<0$ のときは $\sqrt{(3a-1)^2}=-(3a-1)$ となります。

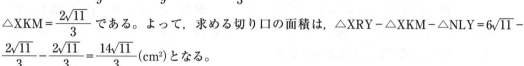

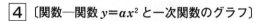

国語解答

一 問一 ウ　問二 油の熱に〜なった指
問三 イ　問四 映樹さんが休みの日
問五 身寄りのない聖輔に店を継がせようとする督次さんの厚い信頼(28字)［を感じ取ったから。］

二 問一 1…c　2…f　問二 ア
問三 格差是正を目指して途上国の開発を援助して生活の質を上げようとすれば，地球環境の悪化を招き，破滅への道を歩むことになる(58字)
問四 ウ　問五 ア

三 問一 ウ　問二 夏　問三 イ
問四 A 団　B 扇　問五 エ

四 問一 1 憲法　2 微力　3 脱落　4 糖分　5 巨体　6 心地　7 新鮮
問二 1 暴　2 皆　3 騎

一〔小説の読解〕出典；小野寺史宜『ひと』。

問一＜文章内容＞督次は，子どものいない自分たち夫婦の「後継ぎ」として，聖輔のことを考えていたので，「お前，総菜屋をやるのはいやか？」と直接きく前に，それとなく将来の希望があるかを確認したのである。

問二＜表現＞督次は，長年丹精を込めてコロッケを揚げてきたことで，「油の熱に耐えられるよう皮が厚く」なり，指も「太く」なった。

問三＜心情＞調理師免許も持っておらず，まだ働いて八か月しかたっていないのに，後継ぎになることを考えてほしいと督次に頼まれ，聖輔は「でも，僕はまだ」とためらった(ア…○)。しかし，店を休んだり遅刻したりしないなど仕事に対する姿勢を評価されたうえでの申し出だったので，聖輔は「単純にうれしい」とも思ったが，身寄りのない自分とは違い，「友人の息子」で，しかも自分より「仕事歴」も長くて「手際」もいい映樹を差し置いて，自分に後継ぎの話がきたことにとまどいや自信のなさを感じ，「普通なら，映樹さんだろう」とも思ったのである(ウ・エ…○，イ…×)。

問四＜文章内容＞聖輔は，督次が自分と映樹を「天秤にかけて競わせる」ような人ではないと確信していたので，後継ぎについての話を「映樹さんにもした」とは思わなかった。映樹に話をしていないならば，雨で暇な日だからではなく，今日は映樹が「休み」の日でいないから，督次は，自分の思いを打ち明けたのだと，聖輔は考えたのである。

問五＜文章内容＞聖輔は，自分の仕事ぶりを見てくれていて，「きちんと休めていない分を上乗せしなきゃいけないんだよな」などと言ってくれた督次に対し，「親切な人は，いる」と改めて思った。聖輔は，後継ぎの話をしてくれた督次が，自分を信頼してくれていることを実感し，身が引き締まるような気持ちになったと考えられる。

二〔論説文の読解―政治・経済学的分野―社会〕出典；斎藤幸平『人新世の「資本論」』。

≪本文の概要≫ラワースの議論の出発点は，「地球の生態学的限界のなかで，どのレベルまでの経済発展であれば，人類全員の繁栄が可能になるのか」という問いである。自由によく生きるための潜在能力を実現する「社会的な土台」が不十分な状態であるかぎり，人間は繁栄できないし，公正な社会も実現されない。ただし，将来世代の繁栄のためには持続可能性が不可欠であり，そのためには，現在の世代は「社会的な土台」と「環境的な上限」の間で生活しなくてはならない。しかし，先進国の人々は「環境的な上限」を超える暮らしをしており，途上国の人々は「社会的な土台」に満たない生活を強いられている。南北の間の激しい格差という不公正は，生産や分配をどのように組織し，社会的リソースをどのように配置するかで，ある程度は是正できる。世界全体が持続可能で公正な社会へ移行しなければ，地球が住めないような環境になってしまうので，私たちは，先進国の経済成長を諦め，資源の採掘量を自発的に減らしていく道を検討すべきではないだろうか。

問一＜文章内容＞1．「社会的な土台」は，「自由に良く生きるための『潜在能力』を実現する」条件である。「水や所得，教育」や「食糧」といったものから(ｄ…○)，公正な社会を実現するための「男女の平等」といった社会的平等や政治的発言力の平等も含まれると考えられる(ａ・ｂ…○，ｃ…×)。　**2．**「環境的な上限」は，「プラネタリー・バウンダリー論に依拠した」概念で，地球の限界に関するものである。「大気汚染」や「化学物質汚染」など，人間の生活が大気や海や生態系といった地球環境に影響を及ぼしているものが当てはまる(ｅ・ｇ・ｈ…○)。オゾン層は，動植物にとって有害な紫外線を吸収するものなので，増加することではなく破壊されることによって，地球は被害を受ける(ｆ…×)。

問二＜文章内容＞横軸において「プラネタリー・バウンダリーを超えた項目数」が少なく，縦軸において「達成された社会的閾値の項目数」が多いほど，その社会は「安全で公正な社会」ということになるので，グラフの左上である(…Ａ)。しかし，グラフにおいて多くの先進国が右上に位置しているように，実際には「社会的閾値を満たす項目数が増える」ほど「プラネタリー・バウンダリーを超える」ようになってしまう(…Ｂ)。

問三＜文章内容＞「持続可能性を犠牲」にしないと「社会的欲求」が満たせないのなら，発展途上国の生活の質を向上させようとすると，プラネタリー・バウンダリーを超えた項目を増やすことになってしまう。格差是正のために発展途上国を援助し，「社会的な土台」が十分な状態になるように生活の質を向上させるためには，地球環境の悪化を招くことにもなるといえる。

問四＜文章内容＞公正な資源配分には，「グローバルな公正さ」をもって資源を配分し，途上国の経済発展を支援することが必要となる。しかし，それを「先進国が浪費を続けたり，自国の製品を売りつけたりするため」に途上国にも経済発展を促すような，うわべだけの善行としてとらえないでほしい。

問五＜要旨＞現在，先進国の人々は「環境的な上限」を大きく超える暮らしをしており，途上国の人々は「社会的な土台」に満たない暮らしを強いられている。地球は一つで，世界はつながっているので，環境への負荷を軽減させ，世界全体が「『持続可能で公正な社会』へ移行」していかなければ，最終的には「地球が住めないような環境」になって，「先進国の繁栄さえも，脅かされてしまう」のである。

三〔**古文の読解―俳文**〕出典；横井也有『鶉衣』。

≪現代語訳≫奈良の帝のご治世に，どのようなお考えによって，この土地の名産となったのだろうか。世間では専門の芸道に優れていれば，多くの才能はなくてもよいだろう。あの物は，上手に風を生み出す以外は，全く無能であって，ちょっとした舞踊の際にも使い物にならないから，腰に差されて世間にこびるひねくれた心もない。ただこの世を木の切れ端のように軽く思い捨てた修行僧の生き方なのだろう。そういうわけで桐の箱の家も求めず，夕顔のもとでの夕涼みや，昼寝の枕で見張り番を務め，人の心に秋風が立つ(ように飽きられてしまう)と，またやってくる〈夏〉を当てにする様子もなく，物置の片隅で紙くず籠と同居して，ねずみの足に汚されるけれども，地紙をめくられて野ざらしとなる扇に勝るに違いない。私はお前に心を許す。お前が私にうちとけるあまり，(私の)裸の体の寝姿を，絶対に，人に語ることがあってはならない。

(正装である)袴を着る日は休ませる団扇《うちわ》であることよ。

問一＜古文の内容理解＞「かれ」は，上手に風を生じさせること以外に能はなく，「扇」とは違って舞踊に使われたり，「袴着る日」に用いられたりはしない「団」である。

問二＜古文の内容理解＞「団」は，秋がくると用がなくなり，次の夏がくるまでは「物置の片隅に紙屑籠」と同居している。

問三＜古文の内容理解＞「我」は，人間に話しかけるような感じで，親しみを込めて，自分の「はだか身の寝姿」を絶対に人に語ってはいけないと，「団」に言っている。

問四＜俳句の内容理解＞正装する改まった席では，「扇」を使うので，出番のない「団」を休ませることができる。

問五＜古文の内容理解＞「団」は，袴を着るような正式の場で用いられる物ではないが，夕涼みのときや昼寝のときにも身近に置いて役に立ってくれる物なので，「我」は「心を」許している。

四〔国語の知識〕

問一＜漢字＞１．「憲法」は，国の最高法規のこと。　２．「微力」は，ほんの少しの力のこと。　３．「脱落」は，抜け落ちること。　４．「糖分」は，あるものに含まれる，糖類の成分のこと。　５．「巨体」は，非常に大きな体のこと。　６．「心地」は，気分や気持ちのこと。　７．「新鮮」は，新しくて生き生きとしているさま。

問二＜四字熟語＞１．「自暴自棄」は，不満や失望などが原因で，やけになって自分の身を粗末に扱うこと。　２．「免許皆伝」は，芸道・武道などで，師匠が弟子にその道の奥義を残らず伝授すること。　３．「一騎当千」は，一人で大勢の敵に対抗できるほど強いこと。

＝読者へのメッセージ＝

横井也有は，江戸時代の国学者です。俳句や狂歌や茶道にも通じた風流人として知られています。也有が提唱したとされる健康になるための十訓が伝わっています。「少塩多酢」「少憤多笑」など，現代人にも通じる健康法です。

2021年度 国学院大学久我山高等学校

【英　語】（50分）〈満点：100点〉

1 リスニングテスト

第１部

No. 1　1　He has many things to do today.
　　　2　He has a headache.
　　　3　Something is wrong with his tooth.
　　　4　He saw a bad doctor.

No. 2　1　On the 2 nd line from the top on page 13.
　　　2　On the 2 nd line from the top on page 30.
　　　3　On the 2 nd line from the bottom on page 13.
　　　4　On the 2nd line from the bottom on page 30.

No. 3　1　A new camera.　　2　A different store.
　　　3　Money.　　4　Nothing.

第２部

No. 1　1　Tuesday.　　2　Wednesday.　　3　Thursday.　　4　Sunday.

No. 2　1　By listening to a song.
　　　2　By finding the box.
　　　3　By breaking the box.
　　　4　By singing a song.

No. 3　1　Because a strong wind made the airplane shake.
　　　2　Because the flight attendant suddenly talked to the captain.
　　　3　Because the coffee machine was broken.
　　　4　Because a cup of coffee was dropped onto the captain.

第３部

No.1　Which does the speaker like better, eating at restaurants or eating at home?
No.2　How much does the speaker usually pay for dinner at a restaurant?
No.3　According to the speaker, what can we control at home?
No.4　What is the last reason for the speaker's opinion?

※＜**リスニングテスト放送原稿**＞は英語の問題の終わりに付けてあります。

2　「量子コンピュータとその開発をする科学者」について書かれた英文を読んで，以下の問いに答えなさい。

1　The first computers were very big and expensive. However, in less than thirty years, the size and price of computers *shrank *considerably. In fact, computers became cheap enough for many people to have one or more of them in their homes. Computers also became small enough for people to be able to carry them around. Students can take them to class. Business people can take them on trips for work. But computers did not just get cheaper and smaller over the years. They also became more useful. This was *due to better programs for computers. It was also due to better things inside of computers. New ways of putting information into computers were made. ①Developments like the mouse, touch screen, and computer pen (ア it イ people ウ work エ made オ to カ for キ easier) with computers. Another big change for computers came with the Internet. These days, a computer without the Internet is far less useful for work. It is also less useful for enjoying other benefits of the Internet like social media sites, web audio and video content, and all kinds of information sites.

2 (②), even with all of the changes in computers over the years, one thing has not changed. Computers still have the brains of a *calculator. That means computers only think *in sequences of 0s and 1s. One part of a computer sequence is called a *bit. As bits are put together, they become data for computers to read. Programs tell computers how to use this data. Then computers can do all of *the things that people ask them to do. Today's computers can certainly do many amazing things, but people always want more. So computer scientists are interested in *quantum computers. Actually, scientists started to work with quantum computers over ten years ago and are still working with them. They are not quite ready to be sold in stores like *laptop computers or smartphones, but progress is being made.

3 How are quantum computers different from regular computers? The best way to understand the answer to this question is to know something about ㋐a Turing machine. The Turing machine was developed by *Alan Turing in the 1930s. It was not a real machine. It was Turing's idea about a device using a tape. It could be divided into little *squares. ㋑Each square can either hold a symbol (1 for "true" or 0 for "false") or be *left blank. A *read-write device would then read these symbols and blanks as *instructions to perform a certain program. The first computers worked in that way, and ③it is still true today. The way for today's computers to read data has changed, but the basic idea has not changed.

4 Now imagine a quantum Turing machine. In this new quantum machine, the difference is that the tape exists in a *quantum state. This means that ㋒the symbols on the tape can be either 0 or 1, or the symbol can be 0 and 1 at the same time. *On top of that, ㋓the symbols can actually be any and all points in between 0 and 1! Remember, for a regular computer, a piece of the tape with a 0 or a 1 on it is called a bit. In quantum *computing, the computer uses *qubits. You can imagine a qubit like a *sphere. ㋔A regular bit can either be at *the top pole of the sphere (1) or at the bottom pole (0). ㋕A qubit can be any point on the sphere. Because of this fact, a computer using qubits can keep much more information and uses less energy than a classical computer.

5 ④Another big advantage of a quantum computer is the speed. Think about your computer. Was it fast enough for you? Did you have to wait for it to finish something before you could use it for another job? Quantum computers won't have ⑤that problem. While computers today can only think about one job at a time, quantum computers *should be able to think about a million jobs at a time!

もととなる考え	a Turing machine チューリング機械	a quantum Turing machine 量子チューリング機械
実在もしくは 開発中のもの	(regular) computers 一般的なコンピュータ	quantum computers 量子コンピュータ
ビットと量子ビットの イメージ図	a (regular) bit 一般的なビット 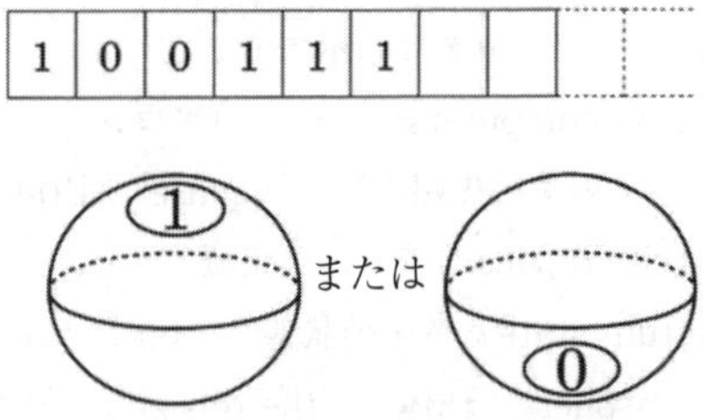 ビット：0または1のどちらかの状態をとる。	a qubit 量子ビット 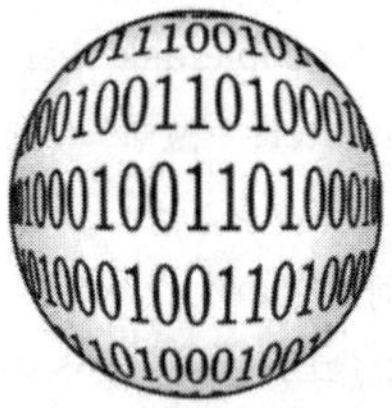 量子ビット：0と1が同時に存在する。 球面のどこにも存在しえる。

[6] For a number of years, professors and students in universities have worked on quantum computer projects. Some large companies also have *departments working on them as well. In fact, a company in Canada named D-Wave reported some very interesting results of its quantum computer project. That report made scientists and companies like Google, IBM, and Microsoft even more (⑥) in quantum computers. Governments are also spending money into quantum computer research. So in the near future, there are going to be lots of opportunities for young people to work as quantum computer scientists.

[7] These days, quantum research scientists need to have a *Ph.D. However, that may change in the future because *advances in quantum research help us to understand *quantum physics more clearly. Learning about quantum physics will be easier then, and it will open up this kind of work to more people.

[8] Quantum research scientists do not work alone. They usually work on teams with engineers, mathematicians, and other *physicists. They may even work on teams with university students studying quantum physics. So quantum research scientists should know how to work well with others.

[9] Quantum research scientists need to be (⑦). They need to be able to explain their research to *people who they work with. Sometimes they even need to explain their work when people don't know much about physics or math at all! Quantum research scientists not only talk about their research, but they have to write about it. They need to keep records of their research. A lot of these records may be in numbers, but some records will include notes and *documents as well. Quantum research scientists also have to write reports to explain their research findings. Then they can share these reports with people in companies and with other researchers.

[10] The job opportunities for quantum computer research scientists will not disappear after a working quantum computer is made. There will still be opportunities to improve these new computers, as old computers were improved in the past. Quantum computer research scientists will be needed to make the design of the new computers simpler. They will need to find ways to make the computers work better and be more *dependable. If the field of quantum

computers sounds (⑧) to you, start preparing now. ⑨<u>Learn as much as you can about how science experiments are done and how reports are written.</u> And take math, computer science, and physics classes if you can. Quantum computers may be coming soon. Do you want to be part of this exciting new field of the future?

shrank：小さくなった　considerably：かなり　due to ～：～のおかげで　calculator：計算機
in sequences of 0s and 1s：0と1の連続で　bit：ビット(ビットとは情報量の基本単位)
the things that people ask them to do：人々がコンピュータに指示すること
quantum computers：量子コンピュータ　laptop computers：ノートパソコン
Alan Turing：アラン・チューリング(コンピュータ理論の先駆者)　squares：四角
left blank：何も書かれていない状態　read-write device：読み書き装置
instructions：(コンピュータへの)命令　quantum state：量子の状態　on top of that：それに加えて
computing：計算処理　qubits：量子ビット　sphere：球体　the top pole：一番上の点
should：～のはずである　departments：部門　Ph.D.：博士号　advances：進歩
quantum physics：量子物理学　physicists：物理学者
people who they work with：一緒に働いている人々　documents：文書　dependable：信頼性が高い

問1　下線部①が文脈に沿った内容の英文になるように，( )内の語句を最も適切な順番に並べかえ，記号で答えなさい。

問2　(②)に入る語句として，最も適切なものを選び，記号で答えなさい。

ア　As a result　イ　Also　ウ　For example　エ　However

問3　波線部㋐～㋕を「一般的なコンピュータに関わるもの」と「量子コンピュータに関わるもの」に分類した時，「量子コンピュータに関わるもの」を記号で答えなさい。解答は1つとは限らない。

問4　下線部③の内容として最も適切なものを1つ選び，記号で答えなさい。

ア　読み書き装置が記号や空白を読み込むことによって，現在のコンピュータが動いているのは昔と変わらない。

イ　最初のコンピュータは0と1の記号を読み込むことによって動いていたと今でも信じられている。

ウ　コンピュータのデータを読む方法が変化したのは本当である。

エ　最初のコンピュータが改良を加えられたことにより，いまだに当時のまま使われている。

問5　下線部④に「量子コンピュータのもう1つの大きな利点はスピードだ。」とあるが，量子コンピュータのそれ以外の利点を日本語で説明しなさい。

問6　下線部⑤は具体的にどのような問題なのか，日本語で説明しなさい。

問7　(⑥)(⑧)に入る語の組み合わせとして最も適切なものを選び，記号で答えなさい。

ア　⑥　interesting—⑧　interesting
イ　⑥　interesting—⑧　interested
ウ　⑥　interested —⑧　interesting
エ　⑥　interested —⑧　interested

問8　(⑦)に入る語句として最も適切なものを選び，記号で答えなさい。

ア　good listeners　イ　good speakers
ウ　good writers　エ　good communicators

問9　下線部⑨を日本語にしなさい。

問10　次の問いに，(　)内に記された段落を参考に，指定された語数の英語で答えなさい。

1　Can we buy quantum computers like laptop computers or smartphones?　(第2段落／3語)

2　When did Alan Turing develop a Turing machine?　(第3段落／3語)

3　What should quantum research scientists know?　(第8段落／6語)

4　What subjects should be taken to become a quantum computer scientist?　(第10段落／5語)

問11　本文の内容と一致するものには○，一致しないものには×を記入しなさい。

1　The size of the first computers kept people from carrying them around.

2　Thanks to a lot of surprising things done by computers, people have never wanted to improve them.

3　Alan Turing's idea influenced the first computers.

4　Governments have nothing to do with quantum computer research.

5　The writer thinks that quantum computer scientists will not have any job opportunities after a working quantum computer is made.

6　The writer has a positive attitude toward quantum computer research.

3

次の1～5の各組の英文がほぼ同じ意味になるように，(　)内に適切な1語を入れなさい。

1
Mr. Takeda usually gets to the office at 8:30, but he arrived at 8:55 today.
Mr. Takeda usually arrives at the office 25 minutes (　　) than he did today.

2
When Takeshi smiles at me, I feel happy.
Takeshi's smile (　　) me happy.

3
It has been three years since I saw my uncle last.
I haven't (　　) my uncle for three years.

4
You need to study English harder when you are a high school student.
It is (　　) to study English harder when you are a high school student.

5
While I was in London, I visited Buckingham Palace.
(　　) my stay in London, I visited Buckingham Palace.

4

次の1～5の英文中の下線部には1ヶ所文法上の誤りがある。訂正した語句を答えなさい。

(例題)　Mike wants teaching English to children in the future.　解答：to teach

1　You should pay attention to your belongings such as your wallet and passport when you go to abroad.

2　Most of the audience sat there without say a word when the orchestra began to play Beethoven's Ninth Symphony.

3　My brother and I will be taken care by our grandparents while our parents are on a business trip in China.

4　Taking photos of trains are one of the most popular hobbies among people of all ages in Japan.

5　I was disappointed to hear that the Tokyo Olympic Games were not held last year, but now I am expecting the Games to hold in 2021.

5 次のテーマに沿って，できるだけたくさんの英文を自由に書きなさい。囲み内の語句は英文を書くための参考です。これらの語句を使っても使わなくても構いません。

英文のテーマ：高校生になってやりたいこと

club	school event	if	because
enjoy	study	will	in order to

＜リスニングテスト放送原稿＞

第１部

No. 1 Kate : What's wrong, Tom? You look terrible.
Tom : Oh, Kate. I've had a bad toothache since last night.
Kate : Why don't you go and see Dr. Smith?
Tom : Is he good?
Kate : Yes, he is.
Tom : All right, I'll call him to make an appointment.
Question : What is wrong with the man?

No. 2 Student : Ms. Smith, may I ask you a question?
Teacher : Certainly, what is it?
Student : I don't understand one of the sentences on page 13.
Teacher : Which sentence is it?
Student : The second one from the top.
Teacher : OK. I'll explain it.
Question : Where is the sentence the boy asked about?

No. 3 Customer : Yesterday I bought this camera from your store, but it seems like it is broken.
Clerk : May I see it, please? You're right. It isn't working.
Customer : Can I get my money back, please?
Clerk : Sure. Do you have the receipt?
Customer : Yes, I do. Here you are.
Clerk : Let's see. . . . Sorry for the trouble. I'll give you the refund right away.
Question : What is the man going to get for the camera?

第２部

No.1 Hi I'm Ben. I'm studying art at university, and I'm in the tennis club. I have class on Mondays, Thursdays, and Fridays, and tennis practice every Wednesday. I also study in the library on the weekends. I don't have much time to work, but I need a part-time job because university is very expensive.

Question : Which day is the best for Ben to get a part-time job?

No.2 Hi I'm Miguel from Mexico. In my country, a birthday is a big celebration. You've probably heard about this tradition before, or maybe you've experienced it yourself. We can't have a birthday party without a special "box". Inside the "box", there are sweets, toys and so on. We try very hard to break it open to get inside. We also enjoy singing our own unique song.

Question : How can they get the sweets from the box?

No.3 Good morning everyone. This is your captain speaking. Welcome to Flight Number 293. This is a nonstop flight from New York to Los Angeles. The weather ahead is clear and, therefore, we should have a safe and smooth flight. Now sit back and relax.... Ahh! (surprised) (Pause)

I'm so sorry if I scared you earlier. While I was making my announcement, a flight attendant accidentally dropped a cup of hot coffee onto my lap.

Question : Why was the captain surprised?

第3部

Many people like to eat at restaurants, but I love eating at home more for three reasons.

The first reason is that eating at home is cheaper. When I have dinner at a restaurant, I pay about $25. I can buy a lot of groceries with that much money. Even lunch at a food stand can easily cost seven or eight dollars. That's enough to feed a whole family at home.

The second reason is that it is healthier to eat at home. Restaurants often serve more food than we need. Last Sunday, I was a little bit hungry and went to a restaurant. I just wanted to get a hamburger, but the hamburger came with fries and a salad. I ate all of it and got too full. However, at home we can control how much food we eat.

The last reason is that it is more convenient to eat at home. Eating out may seem more convenient because we don't have to shop, cook, or clean up. But this is not true. Cooking at home can be more convenient. There are a lot of simple meals, and they don't take long at all to prepare. In addition, when we eat at home, we don't have to drive to the restaurant, look for a parking space, wait for a table, and then wait for service.

In conclusion, I prefer to prepare meals at home. I hope you can enjoy a wonderful meal at home too.

【数　学】（50分）〈満点：100点〉

〔注意〕 円周率はπとする。

1 次の□を適当にうめなさい。

(1) $2-2\div2\div2\times2^2+2=$□

(2) $\dfrac{2x-7}{6}-\dfrac{2x+1}{3}+\dfrac{4x-1}{2}=$□

(3) $-2x^2y\times(-3x^2y)^2\div(-6x^4y^3)=$□

(4) $(\sqrt{24}-2\sqrt{3})\div\sqrt{6}+\sqrt{2}(\sqrt{18}-\sqrt{32})=$□

(5) $(x+2y)(x+2y-6)-16$を因数分解すると□である。

(6) 原価3600円の商品にx%の利益を見込んで定価をつけたが，売れないので定価のx%引きの3519円で売った。xの値は□である。

(7) 一次関数$y=ax+b$でxの変域が$-2\leqq x\leqq5$であるとき，yの変域は$\dfrac{5}{2}\leqq y\leqq6$である。$ab<0$とすると，$2a+b=$□である。

(8) さいころを2回ふって最初に出た目の数をa，次に出た目の数をbとする。このとき，$\sqrt{\dfrac{b}{2a}}$が無理数になる確率は□である。

(9) 次の図の平行四辺形ABCDにおいて，AE=5，ED=3，DG=$\dfrac{5}{2}$，GC=$\dfrac{3}{2}$である。BDとEGの交点をFとすると，BF：FD=□である。

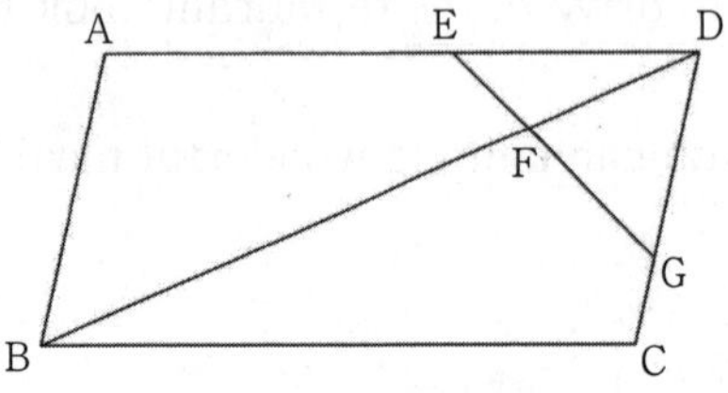

(10) 正八面体の辺の数をa，面の数をb，頂点の数をcとする。このとき，$a+b+c=$□である。

2 次の図は，∠B=90°の直角三角形ABCである。頂点Bから辺ACに垂線をひき，その交点をDとする。DB=3，CD=1のとき，下の問いに答えなさい。

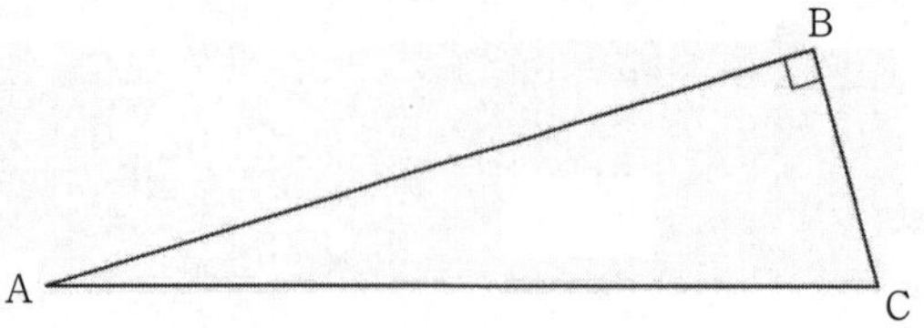

(1) ADの長さを求めなさい。

(2) 3点A，B，Cを通る円の半径を求めなさい。

(3) (2)の円周上に点Pをとり，BCの長さをmとする。

① AB：BCを求めなさい。

② 三角形BCPの面積が最も大きくなるとき，三角形BCPの面積を，mを用いて表しなさい。

3 aを千の位，bを十の位の数字とした4けたの自然数 $a4b6$ について，次の問いに答えなさい。ただし，aは0ではありません。

(1) 次の □ をうめなさい。

この4けたの自然数をNとすると，

$N=$ [ア] $\times a+$ [イ] $\times b+406$

と表すことができる。これを変形すると，

$N=3\times($ [ウ] $)+a+b+1$

と表すことができる。

このことを利用すると，自然数Nのうち3で割り切れる数は全部で [エ] 個ある。

(2) 次の □ をうめなさい。

この4けたの自然数Nは，

$N=29\times($ [オ] $)+14\times a+10\times b$

と表すことができる。

このことを利用すると，自然数Nのうち29で割り切れる最小の数は [カ] である。

(3) この4けたの自然数Nのうち，125で割った余りが最も大きくなるような数は全部で何個ありますか。

4 図のように，放物線 $y=ax^2$ と直線 l が2点A，Bで交わっている。点Aの座標が$(-2,\ 4)$であり，点B，点Pのx座標がそれぞれ4，-1であるとき，次の問いに答えなさい。ただし，(3)については途中経過も記しなさい。

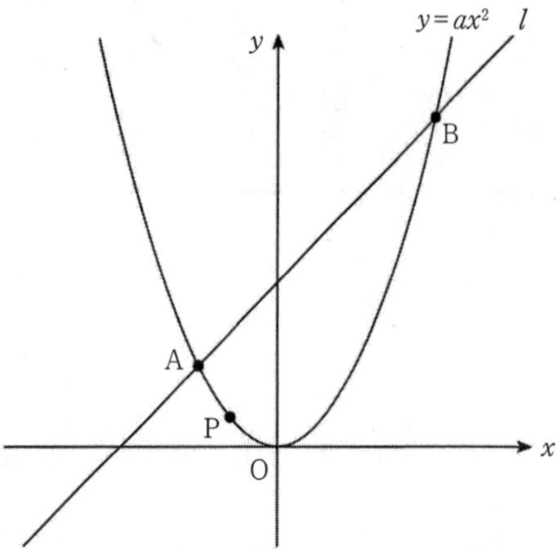

(1) aの値を求めなさい。

(2) 点Pを通り，直線 l と平行な直線mの式を求めなさい。

(3) (2)の直線mと放物線との交点のうち，Pでない点をQとする。

① AB：PQを求めなさい。

② 点Pを通り，四角形APQBの面積を2等分する直線の式を求めなさい。

の散りて実のいらざらむ《実を結ばない》、思ふが、わびしき《つらいのです》。」と言ひて、さくり《しゃくり》あげて《あげて》よよと泣きければ、④うたてしやな《興ざめであるよ》。

（『宇治拾遺物語』による）

〈注〉比叡の山＝比叡山延暦寺。滋賀県大津市比叡山にある天台宗の総本山。

問一 ――線①とありますが、誰が何を「見て」なのですか。次の中から最も適当なものを選び、記号で答えなさい。

ア ちごが風に桜が散るのを見て
イ 僧がはげしく泣くちごを見て
ウ 僧が桜の立派に咲いたのを見て
エ ちごが風のはげしく吹いたのを見て

問二 ――線②とありますが、泣いた理由を「僧」はどう考えましたか。次の中から最も適当なものを選び、記号で答えなさい。

ア 桜の花が咲いたそばからはらはらと散っていくのを嫌がったために泣いた。
イ 桜の花が強い風に吹かれて次々と散っていくのを残念がったために泣いた。
ウ 比叡の山の桜が実に見事に咲き誇っているのに感動してしまったために泣いた。
エ 比叡の山にせっかく登ってきたのに桜がすっかり散ってしまったために泣いた。

問三 ――線③の内容を、主語を明らかにして解答欄に合うように10字以内で記しなさい。

問四 ――線④とありますが、その理由として次の中から最も適当なものを選び、記号で答えなさい。

ア 桜の花のはらはらと散りゆく様子を、麦の花に喩《たと》えて説明したから。
イ 桜の花が散るだけではなく、麦の花まで散ると残念がっていたから。
ウ 桜の花だけではなく麦の花まで散らす強い風を面白がっていたから。
エ 桜の花の散るのを見て、麦の収穫が落ちることを想像していたから。

四 次の各問に答えなさい。

問一 次の1～7の文の――線のカタカナを漢字に直しなさい。

1 音のシンプクを測定する。
2 話のミャクラクがない。
3 商品の利点をコチョウして話す。
4 勝利は努力のチクセキの結果だ。
5 ボウダイな量の食品廃棄物。
6 港にテイハク中の客船。
7 コンサートチケットの発売日をクり上げる。

問二 次の1～3の四字熟語には誤字がそれぞれ一字あります。その字を正しく直しなさい。

1 前渡有望（将来に向けて大いに見込みがあること。）
2 臨期応変（その場その時でふさわしい手段を取ること。）
3 無病即災（全く病気をせず健康であること。）

がふるえた。

「真紀、落ち着いてくれ、頼む」

「そういうあなたたちの態度にも我慢ならない。母親がどれだけ一生懸命、話を聞こうとしてもいつも無視。それなのに父親やお祖父さんには舌足らずに返事をして甘える。ずるいのよ、いつでも女を武器にして。どうして自分の力でなんとかしようと思わないの？　立ちなさい！」

立ち上がろうとしたが、足に力が入らない。

ショールから顔を出すと、母のスリッパが目の前にあった。

腕を組んだ母が見下ろしている。あかりを背に受け、顔が黒ずんで見えた。

「お母さんは……　B　？」

母の顔から表情が消えていった。何の表情も浮かんでいない顔に息を呑《の》む。

真紀、と父が母に声をかけたとき、玄関の呼び鈴が鳴った。

扉が開く音がして、ほがらかな男の声が響いてきた。

「お待たせ、お寿司、到着！　ビールもね。あれ、誰もいないの？

……ここに置いとく？」

こんばんは、裕子の声がした。

（伊吹有喜『雲を紡ぐ』による）

〈注〉ホームスパン…イギリス発祥の、手紡ぎの糸による毛織物。

裕子…祖父の姪。ホームスパンの工房を引き継いでいる。

太一…裕子の息子。

問一　——線①の説明として最も適当なものを次の中から選び、記号で答えなさい。

ア　学校に行こうとせず、家から遠く離れた盛岡で祖父の手伝いをして日々をやり過ごしていては

イ　復学する意思を見せないにもかかわらず、自分の将来について具体的に決めないままでいては

ウ　いやなことから逃げ出したうえに、迎えに来たにもかかわらず謝ることもせず黙りこんでいては

エ　勉強をしないでいるとついていけなくなるという事実から目を背《そむ》けて、畑仕事ばかりしていては

問二　——線②の説明として最も適当なものを次の中から選び、記号で答えなさい。

ア　親の気持ちを汲《く》むこともなく自分のことしか考えられない娘に怒りを抑えられずにいる。

イ　勝手な振る舞いで周囲に迷惑をかけてばかりいて反省すらしない娘に愛想が尽きている。

ウ　父と祖父に甘えて母親から逃げてばかりいる娘の身勝手さに心の底からうんざりしている。

エ　黙っていたかと思うと急に口答えしてきた娘にどう接すればいいかわからなくなっている。

問三　A　にあてはまる語を漢字2字で記しなさい。

問四　B　にあてはまることばを5字前後で記しなさい。

問五　本文に描かれている広志(父親)は何を考え、どのようにしようとしていますか。30字以上40字以内で簡潔に記しなさい。

三

次の文章を読んで、後の各問に答えなさい。

これも今は昔、《今では昔のことだが、》ゐ《い》なかのちご《子どもが》の、比叡《ひえ》の山へ登りたりけるが、桜のめでたく《みごとに》咲きたりけるに風のはげしく吹きけるを見て、このちごさめざめと泣きけるを、①見て、僧の、やはら寄りて、《そっとそばに寄って》「②など、かうは泣かせたまふぞ。《このように泣きなさるのか》この花の散るを惜しう覚えさせたまふか。《思いなさるのか》桜は、はかなきものにて、かくほどなくうつろひさぶらふなり。《このようにすぐに散ってしまうものです》されども、③さのみぞさぶらふ。《そういうものなのです》」と慰《なぐさ》めければ、「桜の散らむは、あながちにいかがせむ。《しいてどうにもなりません》苦しからず。わがてての《私の父が》作りたる麦の、花

親を振り回して、お祖父さんや工房の人にも迷惑かけて。わかっているの? 自分がしていること」
祖父が悠然《ゆうぜん》と麦茶のグラスに手を伸ばした。
「私のことなら心配無用。工房の連中も別に迷惑だとは思っていない」
「そういう気持ちにつけこんで!」
母が立ち上がり、ショールをつかんだ。
②「受け取りなさい。どうして受け取らないの」
ショールを母に押し返し、美緒も椅子から立ち上がる。
鮮やかな赤に心が高ぶってきた。
「いらない!」
「いらないって?」
「捨てたければ捨てれば!」
「何を言うの、美緒?」
母が顔を寄せ、まばたきもせず見つめてきた。怖いが、声を振り絞る。
「いつもそうだ。私の[A]を取り上げる。ショールから卒業って意味わかんない。お母さんは、娘が邪魔なんでしょ。私、知ってる。お母さんがネットでなんて言われてるか」
「美緒、やめろ。座りなさい。」
父が寄ってきて、両肩を押さえた。その手を振り払うと、機関銃のように言葉が口を突いて出た。
「私のためじゃない。娘が不登校で家出してるって、ネットで叩かれたから迎えにきたんでしょ。私のためとか、私のことを考えて言ってるとか、そんなの嘘。そう思うなら、ほっといてよ! 勝手に取り上げて、勝手に返してきて、都合が悪くなったら迎えにきて。そんなだから生徒に叩か……」
母の手が激しく頬《ほお》に当たった。衝撃で足の力が抜け、美緒は床に膝をつく。
母がショールを床に叩きつけた。
「何言ってるの、何もわかってないくせに!」
落ちてきたショールを反射的につかみ、美緒は頭からかぶる。
「真紀、何も叩くことないだろう」
「大丈夫か、美緒」
激しい嗚咽《おえつ》がこみあげ、身体が震えた。祖父が駆け寄ってきた気配がする。
「そういうところがいや!」
母が足を踏み鳴らした。
「泣けばすむ。泣けば父親は言いなりになる。昔からそう。涙を売りにして。今だってそう。膝をつくほど強く叩いてもないのに、大《おお》袈裟《げさ》に泣く。そういうところがきらい」
「真紀、落ち着け。お前、どうかしてるよ」
「どうかしてる? 私が? 美緒はどうなの? いつでも自分の思い通り。学校に行きたくないと言ったら行かずにすむ。父親に学校まで送らせておきながら、ホームルームすら我慢できずに即、帰宅。家出をすれば、心配した祖父と父親で甘やかし放題。それを非難されれば泣いて、か弱い女のアピールをする。どうしてあなたはいつも女を売りにするの。さっきだってそう。自分が話の中心になれなくなったらプイッと席を立って、拗《す》ねて土なんか蹴って」
「そうじゃない、そうじゃない!」
あれは母に水をあげたかったのだ。あの山がつくった水を飲んでもらいたかったのだ。
説明したい。でも言葉が出ない。
「そうじゃないよう……お母さん……お母さん」
母がショールを引っ張った。
「出てきなさい!」
「やめなさい、いやがってるじゃないか」
祖父の声に、ショールを引っ張る手が離れた。かぶった布を自分の回りに巻き込み、美緒は身を丸める。
昔からずっと、母にきらわれていたのか。寒くもないのに、身体

「そうだとしても信じられない……。だって、このまま工房で働いても、美緒はしばらくの間まったく自活できないってことじゃないですか」

ため息をつきながら、祖父がテーブルに置いた煙草に手を伸ばした。しかし箱を見つめて少し考えたあと、ポケットに戻した。

「野球選手と同じだと考えてみてほしい。高校や大学のうちは野球で飯を食えない。しかしプロ野球に入れば野球で生きていける。もっとも私たちの仕事は今、先細りで、プロになっても仕事を取るのはなかなか大変だが」

「美緒はホームスパンの職人になる覚悟はあるの？」

突然、覚悟と聞かれて、身が固くなる。

答える間もなく、母の言葉が迫ってきた。

「たとえばね、高校を辞めるとすると、働くことになるよね。でも工房の仕事でお給料はもらえない。そうだとしたら、よそでアルバイトをしながらでも、美緒はプロの職人になる覚悟はあるの？」

「真紀、追い詰めるな」

「あなたは黙ってて」

母が鋭い目を父に向けた。

「夏休みももう中盤。今、取り返さないと進級は無理。娘を甘やかすのはいいけど、その代償を払うのは結局、美緒自身なのよ。ねえ……美緒はどうして自分のことなのに何も言わないの？」

一度にいろんなことを言われ、頭が混乱する。

母が言っているのは、アルバイト代が出ないということ。それから自活、覚悟……それから？

背中に汗がにじんできた。膝の上に置いた手を握る。

それから……二学期から学校に行くか。そのために東京に戻るか。

頭のなかを言葉がぐるぐると回る。どこから考えたらいいのかわからない。

何よりも、まだ祖父に言えずにいる。

自分のこれからを託す色。この手でつくり上げる、新しいショールの色のことをまだ、何も。

「先の話ばかりしたけど、まず、あれを美緒に返してやらないと」

父が部屋を出ていき、風呂敷包みを持って戻ってきた。

「美緒、遅くなったけど、あのショール……お母さんはショールを捨てたわけではないんだよ」

父が風呂敷を解くと、赤いショールが出てきた。

「お母さんは、これをかぶって、ひきこもっている美緒を心配しただけなんだ」

問題集の上に、父がショールを置いた。突然、目の前に現れたショールにさらに心が混乱する。

「どういうこと？　お母さんが隠してたってこと？　なんで？」

母がタオルハンカチを出し、小鼻の脇の汗を押さえた。

「隠したとも捨てたとも言ってない。美緒のためを思って、卒業してほしいって言っただけ。それなのに美緒が一方的に決めつけて家を飛び出したのよ。物に依存しているのが心配だったから今まで黙っていたけど、もう、ひきこもってもいないし。だから返すね」

ぼんやりと目の前のショールを眺めた。二ヶ月ぶりに見た赤い色は血のように鮮やかだ。

父がショールを差し出した。

「美緒はこれに代わる布を織るつもりだったんだろう？　でもちゃんとあるから。新しいのは織らなくてもいいだろう」

ショールを受け取らずにいると、母が不安げな顔になった。

父が手を引っ込め、問題集の上にショールを戻した。

唇から言葉がこぼれた。

「勝手……」

「勝手って、どういう意味？」

母が目を怒らせた。

「お母さんもいろいろあってね。美緒のこと、家庭のこと、たしかに行き届かなかった。それは悪かったと思ってる。でもね、今回のことはお母さんだって傷ついたの。勝手？　どっちが？　こんなに

「私が悪いってことですか？　でも、みんなで黙っていたら、話が進まないじゃないですか」
「無理に今、話を進めなくてもよかろう」
「お父さんも真紀も落ち着いて」
　母と祖父を交互に見ながら、父がかき揚げに箸《はし》をのばした。
「ほら、うまいよ、かき揚げ。コーンとたまねぎ」
「広志、お前はこんなときによく食べられるな」
　父が箸を叩きつけるように置いた。その音が響いたとき、再びカナカナと蟬の声がした。
　母が額にかかった髪を軽くかきあげた。
「正直に言うとね。お母さんは今、仕事が大変なことになってる。お父さんの会社もそう。でもお父さんもお母さんも逃げないよ。美緒も一緒に頑張ろう」
「自分は逃げないから、お前も逃げるなというのは酷な話だ。置かれている状況が違う。責任を全うしなければならないときもあるが、美緒はまだ子どもだぞ。耐えて壊れるぐらいなら逃げて健やかであるほうがいい」
　お父さん、と父が非難するような目で祖父を見た。
なんだ、と祖父が言い返した。
「異論があるのか、広志。お前たちは自分でその仕事を選んだんだろう」
　お言葉ですが、と母が口をはさんだ。
「美緒だって、自分で学校を選びました。クラスでの状況も、相手のせいばかりじゃない、一部は自分の行動が招いたことです。その現実としっかり向き合わなければ」
「現実と向かい合ったから、ここに来る選択をしたんだ。学校で何をさせたいんだ？　勉強か？　勉強なら岩手でもできるぞ。明確な目的もないのに、つらい状況を我慢させ続けるのは酷だと言っているんだ。お前たちだって逃げてもいいんだぞ」
「そうしたら、どうやって僕らは明日から生活をしていくんだ」
　抑揚のない口調で言った父に一瞬、母が目をやったが、すぐに視線がこちらに向けられた。
「美緒、あなたも何か言って」
「えっ……あの……」
　明確な目的と言っても、と父が嘆かわしげに首を横に振る。
「美緒に将来、どうしたいのかって聞いても、何も言わない。この子はまだ何も決められないんだよ……そうだよな、美緒」
　父の言葉の勢いに美緒はうなずく。母が少しだけサラダを口にすると、口調をやわらげた。
「美緒は今、工房でどんな仕事をしているの？　それなら話せるでしょう？」
「おつかいに行ったり。羊毛を洗ったり、それから、糸紡《つむ》ぎや織りの練習。この間は花瓶敷きを織って、次はカーテン」
「それで、どれぐらいいただけるの？　アルバイト料は？」
「そんなものはない」
　祖父の答えに母が軽く目を見開いた。
「無給ってことですか？」
「見習いのうちは皆、そうだ。ここに工房があったときは、見習いが食事を作っていたから、昼食は食べさせていた」
　信じられない、と母がつぶやく。
「ホームスパンの仕事をするには、しばらくの間はタダ働きをするってことですか」
「うちではそうだ。早く一人前になれるように指導はするが、見習いのうちはとても給料を出せない」
　そういうものなんだよ、と父が祖父の言葉のあとに続けた。
「本来なら授業料を取って教えることを、無償で教えて職人に育てるんだから」
「そんなのおかしいでしょう。ちゃんと働いているのに」
「会社とは違うんだ」
　父の声が苛立《いらだ》っている。

父が気まずい顔で祖父に頭を下げた。
「今回は連絡不足で悪かったよ。でも俺にとっても急な話で。出張先から飛んできたんで、そこは勘弁してください」
父に続き、母が頭を下げた。
「私と広志さんの間で意思の疎通が取れていなくて、失礼しました。もっと早くにうかがいたいって言っていたのに、その話もまったく進まなくて。この間、お邪魔したときも、私の母からの手紙を美緒に渡してくれないし」
母が封筒を差し出した。何の飾りもない真っ白な封筒の中央に「美緒ちゃんへ」と書いてある。
「これ、お祖母ちゃんからの手紙。美緒が家出したことで、お祖母ちゃんは傷ついているの。どうして一言相談してくれなかったんだって。横浜のお盆は七月に終わったけど、帰ったら一緒にお祖父ちゃんのお墓参りに行こう」
「お父さんの……岩手のおばあちゃんのお墓参りはいいの？　私、行ったことない」
母が黙った。父が取りなすように言う。
「お祖母ちゃんのお墓なら、お父さんがたまに行ってたよ。出張のついでに」
「どうして、お父さんだけで行ってたの？」
「その話はあとでいいでしょう。美緒の話のほうが先。それより、ここでの暮らしはさっきの畑仕事でだいたいわかったけれど、勉強のほうはしてる？」
「そういうのは、あんまり」
母が足元に置いた紙バッグから、数学や英語の問題集とプリントの束を出した。
「このプリントは学校で配られたものね。問題集は夏休みの課題。お父さんに止められていたから黙っていたけど、これ以上休むと、もう学校の授業に追いつけなくなってしまう。今なら夏休みの間に遅れを取り戻せるから。お母さんとお祖母ちゃんも協力する。だから頑張ろう。ね？」
母が問題集を差し出した。受け取らずにいると、テーブルに置き、大きなため息をついた。
「美緒、何か言ってよ」
問題集とプリントの束を見ていると、クラスの同級生たちの顔が浮かんだ。
自分でも驚くほど、誰にも会いたくない。あの場所に戻ったら、また周囲の顔色をうかがいながら、薄笑いを浮かべる日々が続く。孤立を選ぶほど強くはないが、まわりに溶け込むために「いじられる」のはもういやだ。
まあまあ、と父が母をなだめた。
「まずは食べよう。そんな話をいきなりしなくても」
父がかき揚げを口にした。軽やかに揚がった衣を噛《か》む音が響く。
「どうした？　みんな、食べないのか？　ほら、美緒……」
「ねえ、美緒」
母が父の言葉をさえぎった。
「黙ってないで、何か言おう？　ここに来てからずっと、お母さんばかり話をしている。美緒はどう思っているの？　正直な気持ちを聞かせて。何も考えないで①このままフワフワしていたら留年するよ」
答えようとして口を開いたが、言葉が出ない。
カナカナと、蜩の声が響いてきた。窓の外は少しずつ夕暮れが広がっている。
蜩の声が止むと、静けさが広がった。母が小さなため息をつく。
「また黙りこむ……。親子って似るんですね。美緒も広志さんも、大事なことになると黙り込んで何も言わない」
シャツのポケットから祖父が煙草《たばこ》を出した。
「相手の言い分を聞いたら、少しは歩み寄る用意はあるのかね。それがなければ誰も何も言わない。言うだけ無駄だからだ」
母が訴えるような目で祖父を見た。

有用であるかどうかで判断してはならない。

問四　――線④の説明として最も適当なものを次の中から選び、記号で答えなさい。

ア　ＡＩやロボットが発達することによって人が行ってきた仕事はなくなるので、大多数の人が生きる価値を失ってしまうということ。

イ　ＡＩやロボットが今まで人が担ってきた仕事を行うことで、社会に必要な新たな仕事の創出が求められるようになるということ。

ウ　ＡＩやロボットの発達によって社会で有用とされる仕事の価値が変わるので、順応できる人しか生きていけなくなるということ。

エ　ＡＩやロボットが資本主義において価値があるとされている有用性を担うことによって、人として生きていく価値観が変わるということ。

問五　本文の趣旨を、「ＡＩとＢＩ」という語句を用いて60字以上70字以内で記しなさい。

二　次の文章を読んで、後の各問に答えなさい。

〈あらすじ〉　高校二年生の美緒は級友のからかいに耐えきれず不登校の日々を送っていた。ある日美緒は、父方の祖父母から贈られて大切にしていた赤いショールの＊ホームスパンを、教師をしている母親に取り上げられてしまう。このことがきっかけとなって家出した美緒は、今まで行ったことのなかった盛岡の祖父の家に身を寄せ、工房を営む祖父の指導でショール作りを学んでゆく。やがて、業を煮やした母が美緒を迎えに行き、それを知った父も盛岡にやって来た。

畑仕事を終え、収穫したものを三人で運んでいるとき、父を乗せたタクシーが玄関前に到着した。祖父への挨拶もそこそこに、すぐに母と客用の部屋に入って、ずっと話しこんでいる。

　交代で分担している風呂の掃除をすませて、美緒が台所に向かうと、祖父が電話で話をしていた。相手は＊裕子のようだ。

　父が台所に入ってきた。疲れた顔で、食器棚からグラスを出している。

　通話を終えた祖父が声をかけた。

「広志よ、＊太一が車を貸してくれるそうだ。夕飯だが、車のついでに持ち帰りの寿司を頼んだ。それでいいか」

　いいよ、と父が冷蔵庫を開け、麦茶のポットを出した。

「太一君の車が借りられるなら、外へ食べに出かけてもいいけど」

「外出がおっくうでな。足りない分はかき揚げとサラダを作る」

　普段はあまり火を使わない祖父が、珍しくコンロの前に立った。年季の入った大鍋を出し、たっぷりとそこに油を入れている。

　グラスに麦茶を注いでいた父がなつかしそうな顔をした。

「かき揚げか、いいね。昔、よく食べたな。でも、そんなに作らなくても、たぶん寿司でほとんど足りるよ」

「そうか？　もの足りないっていつも言ってなかったか？」

「学生の頃だろ。俺ももう四十を越えたから、揚げ物はそんなに食べないんだ」

　祖父が油を注ぐ手を止め、「そうだったな」とつぶやいた。

　三十分後、祖父と一緒に作った料理を食卓に運んでいると、厳しい顔つきをした父と母が現れた。母は縦長の紙バッグを提げている。

　食卓に並んだ料理を見て、母があわてた様子で手伝うと言ったが、祖父は押しとどめた。

「いいんだ。手伝ってもらうほどのこともない。じきに寿司が来るから、まずはあるものをつまんでくれ。広志よ、悪いが、ビールも寿司と一緒だ。飲むのは少し我慢しろ」

「お茶でいいよ。美緒も座れよ」

　母の向かいの席を示され、美緒は祖父と並んで座る。

の経済学」が支配的となるわけです。

バタイユは、労働することなく生活に必要なものが満たされ、そのうえ過剰に消費し得る昔の王侯貴族のような人間を「至高者」と呼びました。未来の世界では、誰もが至高者になれるかもしれません。

パリでバタイユが「普遍経済学」の着想を膨らませているのと同時期に、ドーバー海峡の向こう側では、ケインズが経済学の「一般理論」について思案していました。それらは「供給の過剰」と「需要の不足」をそれぞれ強調しており、裏表の関係にあります。

そのケインズは今から80年ほど前に、１００年後の人間は一日3時間働けば十分になると予言しました。このまま漫然と20年の時が過ぎてもケインズの予言は実現しないでしょう。

しかしながら、ＡＩが高度に発達した未来の世界で＊ＢＩが導入されれば、労働時間の劇的な短縮が可能となります。平均的な市民の労働時間がほとんどゼロになることも考えられます。

このような経済では、賃金によって測られる人間の有用性はさほど問題とはならなくなります。なぜなら、賃金労働に費やす時間は、人間の活動時間のほんの一部を占めるに過ぎなくなるからです。そして、残された余暇時間の多くは未来の利得の獲得のためではなく、現在の時間を楽しむために費やされるでしょう。

ケインズは未来についてこうも言っています。

> われわれはもう一度手段より目的を高く評価し、効用よりも善を選ぶことになる。われわれはこの時間、この一日の高潔でじょうずな過ごし方を教示してくれることができる人、物事のなかに直接のよろこびを見出すことができる人、汗して働くことも紡《つむ》ぐこともしない野の百合のような人を、尊敬するようになる。

「物事のなかに直接のよろこびを見出すこと」とはバタイユのいう至高性に他なりません。ケインズのこの予言が成就する時、有用性の権威は地に堕《お》ちて、至高性が蘇《よみがえ》るでしょう。

（井上智洋『人工知能と経済の未来』による）

〈注〉

隷従…つき従い言いなりになること。

称揚…ほめたたえること。

汎用ＡＩ…人間が行う知的作業のように、様々な状況に対応することのできるソフトウェア。

ＢＩ…ベーシックインカムの略。収入の水準に拠《よ》らずに個人を単位として、全ての人に無条件に最低限の生活費を一律に給付する制度。

問一　――線①の説明として最も適当なものを次の中から選び、記号で答えなさい。

ア　有用性の観点に価値が置かれ、人間の生に不可欠である学術分野がないがしろにされた世界。

イ　人間の尊厳よりも有用性に価値が置かれ、社会に必要であるとみなす仕事が求められる世界。

ウ　人間を含めたあらゆる物事の有用性を重視し、未来の利得を基準にして現在を規定する世界。

エ　有用性を追求するあまりにＡＩやロボットが導入され、人間の自由が奪われてしまった世界。

問二　――線②の□にあてはまるものとして最も適当なものを次の中から選び、記号で答えなさい。

ア　奇蹟的　　イ　現実的

ウ　効果的　　エ　衝撃的

問三　――線③でバタイユは何を言おうとしていますか。最も適当なものを次の中から選び、記号で答えなさい。

ア　生きている今よりも未来に目を向けてばかりいると、人生を楽しむことができなくなってしまう。

イ　社会的に有用であるかどうかばかりに目を向けていては、人生の楽しみを味わうことはできない。

ウ　今まで人間が求めてきた自由や生きがいを否定してしまうと、人間とＡＩとの違いがなくなってしまう。

エ　人の価値は生きていることだけで既に価値があり、社会的にの仕事もまたＡＩなりロボットなりに奪われる可能性があるからです。

要するに、有用性という価値は普遍的なものではなく、波打ち際の砂地に描いた落書きが波に洗われるように、やがては消え去る運命にあるのです。

④ＡＩやロボットの発達は、真に価値あるものを明らかにしてくれます。もし、人間に究極的に価値があるとするならば、人間の生それ自体に価値があるという他ありません。

機械の発達の果てに多くの人間が仕事を失います。役立つことが人間の価値の全てであるならば、ほとんどの人間はいずれ存在価値を失います。したがって、役に立つと否とにかかわらず人間には価値があるとみなすような価値観の転換が必要となってきます。

そもそも、自分が必要とされているか否かで悩むことは近代人特有の病であり、資本主義がもたらした価値転倒の産物です。しかも、価値転倒が起きたことすら意識できないくらいに、私たちは有用性を重んじるような世界に慣れ親しんでしまっています。有用性を極度に重視する近代的な価値観は資本主義の発展とともに育まれてきました。資本主義は、生産物の全てを消費せずにその一部を投資に回して、資本を増大させることによって拡大再生産を行うような経済として考えられます。

より大きな投資は後により大きな利得を生むことから、資本主義は未来のために現在を犠牲にするような心的傾向をもたらし、あらゆる物事を未来の利得のための有用な投資と見なす考えをはびこらせたわけです。

経済学では、「資本」は通常、工場や機械などの生産設備を意味しますが、しばしば知識や技能をもった人間も生産の際に投入される資本として扱われます。後者については特に「人的資本」と呼ばれ、教育は人的資本に対する投資と見なされます。

その観点からすれば、小学校に上がってから退職するまでの人生は、投資期間とその回収期間として位置づけられます。受験勉強のための塾通いは多くの場合まさにこの観点からなされています。子供の時間は未来の富のために捧げられているのです。

資本主義の発達に伴って、学術は真実を探求するもの、あるいは人間を自由にするものとしての価値を失ってきました。「知識は、それ自体だけで善いものとみられず、また一般的にいって、ひろくて情味豊かな人生観を生み出す方法としては考えられず、単なる技術の一要素とみなすようになって来ている」のです。

さらには、将来の富を生む手段としての価値が強調され、そのような価値を持たない学術分野は存亡が危うくなっています。学術的研究が投資物件のように扱われているのが現状です。

【中略】

バタイユは、その著書『呪われた部分』で「普遍経済学」の構想を示しています。それは、必要を満たすために生産するという通常の経済学とは逆に、過剰に生産された財をいかに「蕩尽《とうじん》」（消費）するかについて論じるような経済学です。

別の言い方をすれば、バタイユが「限定経済学」と呼んでいる通常の経済学は「希少性の経済学」であり、普遍経済学は「過剰性の経済学」です。

既に私たちは、過剰に生産された財をいかに蕩尽するかに頭を悩まさなければならないような社会に生きています。供給に対し需要が恒常的に不足したために発生した日本のデフレ不況をバタイユ的問題としてとらえることもできます。

ただ幸か不幸かこの社会には欲しい物を全て手に入れ消費が飽和し切っているお金持ちだけが住んでいる訳ではありません。そのため、依然として貨幣量を増大させ消費需要を喚起するような政策が効果を持っています。

ところが、＊汎用《はんよう》ＡＩが出現した後には爆発的な経済成長が可能となり、途方もなく実り豊かな生産の時代がやってくるでしょう。あらゆる人々が消費に倦《う》み飽きるようになるその時、世界は完全にバタイユのものとなります。「希少性の経済学」が没落し「過剰性

二〇二一年度　国学院大学久我山高等学校

【国語】（五〇分）〈満点：一〇〇点〉

〔注意〕解答の字数は、句読点・符号も一字と数えること。

一　次の文章を読んで、後の各問に答えなさい。

何年も前のことですが、女性向けファッション雑誌『アンアン』を読みながら「有用性」について考えを巡らせたことがあります。「有用性」というのは、20世紀前半のフランスの思想家で小説家のジョルジュ・バタイユが提示した概念で、要するに「役に立つこと」を意味します。バタイユは有用性を批判するような思想を展開しました。

①資本主義に覆われたこの世界に生きる人々は、有用性にとりつかれ、役に立つことばかりを重宝し過ぎる傾向にあります。将来に備えて資格のための勉強をすることは言うまでもなく有用です。ところが、その勉強は未来の利益のために現在を犠牲にする営みであるとも言えます。現在という時が未来に「＊隷従《れいじゅう》」させられているのです。有用な営みに覆われた人生は奴隷的だとバタイユは考えました。

役に立つが故に価値あるものは、役に立たなくなった時点で価値を失うので、その価値は独立的ではありません。会計士の資格は会計ソフトの普及で、運転免許はセルフドライビングカーの普及で、英会話能力は自動通訳機の普及で、有用ではなくなり価値を失うかもしれません。

バタイユは「有用性」に「至高性」を対置させました。「至高性」は、役に立つと否とに関わらず価値のあるものごとを意味します。「至高の瞬間」とは未来に隷属することない、それ自体が満ち足りた気持ちを抱かせるような瞬間です。

至高の瞬間は、労働者が一日の仕事の後に飲む一杯のワインによって与えられることもあれば、「春の朝、貧相な街の通りの光景を不思議に一変させる太陽の燦然《さんぜん》たる輝き」によってもたらされることもあります。

注意してもらいたいのは、バタイユが市場で交換価値を持つものを貶《おとし》めて、そうでないものを＊称揚《しょうよう》しているわけではないということです。②「□な感覚」をもたらす一杯のワインは、スーパーの酒類コーナーで買ってきたものでも構わないのです。購入したものであれ自家製のものであれ、ポリフェノールは体に良いなどと分別臭いことを言って、この上ない陶酔をもたらし得るワインを未来の健康のための手段へと変えてしまうせせこましい思考回路をバタイユは軽蔑しています。

「③こうした人間は詩を知らないし、栄誉を知らない。こうした人間からみると太陽は、カロリー源にすぎない」のです。

さらに私たち近代人は、人間に対してですら有用性の観点でしか眺められなくなり、人間はすべからく社会の役に立つべきだなどという偏狭な考えにとりつかれているように思われます。

現代社会で失業は、人々に対し収入が途絶えるという以上の打撃を与えます。つまり人としての尊厳を奪うわけですが、それは私たちが自らについてその有用性にしか尊厳を見出せない哀れな近代人であることをあらわにしています。みずからを社会に役に立つ道具として従属せしめているのです。

そのことを批判してバタイユはこう言っています。「天の無数の星々は仕事などしない。利用に従属するようなことなど、なにもしない」。

人間の価値は究極的なところ有用性にはありません。人の役に立っているか、社会貢献できているか、お金を稼いでいるか、などといったことは最終的にはどうでも良いことなのです。

経理係を務めているがために価値があると見なされている人間は、情報技術が経理業務の一切を担うようになればその価値を失うことになります。転職して他の仕事に就いたとしても同じことです。そ

英語解答

1 第１部 No.１ 3 No.２ 1
No.３ 3
第２部 No.１ 1 No.２ 3
No.３ 4
第３部 No.１ The speaker likes eating at home better.
No.２ The speaker pays about 25 dollars.
No.３ We can control how much food we eat.
No.４ The last reason is that it is more convenient to eat at home.

2 問１ エ→ア→キ→カ→イ→オ→ウ
問２ エ　問３ (う), (え), (か)
問４ ア
問５ より多くの情報を保存することができ，より少ないエネルギーを使うこと。
問６ 別の作業を行うために，コンピュータが現在取り組んでいる作業が終わるのを待たなければならないこと。
問７ ウ　問８ エ
問９ どのように科学の実験を行うのか，そしてどのように報告書を書くのかについてできるかぎり多くのことを学びなさい。
問10 1 No, we can't.
2 In the 1930s.
3 How to work well with others.
4 Math, computer science, and physics.
問11 １…○ ２…× ３…○ ４…× ５…× ６…○

3 1 earlier 2 makes 3 seen
4 necessary 5 During

4 1 abroad 2 saying
3 taken care of 4 is
5 be held

5 (例) As a high school student, I want to try many things. First, I want to make a lot of friends. Second, I want to study hard, especially English and math, because my future dream is to be an animal doctor. Third, I want to join a tennis club. I'm not good at playing it, but I'll practice it hard to be a better player.

1〔放送問題〕解説省略

2〔長文読解総合―説明文〕

≪全訳≫**1**最初のコンピュータはとても大きく高価だった。しかし，30年もたたないうちにコンピュータの大きさと価格はかなり小さくなった。実際，コンピュータは多くの人にとって家に１台，あるいは複数持てるくらいに安くなった。またコンピュータは人々が持ち歩けるくらいに小さくなった。学生たちはそれを授業に持っていける。ビジネスマンは職場へ出勤するときに持っていける。だがコンピュータは長い時間をかけて単により安く，より小さくなっただけではなかった。より便利にもなったのだ。これはコンピュータのプログラムが改善されたためだ。それはまた，コンピュータの内部で改善されたもののおかげでもある。コンピュータに情報を入力する新しい方法ができた。①マウス，タッチスクリーン，そしてコンピュータ用のペンといった新しい技術は，人々がコンピュータを使って働くことをより容易にした。コンピュータに関するもう1つの大きな変化はインターネットとともにやってきた。今日ではインターネットのないコンピュータは仕事への有用性がずっと下がる。そしてまた，SNSや音声と動画のコンテンツ，情報提供用のあらゆる種類のウェブサイトを楽しむうえでも，有用性はずっと下がる。❷しかし，コンピュータが長年にわたりそうした変化を遂げたにもかかわらず，変わっていないことが1つある。コンピュータはいまだに計算機の脳を持つのだ。それはコンピュータが0と1の連続でしか思考できないということを意味する。コンピュータシーケンス(数字の連続)の一部分はビットと呼ばれる。ビットがともにまとめられて，コンピュータが読み取るデータとなる。プログラムはコンピュータにこのデータをどう使うかを伝える。するとコンピュータは，人々がコンピュータに指示する全てのことができるのだ。今日のコンピュータは確かに多くの驚くべきことができるが，人々はいつももっと多くを求める。そこでコンピュータ科学者たちは量子コンピュータに関心を持っている。実は科学者たちは10年以上前に量子コンピュータを扱い始め，今でもそれを扱っている。ノートパソコンやスマートフォンのように店で売る用意があるとまではいかないが，進歩はしているのだ。❸量子コンピュータは一般のコンピュータとどう違うのだろう。その問いへの答えを理解する最も良い方法は，チューリングマシンをある程度知っておくことだ。チューリングマシンはアラン・チューリングによって1930年代に開発された。これは実在する機械ではない。それはテープを用いた装置に関するチューリングのアイデアだ。それは小さな四角形に分割できる。それぞれの四角形は記号(1が‘真’で0が‘偽’)を持つか，何も書かれていない状態になる。すると読み書き装置はそれらの記号と空白を，あるプログラムを実行するための指示として読み取る。最初のコンピュータはこのような方法で機能し，そしてそれは今でもそうなのだ。今日のコンピュータのデータの読み取り方は変わったが，基本的な考え方は変わっていない。❹では量子チューリングマシンを想像してほしい。この新しい量子の機械において，違いはテープが量子の状態で存在することだ。これは，テープ上の記号が0か1のどちらかのこともあれば，記号が同時に0と1となることもある，という意味だ。それに加えて，記号は事実上0と1の間のどんな点にも，そして全ての点にもなりうるのだ。一般的なコンピュータでは表面に0か1がある1枚のテープはビットと呼ばれることを思い出してほしい。量子の計算処理ではコンピュータは量子ビットを使う。量子ビットは球体のようなものと考えればよい。一般のビットは球体の一番上の極(1)か一番下の極(0)のどちらかに存在することになる。量子ビットは球体上のどの点にもなれる。このおかげで，量子ビットを用いるコンピュータは古典的なコンピュータよりはるかに多くの情報を保持でき，より少ないエネルギーで済ませられるのだ。❺量子コンピュータのもう1つの大きな利点はスピードだ。あなたのコンピュータを思い浮かべてほしい。あなたにとって十分速いだろうか。コンピュータを別の作業に使えるようになるまで，それが何かを終わらせるのを待たなくてはならなかったことはあっただろうか。量子コンピュータにはそのような問題はない。今日のコンピュータは一度に1つの作業のことしか考えられないが，量子コンピュータは一度に100万もの作業について考えられるのだ。❻何年もの間，大学の教授と学生たちは量子コンピュータのプロジェクトに取り組んできた。大企業の中にもそのようなプロジェクトに取り組む部門を持つところがある。実際にDウェーブというカナダの会社がその量子コンピュータプロジェクトでいくつかのとても興味深い結果を報告した。その報告によって，科学者やグーグル，IBM，マイクロソフトといった企業が量子コンピュータにいっそう興味を持つようになった。政府もまた量子コンピュータの研究にお金を使っている。そのため，近い将来には若者たちが量子コンピュータ科学者として働く機会がたくさんできるだろう。❼最近では，量子科学者は博士号を取得する必要がある。しかしそれは将来変わるかもしれない。なぜなら量子研究の進歩は，私たちが量子物理学をより明確に理解するのに役立つからだ。その頃には量子物理学を学ぶことはもっと容易になっていて，この種の仕事をより多くの人々にもたらすだろう。❽量子科学者は１人で働くわけではない。彼らはたいてい，エンジニアや数学者，他の物理学者たちとチームで働く。さらには量子物理学を学ぶ大学生たちとチームを組んで働くこともあるだろう。だから量子科学者は他人とうまく働く方法を知っておくとよい。❾量子科学者はコミュニケーションが上手であることが必要だ。彼らは一緒に働く人たちに自分の研究を説明できる必要がある。ときには物理学や数学をあまり知らない人，あるいは全く知らない人たちに自分の研究を説明する必要さえあるのだ。量子科学者は自分の研究について語るだけでなく，それについて書かなくてはいけない。彼らは研究を記録する必要があるのだ。それらの記録の多くは数値かもしれないが，一部の記録にはメモや文書が含まれるだろう。量子科学者はその研究での発見を説明する報告書も書かなくてはならない。そうすればその報告書を企業の人々や他の研究者たちと共有できる。❿量子コンピュータ科学者の就業機会は，実際に動く量子コンピュータができた後もなくならないだろう。以前のコンピュータが過去に改良されたように，これらの新しいコンピュータを改良する機会が依然としてあるだろう。量子コンピュータ科学者たちは新しいコンピュータの設計をより簡単にするために必要とされるだろう。彼らはコンピュータをより適切に機能させ，より信頼性の高いものにする方法を見つける必要がある。もし量子コンピュータの分野が聞いていておもしろそうだと思えるなら，今すぐ準備をすることだ。どのように科学の実験を行うのか，そしてどのように報告書を書くのかについてできるだけ多くのことを学んでほしい。そしてできれば数学とコンピュータ科学，物理学の授業を受けるとよい。量子コンピュータはまもなく登場するだろう。あなたはこのわくわくするような未来の新しい分野に参加したいだろうか。

問１＜整序結合＞文中の like は動詞ではなく「～のような」の意味の前置詞。Developments から pen までがひとまとまりの名詞句で，これを文の主語と考える。与えられた語群から‘make＋目的語＋形容詞’「～を…(の状態)にする」の形と，for ～ が to不定詞の意味上の主語となる‘for ～ to …’の形が想定できる。この２つを組み合わせて‘make it＋形容詞＋for ～ to …’「～が…するのを―にする」の形にまとめる。it を，for 以下を受ける形式目的語として使えるかが問われている。

問２＜適語(句)選択＞前段落の後半は入力機器の発達やインターネットの利用といったコンピュータの変化を述べているのに対して，空所の後は，変わらないものが１つあるという，相反する内容になっている。

問３＜要旨把握＞(あ)・(い)同段落最後の２文から今日のコンピュータの基本的な考え方とわかる。
(う)同じ文中の This は，前文のテープが量子状態にあるという量子コンピュータの特徴を指す。
(え) On top of that「それに加えて」とあるから，(う)に続いて量子コンピュータの特徴を述べたものである。　(お) regular bit は３文前の regular computer「一般のコンピュータ」で使われるビットである。　(か) ３文前から，qubit は量子コンピュータで使われるとわかる。

問4＜英文解釈＞下線部③の主語itは直前の「最初のコンピュータはこのような方法で機能した」という内容を受けている。その方法はその前の2文で具体的に説明されていて，その内容に一致するのはアである。

問5＜要旨把握＞スピードはanother「もう1つの」利点だから，最初の利点はこれより前に記されている。前の段落の最終文の内容が最初の利点になっているのでこの内容をまとめる。

問6＜語句解釈＞直前の2文で読者に問いかけている，現在のコンピュータの速度の問題がthat problemの内容である。遅い状況を詳しく述べている2文目の内容をまとめるとよい。

問7＜適語選択＞interestedは「(人が)(物事に)興味を持った」，interestingは「(物事が)(人にとって)興味深い」の意味。⑥は，科学者や企業が量子コンピュータに興味を持つのだから前者が(‘make＋目的語＋形容詞’「～を…(の状態)にする」の形)，⑧は量子コンピュータが読者にとって興味深いのだから後者が入る(‘sound＋形容詞’「～のように思える，聞こえる」の形)。

問8＜適語句選択＞続く3文から，量子科学者には話すことと書くことの両面にわたる説明能力が必要だとわかる。これに合致するのは，エ.「コミュニケーションが上手な人」。

問9＜英文和訳＞as ～ as you can〔possible〕は「できるだけ～」。またhow以下は‘疑問詞＋主語＋動詞…’の形の間接疑問で，how science experiments are doneとhow reports are writtenが接続詞andで結ばれている。　experiment「実験」

問10＜英問英答＞1.「私たちは量子コンピュータをノートパソコンやスマートフォンのように買えるか」―「いや，買えない」　第2段落最終文参照。　2.「アラン・チューリングがチューリングマシンを開発したのはいつか」―「1930年代」　第3段落第3文参照。　3.「量子科学者が知るべきことは何か」―「他人と一緒にうまく働く方法」　第8段落最終文参照。　4.「量子コンピュータ科学者になるためにどの教科を取るべきか」―「数学，コンピュータ科学，物理学」　第10段落最後から3文目参照。

問11＜内容真偽＞1.「最初のコンピュータの大きさは人々がそれを持ち歩くことを妨げた」…○　第1段落前半に一致する。持ち歩けるようになったのは最近のこと。　2.「コンピュータによってなされる多くの驚くべきことのおかげで，人々はそれを進歩させたいと思ったことはない」…×　第2段落最後から4文目参照。人々はもっと多くを求める。　3.「アラン・チューリングの考えは最初のコンピュータに影響した」…○　第3段落に一致する。　4.「政府は量子コンピュータの研究に関係ない」…×　第6段落最後から2文目参照。お金を投じている。　5.「現実に動く量子コンピュータがつくられた後は，量子コンピュータ科学者には就業機会は全くないと筆者は考えている」…×　第10段落第1文参照。　disappear「なくなる，消滅する」　6.「筆者は量子コンピュータの研究について楽観的な考え方をしている」…○　第10段落後半に一致する。量子コンピュータの分野に入るよう勧めている。

3〔書き換え―適語補充〕

1．上は「タケダさんはいつも職場に8時30分に着くが，今日は8時55分に着いた」という文。下の文にはthanがあるので比較級を用いて「タケダさんはいつもは今日より25分早く職場に着く」とする。　early－earlier－earliest

2．上は「タケシが私にほほ笑むとき，私は幸せだ」という文。これを「タケシのほほ笑みは私を幸せにする」と読み換え，'make＋目的語＋形容詞'「〜を…(の状態)にする」の形にする。

3．上は「僕がおじに最後に会ってから3年たつ」という現在完了の文('継続'用法)。これを「僕はおじに3年会っていない」と読み換え，現在完了の'have/has＋not＋過去分詞...＋for＋期間'「〜の間…していない」の形にする('継続'用法)。 see－saw－seen

4．上はneed to 〜「〜する必要がある」を用いた文。これを'It is 〜 to …'「…することは〜だ」の形式主語構文で書き換える。「必要な」を表す形容詞はnecessary。スペリングに注意。 「高校生になったら英語をもっと一生懸命勉強する必要がある」

5．上は'While＋主語＋動詞...'「〜が…している間」の形の副詞節を使った「私はロンドンにいる間に，バッキンガム宮殿に行った」という文。これを'during＋名詞'「〜の間に」の形で書き換え，「私はロンドン滞在中にバッキンガム宮殿に行った」という文にする。

4〔誤文訂正〕

1．abroadは「外国へ，外国に」という副詞なので，「〜へ」を表す前置詞toは不要。 「外国に行ったときは，財布やパスポートのような身の回りの物を注意して見ておくべきだ」

2．without「〜なしに」は前置詞なので，動詞を続ける場合は「〜すること」を表す動名詞(〜ing)にする。 「オーケストラがベートーベンの交響曲第9番を演奏し始めたとき，ほとんどの観客は何も言わずにそこに座っていた」

3．take care of 〜「〜の世話をする」の受け身形はbe taken care ofとなる。このように動詞句の受け身形は，過去分詞の後ろにその動詞句を構成する語(句)をそのままの順で置き，その後に「〜によって」のbyを置く。 「両親が中国に出張している間，兄〔弟〕と私は祖父母に面倒をみてもらうだろう」

4．主語はTaking photos of trainsという動名詞句で，これは3人称単数扱い。よってbe動詞はisになる。 「電車の写真を撮ることは日本のあらゆる年齢層の人々の間で最も人気のある趣味の1つだ」

5．'expect＋目的語＋to不定詞'「…が〜すると思う」の形では'目的語'と'to不定詞'は主語と述語の関係になる。よってthe Games(＝東京オリンピック)は「開催される」という受け身形のbe heldとなる。 hold－held－held 「私は東京オリンピックが昨年開催されないと聞いてがっかりしたが，今では2021年に開催されると期待している」

5〔テーマ作文〕

比較的書きやすいテーマであり，与えられた語を参考にすればうまくまとまるだろう。自分のやりたいことをclub「クラブ」，school event「学校行事」，study「勉強」などについて具体的に挙げる。その際because「なぜなら」やin order to 〜「〜するために」で理由や目標も示すとよい。自分の未来のことを書く文章なので助動詞willなどを忘れないよう注意する。またif「もし」を使えば「もし高校で〜すれば将来…できる」という展望を伝えられる。さらにenjoy「〜を楽しむ」のような積極的な表現を使うと印象も良くなるだろう。

2021年度／国学院大学久我山高等学校

数学解答

1 (1) 2　(2) $\frac{5x-6}{3}$　(3) $3x^2$
(4) $-\sqrt{2}$　(5) $(x+2y+2)(x+2y-8)$
(6) 15　(7) 4　(8) $\frac{5}{6}$
(9) 49：15　(10) 26

2 (1) 9　(2) 5
(3) ① 3：1　② $\frac{5}{2}m+\frac{3}{4}m^2$

3 (1) ア…1000　イ…10
ウ…$333a+3b+135$　エ…30
(2) オ…$34a+14$　カ…2436
(3) 9個

4 (1) 1　(2) $y=2x+3$
(3) ① 3：2　② $y=\frac{13}{4}x+\frac{17}{4}$

1〔独立小問集合題〕

(1)<数の計算>与式$=2-\frac{2\times2^2}{2\times2}+2=2-2+2=2$

(2)<式の計算>与式$=\frac{2x-7-2(2x+1)+3(4x-1)}{6}=\frac{2x-7-4x-2+12x-3}{6}=\frac{10x-12}{6}=\frac{5x-6}{3}$

(3)<式の計算>与式$=-2x^2y\times9x^4y^2\div(-6x^4y^3)=\frac{2x^2y\times9x^4y^2}{6x^4y^3}=3x^2$

(4)<平方根の計算>与式$=(\sqrt{2^2\times6}-2\sqrt{3})\div\sqrt{6}+\sqrt{2}(\sqrt{3^2\times2}-\sqrt{4^2\times2})=(2\sqrt{6}-2\sqrt{3})\div\sqrt{6}+\sqrt{2}(3\sqrt{2}-4\sqrt{2})=\frac{2\sqrt{6}}{\sqrt{6}}-\frac{2\sqrt{3}}{\sqrt{6}}+\sqrt{2}\times(-\sqrt{2})=2-\frac{2}{\sqrt{2}}-2=-\frac{2}{\sqrt{2}}=-\frac{2\times\sqrt{2}}{\sqrt{2}\times\sqrt{2}}=-\frac{2\sqrt{2}}{2}=-\sqrt{2}$

(5)<因数分解>$x+2y=A$とおくと，与式$=A(A-6)-16=A^2-6A-16=(A+2)(A-8)$となる。$A$をもとに戻して，与式$=(x+2y+2)(x+2y-8)$である。

(6)<二次方程式の応用>原価3600円の商品にx%の利益を見込んでつけた定価は$3600\times\left(1+\frac{x}{100}\right)=3600\left(1+\frac{x}{100}\right)$(円)，この$x$%引きは$3600\left(1+\frac{x}{100}\right)\times\left(1-\frac{x}{100}\right)=3600\left(1+\frac{x}{100}\right)\left(1-\frac{x}{100}\right)$(円)となる。これが3519円だから，$3600\left(1+\frac{x}{100}\right)\left(1-\frac{x}{100}\right)=3519$が成り立つ。これを解くと，$1-\left(\frac{x}{100}\right)^2=\frac{3519}{3600}$，$\left(\frac{x}{100}\right)^2=\frac{81}{3600}$，$\frac{x}{100}=\pm\frac{9}{60}$，$\frac{x}{100}=\pm\frac{3}{20}$，$x=\pm15$となる。よって，$x>0$だから，$x=15$である。

(7)<関数—変域>xの変域が$-2\leqq x\leqq5$のとき，yの変域が$\frac{5}{2}\leqq y\leqq6$なので，$y=ax+b$のグラフは，$a>0$のとき右図1の㋐，$a<0$のとき図1の㋑のようになり，どちらの場合も切片bの値は正の数である。これより，$ab<0$のとき，$a<0$となるので，グラフは㋑となる。よって，この直線は2点$(-2,\ 6)$，$\left(5,\ \frac{5}{2}\right)$を通るから，傾きは，$a=\left(\frac{5}{2}-6\right)\div\{5-(-2)\}=-\frac{1}{2}$であり，その式は$y=-\frac{1}{2}x+b$である。これに，$x=-2$，$y=6$を代入して，$6=-\frac{1}{2}\times(-2)+b$より，$b=5$となる。したがって，$2a+b=2\times\left(-\frac{1}{2}\right)+5=4$である。

図1

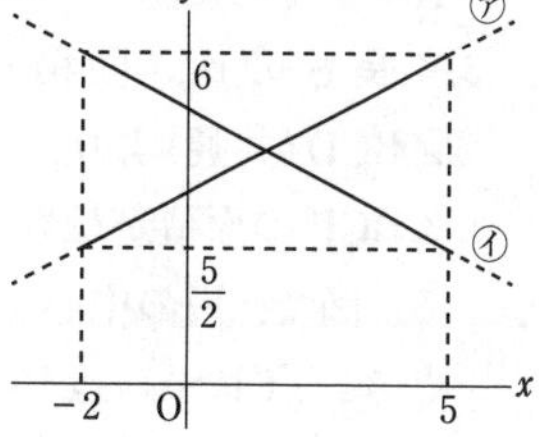

(8)<確率—さいころ>2回のさいころの目の出方は全部で$6\times6=36$(通り)ある。この36通りのうち，$\sqrt{\frac{b}{2a}}$が有理数になる場合の数を求める。$\sqrt{\frac{b}{2a}}$が有理数になるのは，$\frac{b}{2a}$がある数の2乗の数になる

ときで，a，bはともに1～6の整数で，$2a=2$，4，6，8，10，12だから，$\frac{b}{2a}=\frac{1}{4}$，1となる場合である。$\frac{b}{2a}=\frac{1}{4}$となる場合，a，bの組は$(a,\ b)=(2,\ 1)$，$(4,\ 2)$，$(6,\ 3)$の3通りあり，$\frac{b}{2a}=1$となる場合，a，bの組は$(a,\ b)=(1,\ 2)$，$(2,\ 4)$，$(3,\ 6)$の3通りある。よって，有理数になる場合の数は，$3+3=6$(通り)あるから，無理数になる場合の数は，$36-6=30$(通り)ある。したがって，求める確率は$\frac{30}{36}=\frac{5}{6}$となる。

(9)＜図形—長さの比＞右図2のように，直線EGと直線BCの交点をHとすると，ED∥CHより，△DEG∽△CHGだから，ED：HC＝DG：CG＝$\frac{5}{2}$：$\frac{3}{2}$＝5：3となり，HC＝$\frac{3}{5}$ED＝$\frac{3}{5}\times3=\frac{9}{5}$である。また，BH∥EDより，△FBH∽△FDEだから，BF：DF＝BH：DEとなる。よって，BC＝AD＝AE＋ED＝5＋3＝8より，BH＝BC＋CH＝$8+\frac{9}{5}=\frac{49}{5}$となるから，BF：FD＝$\frac{49}{5}$：3＝49：15である。

図2

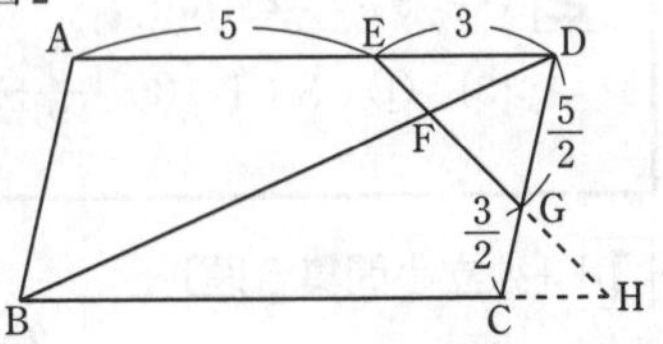

(10)＜図形—辺，面，頂点＞正八面体の8つの面は正三角形で，1本の辺を2つの面が共有し，1つの頂点を4つの面が共有しているから，辺の数は$3\times8\div2=12$，頂点の数は$3\times8\div4=6$である。よって，$a=12$，$b=8$，$c=6$だから，$a+b+c=12+8+6=26$となる。

2〔平面図形—直角三角形，円〕

≪基本方針の決定≫(1)　相似な三角形の組を見つける。　(2)　半円の弧に対する円周角は90°である。　(3)②　点Pから辺BCに引いた垂線が最も長くなるときを考える。

(1)＜長さ—相似＞右図の△ADBと△BDCにおいて，∠ADB＝∠BDC＝90°，また，∠DAB＝180°－∠ADB－∠ABD＝180°－90°－∠ABD＝90°－∠ABD，∠DBC＝∠ABC－∠ABD＝90°－∠ABDより，∠DAB＝∠DBCとなる。よって，2組の角がそれぞれ等しいので，△ADB∽△BDCとなり，AD：BD＝DB：DCより，AD：3＝3：1が成り立つ。これを解くと，AD×1＝3×3より，AD＝9となる。

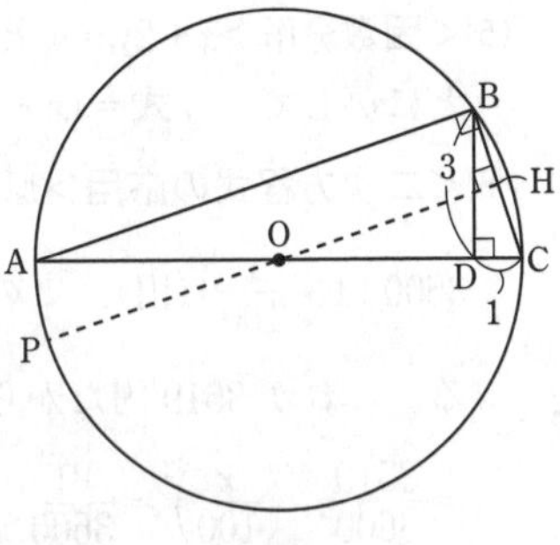

(2)＜長さ—円周角＞右図で，∠ABC＝90°より，線分ACは，3点A，B，Cを通る円の直径となる。よって，(1)より，AC＝AD＋DC＝9＋1＝10だから，半径は$\frac{1}{2}$AC＝$\frac{1}{2}\times10=5$である。

(3)＜長さの比，面積—相似＞①右上図の△ABCと△BDCで，∠ABC＝∠BDC＝90°，∠ACB＝∠BCD(共通)より，△ABC∽△BDCとなる。よって，AB：BC＝BD：DC＝3：1である。　②△BCPの面積が最も大きくなるのは，点Pから直線BCに引いた垂線PHが最も長くなるときである。図で，円の中心をOとし，点Pから辺BCに引いた垂線PHが中心Oを通る位置に点Pがあるとき，点Pから辺BCに引いた垂線PHが最も長くなる。①より，AB＝3BC＝$3m$である。また，∠OHC＝∠ABC＝90°より，OH∥ABなので，OH：AB＝OC：AC＝1：2より，OH＝$\frac{1}{2}$AB＝$\frac{1}{2}\times3m=\frac{3}{2}m$となる。よって，PH＝PO＋OH＝$5+\frac{3}{2}m$だから，△BCP＝$\frac{1}{2}\times m\times\left(5+\frac{3}{2}m\right)=\frac{5}{2}m+\frac{3}{4}m^2$となる。

3〔数と式—数の性質〕

(1)＜3でわり切れる数の個数＞4けたの自然数Nは，$N=1000\times a+100\times4+10\times b+6=\underline{1000}_{\text{ア}}\times a+$

10イ $\times b+406$ と表すことができる。これを変形すると，$N=(999+1)\times a+(9+1)\times b+406=999a+a+9b+b+405+1=3\times333a+3\times3b+3\times135+a+b+1=3\times$ ($333a+3b+135$ ウ) $+a+b+1$ となる。これより，N が3でわり切れるのは，$a+b+1$ が3の倍数のときである。a は1以上9以下の整数，b は0以上9以下の整数なので，$2\leqq a+b+1\leqq19$ であり，$a+b+1=3,\ 6,\ 9,\ 12,\ 15,\ 18$ が考えられる。$a+b+1=3$ のとき，$(a,\ b)=(1,\ 1),\ (2,\ 0)$ の2通りあり，$a+b+1=6$ のとき，$(a,\ b)=(1,\ 4),\ (2,\ 3),\ (3,\ 2),\ (4,\ 1),\ (5,\ 0)$ の5通り，$a+b+1=9$ のとき，$(a,\ b)=(1,\ 7),\ (2,\ 6),\ (3,\ 5),\ (4,\ 4),\ (5,\ 3),\ (6,\ 2),\ (7,\ 1),\ (8,\ 0)$ の8通り，$a+b+1=12$ のとき，$(a,\ b)=(2,\ 9),\ (3,\ 8),\ (4,\ 7),\ (5,\ 6),\ (6,\ 5),\ (7,\ 4),\ (8,\ 3),\ (9,\ 2)$ の8通り，$a+b+1=15$ のとき，$(a,\ b)=(5,\ 9),\ (6,\ 8),\ (7,\ 7),\ (8,\ 6),\ (9,\ 5)$ の5通り，$a+b+1=18$ のとき，$(a,\ b)=(8,\ 9),\ (9,\ 8)$ の2通りあるから，全部で $2+5+8+8+5+2=30$(通り)あるから，N は 30エ 個ある。

(2)<29でわり切れる最小の数>$1000\div29=34$ あまり14，$406\div29=14$ だから，$N=(29\times34+14)\times a+10\times b+29\times14=29\times34\times a+14\times a+10\times b+29\times14=29\times34\times a+29\times14+14\times a+10\times b=29\times$ ($34a+14$ オ) $+14\times a+10\times b$ と表すことができ，N が29でわり切れるのは，$14\times a+10\times b$ が29の倍数29，58，87，116，……のときである。$a=1$ の場合，$b=0,\ 1,\ 2,\ 3,\ 4,\ 5,\ 6,\ 7,\ 8,\ 9$ のときの $14\times a+10\times b$ の値はそれぞれ14，24，34，44，54，64，74，84，94，104となり，この中に29の倍数はない。$a=2$ の場合，$b=0,\ 1,\ 2,\ 3,$ ……のときの $14\times a+10\times b$ の値はそれぞれ28，38，48，58，……となり，58は29の倍数だから，N が29でわり切れる最小の数となるのは，$a=2,\ b=3$ のときであり，求める数は 2436カ となる。

(3)<125でわった余りが最大となる数>$1000\div125=8$，$406\div125=3$ あまり31より，$N=125\times8\times a+10\times b+125\times3+31=125\times(8a+3)+10\times b+31$ と表すことができ，N を125でわった余りは $10\times b+31$ を125でわった余りと等しくなる。$10\times b+31$ の値は，$b=0,\ 1,\ 2,\ 3,\ 4,\ 5,\ 6,\ 7,\ 8,\ 9$ のとき，それぞれ31，41，51，61，71，81，91，101，111，121となるので，N を125でわった余りとして最も大きい数は121であり，このとき，$b=9$ である。よって，a の値は1〜9の9通りあるから，自然数 N は全部で9個ある。

4 〔関数—関数 $y=ax^2$ と直線〕

≪基本方針の決定≫(3)② AB>PQより，点Pを通り，四角形APQBの面積を2等分する直線は，辺ABと交わる。

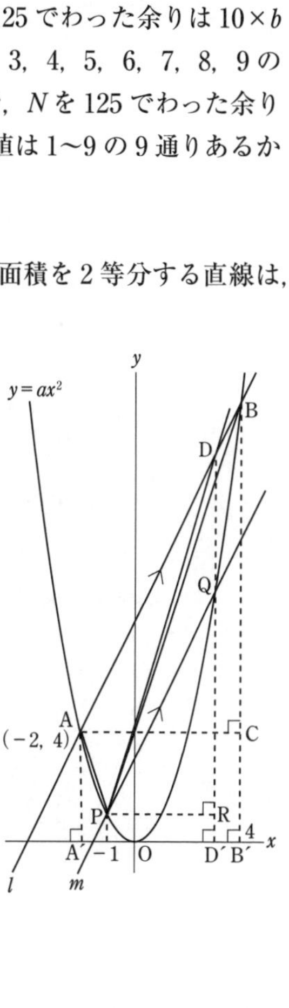

(1)<比例定数>右図で，A$(-2,\ 4)$ は放物線 $y=ax^2$ 上の点だから，$4=a\times(-2)^2$ より，$a=1$ となる。

(2)<直線の式>(1)より，点B，Pは放物線 $y=x^2$ 上にあり，x 座標はそれぞれ4，−1だから，$y=4^2=16$，$y=(-1)^2=1$ より，B$(4,\ 16)$，P$(-1,\ 1)$ である。よって，直線 l の傾きは $\dfrac{16-4}{4-(-2)}=2$ となり，直線 m の傾きも2だから，その式は $y=2x+b$ とおける。これが点Pを通るから，$1=2\times(-1)+b$，$b=3$ となる。したがって，直線 m の式は $y=2x+3$ である。

(3)<長さの比，直線の式>①点Qは放物線 $y=x^2$ と直線 $y=2x+3$ の交点である。2式から y を消去して，$x^2=2x+3$ より，$x^2-2x-3=0$，$(x+1)(x-3)=0$ $\therefore x=-1,\ 3$ よって，点Qの x 座標は3である。右図で，点A，Pを通り x 軸に平行な直線と，点B，Qを通り y 軸に平行な直線を引き，△ABC，△PQRをつくると，AB∥PQより，△ABC∽△PQRとなるから，AB：PQ＝AC：PRとなる。2点A，Bの x 座標より，AC＝4

$-(-2)=6$，2点P，Qのx座標より，$PR=3-(-1)=4$だから，AB：PQ=6：4=3：2である。
②点Pを通り，四角形APQBの面積を2等分する直線と辺ABの交点をDとする。AB∥PQより，△ABPと△PBQは底辺をそれぞれ辺AB，PQと見たときの高さが等しいから，△ABP：△PBQ=AB：PQ=3：2である。よって，△PBQ=Sとおくと，△ABP=$\frac{3}{2}S$，〔四角形APQB〕=△ABP+△PBQ=$\frac{3}{2}S+S=\frac{5}{2}S$，△APD=$\frac{1}{2}$〔四角形APQB〕=$\frac{1}{2}\times\frac{5}{2}S=\frac{5}{4}S$となり，AD：AB=△APD：△ABP=$\frac{5}{4}S:\frac{3}{2}S=5:6$となる。よって，点A，D，Bから$x$軸に垂線AA′，DD′，BB′を引くと，A′D′：A′B′=AD：AB=5：6となるので，A′D′=$\frac{5}{6}$A′B′=$\frac{5}{6}\times\{4-(-2)\}=5$より，点D′の$x$座標は$-2+5=3$であり，点Dの$x$座標も3となる。(2)より，直線$l$の式は$y=2x+c$とおけ，A$(-2,\ 4)$を通るから，$4=2\times(-2)+c$より，$c=8$となり，直線$l$の式は$y=2x+8$である。これに点Dの$x$座標3を代入して，$y=2\times3+8=14$より，D$(3,\ 14)$である。したがって，直線PDの傾きは$\frac{14-1}{3-(-1)}=\frac{13}{4}$であり，その式を$y=\frac{13}{4}x+d$とおくと，P$(-1,\ 1)$を通るから，$1=\frac{13}{4}\times(-1)+d$より，$d=\frac{17}{4}$となり，求める直線の式は$y=\frac{13}{4}x+\frac{17}{4}$である。

2021年度／国学院大学久我山高等学校

国語解答

一　問一　ウ　問二　ア　問三　イ
問四　エ
問五　AI と BI が導入されることで，資本主義によって有用性にとらわれた人々の価値観を転換し，人としてあることの至高性を取り戻すこととなる。(66字)

二　問一　ア　問二　ア　問三　宝物
問四　私がきらい
問五　美緒の気持ちを理解しようとして，対立しがちな妻と父の間を取り持とうとしている。(39字)

三　問一　イ　問二　イ
問三　桜の花ははかなく散る［もの。］
問四　エ

四　問一　1　振幅　2　脈絡　3　誇張
4　蓄積　5　膨大　6　停泊
7　繰
問二　1　途　2　機　3　息

一〔論説文の読解―哲学的分野―人生〕出典；井上智洋『人工知能と経済の未来　2030年雇用大崩壊』。

≪本文の概要≫資本主義が発展した現代において，人々はどのように生きるべきなのか。バタイユは，近代人の生き方に関する二つの概念を提示している。それは「有用性」と「至高性」である。有用性は，何かの役に立つことを目的とする考えである一方，至高性は，役に立つかどうかに関係なく，自らが満ち足りた気持ちを抱くことを追求する考えである。現代人は，他人や社会の役に立つための生き方にとらわれているが，そもそも人間の価値は，有用性にあるわけではない。労働に生きる意味を見つけても，人工知能の発達やベーシックインカムの導入により，多くの職業が不要になったり，労働時間が激減したりするだろう。その場合，有用性を重視する人生は，意味を失ってしまうのである。人々は今後，目の前にあるさまざまな物事に喜びや満足を見つけ，自らの幸福を感じることを目指す至高性に基づいた人生を送るべきなのである。

問一＜文章内容＞資本主義の発展により，「あらゆる物事を未来の利得のための有用な投資」として扱う価値観が，現代社会に浸透している。そのため現代の人々は，将来役に立つかどうかという「有用性」の観点にとらわれた，「未来の利益のために現在を犠牲にする」人生選択をするようになってしまった。

問二＜表現＞バタイユの提示した「至高性」の概念は，将来の役に立つかどうかは関係なく，目の前にある物事に価値を見出し，喜びや幸福を感じることを重視する考えである。「一杯のワイン」がたとえ高級なものではないとしても，仕事の後の疲れを癒やしてくれる格別な味に感じられるならば，それは普通ではない至福の一杯になり得るのである。

問三＜文章内容＞「有用性」の観点にとらわれた人間は，ワインを健康のための手段とするように，役に立つかどうかという基準であらゆる物事をとらえてしまう。そのため，「それ自体が満ち足りた気持ちを抱かせる」物事の側面に目を向けることができないのである。

問四＜文章内容＞AI やロボットの発達により，将来的に人間の職業はなくなるかもしれない。そうなれば，社会の役に立つかどうかという「有用性」の観点からは，人間の価値を説明できなくなる。人間の価値は「人間の生それ自体」にあるという「価値観の転換」が起こってくるのである。

問五＜要旨＞資本主義の発展した現代社会に生きる人々は，将来の利得を生み出すことにとらわれ，何かの役に立つかどうかという「有用性」の観点で物事をとらえがちである。しかし，AI の発達や BI の導入により，「有用性」に価値を求めるあり方は疑わしくなり，「価値観の転換が必要」となってくる。そのため今後は，目の前の物事そのものが持つすばらしさを見出し，喜びや満足感を抱くことを重視する「至高性」の観点で人生を送ることが，重要になるはずである。

二〔小説の読解〕出典；伊吹有喜『雲を紡ぐ』。

問一＜文章内容＞母は，美緒が不登校のまま現実と向き合わず，何の目的もなく盛岡の祖父の家に逃げ込んだままでは，留年してしまうのではないかと心配していた。

問二＜心情＞母はショールを返そうとしたが，美緒は，その行為を「勝手」であると責め，ショールを受け取らなかった。母は，反抗する美緒の態度にいらだちを覚え，強引にショールを押しつけようとしたのである。

問三＜文章内容＞美緒は，祖父母から贈られて宝物のように大切にしていたショールを，母が親の身勝手な判断で取り上げようとしたことに怒りを覚えた。美緒は，以前から自分が大切にしているものを母が取り上げることに，不満と反発を抱いてきたと考えられる。

問四＜文章内容＞怒り狂う母は，泣いている美緒に向かって「そういうところがきらい」と言い放った。美緒は，母が以前から自分を嫌っていたのだと感じ，ショックを受けた。

問五＜文章内容＞父は，美緒の将来について対立している祖父，妻の真紀，美緒自身の三者の間を仲立ちしつつ，いずれの立場にも理解を示そうと努めている。

三〔古文の読解―説話〕出典；『宇治拾遺物語』巻第一ノ十三。

≪現代語訳≫これも今では昔のことだが，田舎の子どもが，(仏道修行のために)比叡山へ登っていたが，桜が見事に咲いていたところに風が激しく吹いたのを見て，この子どもがさめざめと泣いたのを，(僧が)見て，(その)僧が，そっとそばに寄って，「なぜ，このように泣きなさるのか。この花が散るのを惜しいと思いなさるのか。桜は，はかないもので，このようにすぐに散ってしまうものです。けれども，そういうものなのです」と慰めたところ，(子どもは)「桜が散るのは，しいてどうにもなりません。(だから散っても)苦しくはないのです。私の父がつくった麦が，花が散って実を結ばないのではないか，と思うのが，つらいのです」と言って，しゃくりあげて，おいおいと泣いたというのだが，興ざめであるよ。

問一＜古文の内容理解＞子どもは，見事に咲いている桜に風が吹きつけている光景を目にして，「さめざめと泣き」はじめた。その様子を見て，僧は，子どものそばに寄って声をかけた。

問二＜古文の内容理解＞子どもは，桜に風が激しく吹きつけるのを見て泣いていた。その様子から，僧は，泣いているのは桜の散ってしまうことを惜しんでいるからに違いないと推測した。

問三＜古文の内容理解＞桜はいくら見事に咲いていても，風に吹かれればすぐに散ってしまう。しかし，桜とは「はかなきもの」で，そのはかなさに魅力があるのだから，散ることを惜しく思ったとしても，泣くことはないのだと，僧は，子どもに伝えようとしたのである。

問四＜古文の内容理解＞子どもは，桜がはかなく散ることを惜しんで泣いているのではなく，桜の花が散る様子を見て，故郷の父がつくる麦の花が散ることを連想し，麦の収穫量が落ちるのではないかと不安になって泣いていたのである。

四〔国語の知識〕

問一＜漢字＞１．振動の大きさを表す値のこと。　２．つながった筋道のこと。　３．大げさに表現すること。　４．たくさん蓄えていくこと。　５．非常に多量であること。　６．船がいかりを下ろしてとまること。　７．予定されていた日時などを早める，という意味。

問二＜四字熟語＞１．「前途有望」は，将来に成功する可能性を秘めていること。　２．「臨機応変」は，状況に応じた行動をすること。　３．「無病息災」は，全く病気にかかることなく健康であること。

Memo

Memo

2020年度 国学院大学久我山高等学校

【英　語】（50分）〈満点：100点〉

1 リスニングテスト

第１部

No. 1　1. He saw it in the newspaper.
　　　2. He also got a prize at the contest.
　　　3. He heard it from her mother.
　　　4. Their teacher told him about it.

No. 2　1. Because she was late for school again.
　　　2. Because she didn't do her homework.
　　　3. Because she didn't do the thing he asked her to do.
　　　4. Because she didn't wash the dishes after dinner.

No. 3　1. See the World Cup.
　　　2. Come to Japan.
　　　3. Meet her friend.
　　　4. Stay here for a while.

第２部

No. 1　1. Study overseas.
　　　2. Make a baseball team.
　　　3. Become a baseball coach.
　　　4. Follow the school rules.

No. 2　1. Because they are cheap.
　　　2. Because they do not bark or run in the house.
　　　3. Because some actors and singers like cats.
　　　4. Because photos of cats have become popular.

No. 3　1. By opening a new restaurant.
　　　2. By putting some posters up around the city.
　　　3. By giving out special offers.
　　　4. By adding a new menu.

第３部

No. 1　Why was Satoshi worried about his homestay?

No. 2　In the morning, what was difficult for Satoshi to do during his homestay?

No. 3　How did Satoshi's host family help him when he practiced English?

No. 4　How many sightseeing spots did Satoshi visit?

※＜**リスニングテスト放送原稿**＞は英語の問題の終わりに付けてあります。

2 以下のオランウータンに関する文章を読み，あとの設問に答えなさい。

1 Orangutans are among the most highly developed *primates *in existence. These unusual animals come from the Southeast Asian countries of Indonesia and Malaysia. They are (①) like humans (②) the word ‘orangutan’ actually means ‘person of the forest’ in the Malay language. They Malay *definition is a good one because orangutans are very similar to people in many ways. Orangutans even have the ability to communicate through language, just as humans do. At the National Zoo in Washington, D.C., two orangutans (③) Inda and Azie are showing the world how well primates can communicate (④) language.

2 Rob Shumaker is the *coordinator of the Orangutan Language Project at the zoo. The purpose of the project is to study the orangutans’ minds and discover more about how they think. Shumaker talks about the project and about how much he cares for the orangutans which he works with. “We are really adding to what we understand about orangutan *mental ability,” he says. He then adds, “I also think that we’re doing something very, very good for these individual orangutans.” When he talks about them, Shumaker *obviously has a lot of respect for these animals.

3 Shumaker believes that orangutans and other *apes *in captivity need to have a very interesting *physical and mental environment. It can *stimulate them and keep them happy. To do this, the National Zoo allows its orangutans to move around freely and gives them choices on where they want to go. Even *participating in Shumaker’s language program is *voluntary for them. Shumaker explains that having choices is very important to these intelligent animals. He says : “It gives the orangutans some choice and some responsibility about what they do day to day. And I think that’s *incredibly important for a species that has this much mental activity.”

4 So how does the National Zoo’s language program *function ? Basically, Shumaker works daily with the orangutans in the program to develop their language skills. Today, he’s working at a computer with Inda, a 20-year-old *female orangutan. As Inda sits near the screen, she touches certain objects or symbols on it from time to time. “She’s just naming the object,” Shumaker explains. When Inda *identifies objects correctly, she receives a *reward. Through this process, Inda is learning a vocabulary of symbols that she connects with objects, such as bananas, apples, and cups. Every day, visitors watch as Shumaker and Inda perform certain exercises on the computer to test what language she knows. Inda is very fast with the symbols — sometimes even faster than the computer ! As Inda quickly touches a series of symbols, the computer doesn’t respond quickly enough. “(⑤) The computer is not responding quickly enough,” says Shumaker to the waiting animal. He then explains to the people (a)<u>watch</u> her, “But she’s doing it correctly,” and gently encourages the animal to try again.

5 But is Inda actually using language ? Well, she can not only identify food and objects using symbols, but she can also put together the symbols to form simple sentences with *a verb and an object. Basically, she can use the symbols in order to *get her point across. It is the essential purpose of language. In addition to their ability to communicate using language, orangutans are like humans in other ways, too. Shumaker *emphasizes the fact that each orangutan is different in the way it learns, and in the progress that it makes. He points out that they are individuals, and in that way, they are also like humans. “Each one learns their own

way. Each one has their own types of questions that they are better or (b)bad at," he explains. He then goes on to add, "The big *emphasis is that they are individuals, and their progress is not the same as the other orangutans just because they're all orangutans." For example, Inda's brother Azie is not as (⑥) as his sister, which means that he doesn't communicate as much. At first, Shumaker thought that Azie was not as intelligent, but that's not true at all. In fact, Azie is a very intelligent orangutan ; ⑦he just isn't always as interested in communicating with others as his sister is.

6 The Orangutan Language Project is part of an *exhibit at the National Zoo called 'Think Tank'. This exhibit examines the process of thinking and whether or not it is taking place in animals. An interesting *aspect of the exhibit is that it actually *involves visitors to the zoo in the process. It allows them to *observe research on thinking as it takes place. Lisa Stevens is *in charge of the Think Tank exhibit. According to Stevens, one of the most important aspects of Think Tank is that it emphasizes something that people don't usually see — research. She says : "What's really nice about Think Tank is that it focuses on a lot of the (c)hide activities and research."

7 Zoo officials like Shumaker and Stevens hope that exhibits like Think Tank will educate the public. They also hope that they will increase *conservation efforts for orangutans. These interesting animals could become extinct in the wild in the next ten to twelve years, and they are very much in need of help. Shumaker hopes that people will show more respect to orangutans if they understand how intelligent they are. ⑧This will encourage people to protect them better. He explains in his own words : "Give people a chance to know more about what's going on mentally for orangutans. I know that that increases their respect for them !"

8 Shumaker personally developed the symbols for the orangutans' vocabulary, but he says that the project has really been successful because of Inda and Azie. He explains : "I think of this language project as really a team effort between me, and Inda, and Azie. And we all work together on this. It's not my project ; it's our project." He then adds : "I want them to voluntarily participate. When they do that, I know that they're doing it because they enjoy it, and they like it, and they want to be involved with it. And that's important." As Inda and Shumaker continue to work together at the computer, Inda easily identifies a cup by pushing the correct symbol on the screen. Even when Inda makes mistakes, Shumaker carefully guides her to the correct meaning in order to help her development. ⑨【イ Shumaker and the orangutans ロ working on ハ it's clear ニ the project ホ both ヘ enjoy ト that】. That may be why the orangutan language team of Shumaker, Inda, and Azie is such a big success !

primate：霊長類　in existence：現存する　definition：定義　coordinator：責任者
mental ability：知的能力　obviously：明らかに　ape：類人猿　in captivity：飼育中の
physical and mental environment：物理的・精神的な環境　stimulate：～を刺激する
participate：参加する　voluntary：自発的な　incredibly：非常に　function：機能を果たす
female：メスの　identify：認識する　reward：ほうび　a verb and an object：動詞と目的語
get her point across：彼女の言いたいことを伝える　emphasize：～を重要視する
emphasis：強調点　exhibit：展示　aspect：点　involve：～を巻き込む　observe：～を観察する
in charge of ～：～を担当して　conservation efforts：保護の取り組み

問1　文中の下線部(a)～(c)の語を適切な形に変えなさい。
問2　(①)(②)に入る語の組み合わせとして最も適切なものを選び，記号で答えなさい。
イ　①　a little　②　though
ロ　①　too much　②　so
ハ　①　looking　②　therefore
ニ　①　so much　②　that
問3　(③)(④)に入る語の組み合わせとして最も適切なものを選び，記号で答えなさい。
イ　③　which named　④　through
ロ　③　which name　④　for using
ハ　③　named　④　by using
ニ　③　naming　④　with
問4　(⑤)に入る語句として最も適切なものを選び，記号で答えなさい。
イ　Oh, hold on.
ロ　Don't do that so slowly !
ハ　What's wrong with you ?
ニ　Are you sure ?
問5　本文の内容に沿って，インダ(Inda)ができると思われることを下から選び，記号で答えなさい。解答は1つとは限りません。
イ　コンピュータ上でバナナやカップを表すそれぞれの記号を認識できる。
ロ　コンピュータ上で「バナナを食べる」という文を作るために，記号の組み合わせができる。
ハ　コンピュータ上に「リンゴ」を表す記号が出ると，本物のリンゴを探しに行くことができる。
ニ　コンピュータ上に「カップ」を表す記号が出ると，「飲む」仕草ができる。
ホ　シュメーカーさんが「早く！」と言うと，素早くコンピュータに触ることができる。
問6　(⑥)に入る語として最も適切なものを選び，記号で答えなさい。
イ　clever　ロ　brave　ハ　social　ニ　nervous
問7　下線部⑦の内容として最も適切なものを選び，記号で答えなさい。
イ　彼は妹とはやりとりするが，他者とのコミュニケーションにはそれほど興味がない。
ロ　彼は，妹ほど他者とのコミュニケーションに必ずしも興味はない。
ハ　妹が他者とのコミュニケーションに興味がないのと同様，彼も全く興味がない。
ニ　妹は賢いにもかかわらず，彼ほど他者とのコミュニケーションに興味がない。
問8　下線部⑧を，Thisの内容を明らかにして日本語にしなさい。
問9　下線部⑨が「シュメーカーさんとオランウータンの両者がそのプロジェクトに楽しんで取り組んでいることは明らかだ。」という意味になるように，【　】内の語句を並べかえ，記号で答えなさい。
問10　次の問いに，(　)内に記された段落を参考に，指定された語数の英語で答えなさい。
1　Does Shumaker have much respect for the orangutans when he talks about them ?
(第2段落／3語)
2　In the language program, what does Inda get when she identifies objects correctly ?
(第4段落／4語)
3　How soon could the wild orangutans become extinct ?　(第7段落／7語)
4　What does Shumaker do when Inda makes mistakes ?　(第8段落／8語)
問11　本文の内容と一致するものには○，一致しないものには×を記入しなさい。

1　There are many similarities between humans and orangutans, such as communicating through language.
2　The Orangutan Language Project has been held in the National Zoo in Malaysia.
3　Both Inda and Azie are intelligent, but the things which they are good at are different.
4　In the National Zoo, the visitors aren't allowed to see the research with their own eyes.
5　Inda and Azie have to take part in the program even when they don't want to.
6　Shumaker thought that his successful research was not because of his own efforts but because of a team effort with Inda and Azie.

3　次の１～５の各組の英文がほぼ同じ意味になるように，（　）内に適切な１語を入れなさい。

1　My father has never been abroad.
　My father has never (　　) any foreign countries.

2　You should take good care of dogs and cats if you want to keep them.
　You should look (　　) dogs and cats well if you want to keep them.

3　Andy and John are good soccer players, but Daniel is the best.
　Andy and John are good soccer players, but (　　) of them can play as well as Daniel.

4　I cannot write my report if you don't help me.
　I cannot write my report (　　) your help.

5　My mother told me that dinner would be ready at seven thirty.
　My mother told me that dinner would be ready at half (　　) seven.

4　次の１～５の英文中の下線部には１ヶ所文法上の誤りがある。訂正した語(句)を答えなさい。

(例題)　Mike wants teaching English to children in the future.　解答：to teach

1　Two years have passed since I have come to this city and began to stay with my uncle.
2　The book which I bought it five years ago is still on my bookshelf.
3　Why is rugby much more popular than any other sports in New Zealand?
4　It is almost impossible for me to finish cleaning all the rooms in my house until next Sunday.
5　In math class, the teacher told the students to try to answer the next question if they had not questions.

5　下のテーマに沿って，できるだけたくさんの英文を自由に書きなさい。囲み内の語は英文を書くための参考です。これらの語を使っても使わなくても構いません。

英文のテーマ：中学校生活の思い出

school trip	club activity	feel	experience
think	communicate	hard	because

＜リスニングテスト放送原稿＞

これからリスニングテストを行います。リスニングテストの音質および音量については，すでにチェック済みです。このテストには第１部から第３部まであります。試験解答時間はそれぞれ10秒です。それでは始めます。

第１部です。これは，対話とその内容に関する質問を聞き，その答えとして最も適切なものを１，

2，3，4の中から1つずつ選び，番号で答える問題です。英文は一度だけ放送されます。では，始めます。

No. 1　女：Hi, David.　You won't believe what happened yesterday.
　　　男：Let me guess. . . .　You got a prize for your English essay at the contest.
　　　女：That's right.　How did you know that?
　　　男：Your mom already told me about it.
　Question：How did David find out about her news?

No. 2　男：Kathy, you didn't take out the garbage this morning, did you?
　　　女：No, Dad.　I was nearly late for school and didn't have time to do it.
　　　男：But Kathy, I told you to do it three times after dinner.
　　　女：Sorry, Dad.　I will try to get up earlier from now on.
　Question：Why is Kathy's father angry?

No. 3　男：What are you doing this weekend, Susan?
　　　女：I'm looking forward to seeing my friend this weekend.　She is coming from the UK to see the Soccer World Cup.
　　　男：That's good.　How long is she going to stay in Japan?
　　　女：I'm not sure, but she may be here for about two weeks.
　Question：What is Susan going to do this weekend?

第2部です。これは，英文とその内容に関する質問を聞き，その答えとして最も適切なものを1，2，3，4の中から1つずつ選び，番号で答える問題です。英文は一度だけ放送されます。では，始めます。

No. 1　John is a high school student.　He has been in the baseball team since he was seven years old.　He likes baseball and practices it much harder than his other teammates.　His coach advised him to go abroad after he graduates from high school to improve his baseball skills.　He wants to follow his advice because he needs to improve his English communication skills as well.
　Question：What is John planning to do after he graduates from high school?

No. 2　Recently cats have become more popular than dogs as pets in Japan because cats are easier for us to keep.　Cats do not bark or run in the house.　Another reason why cats are becoming more popular is because some actors and singers show photos of their cats on the Internet while others bring their cats to variety shows.
　Question：Why is it easier for us to keep cats?

No. 3　An Italian restaurant tried to get more customers.　At first, they put posters up around the city but they were not successful.　Then, they decided to give out coupons.　This brought in a lot of new customers.　On holidays, many families came to the restaurant.　Now they are one of the most successful restaurants in the city.
　Question：How was the Italian restaurant able to get more customers?

第3部です。これは，英文を聞き，No. 1からNo. 4の質問に対する答えを，英語で書く問題です。英文は二度放送されます。放送中，メモをとっても構いません。では，始めます。

Have you ever been abroad?　This summer I went to Calgary, Canada and stayed there for about three weeks.　I was very worried before leaving Japan but it was actually a wonderful experience for me.　I was not good at English and I didn't know how to communicate with my host family. However, I was welcomed by my host family and I quickly became a part of the family. During the stay, it was very hard to make breakfast by myself. On the first few days, I burned the toast and didn't get to eat anything but it didn't matter. The important thing for me was trying something new. I thought I was a little shy, but I always tried to communicate with people. I thought my English was poor, but I decided not to worry about making mistakes. Fortunately, my host family was nice and kind, and they helped me practice English. They repeated what they said again and again if I didn't understand. Also, they often said, "Good job, Satoshi !" to praise me. On holidays, they took me to Banff National Park and also to Calgary Zoo. In Banff National Park, the view was splendid and in Calgary Zoo, I could see grizzly bears. I was fascinated by the beauty of the nature in Calgary. Although I didn't stay in Canada for a long time, it had a big impact on me. I think it has really changed my life.

繰り返します。(英文を繰り返す)

以上でリスニングテストを終了します。

【数　学】（50分）〈満点：100点〉

〔注意〕円周率はπとする。

1 次の□を適当にうめなさい。

(1) $\left(\frac{24}{5}-\frac{8}{3}-2\right)\times 15-\left(\frac{1}{3}-\frac{1}{2}\right)=$ □

(2) $\sqrt{2}\times\left\{\left(1+\frac{1}{\sqrt{2}}\right)-\left(-\frac{1}{\sqrt{2}}-1\right)\right\}=$ □

(3) $\left(\frac{2}{3}xy^2\right)^3\div\left(-\frac{2}{9}x^2y^5\right)\times\frac{3}{4xy}=$ □

(4) $9ax^3y-54ax^2y^2+81axy^3$ を因数分解すると □ である。

(5) $x=\frac{11\sqrt{2}-6}{12}$，$y=\frac{6-7\sqrt{2}}{12}$ のとき，$x^2-y^2+x+y=$ □ である。

(6) 関数 $y=\frac{2}{3}x^2$ について，xの変域が $-1\leqq x\leqq\sqrt{2}$ のとき，yの変域は □ である。

(7) 2直線 $y=ax-6$ と $y=-\frac{3}{2}x+5$ のグラフがx軸の同じ点で交わるとき，aの値は □ である。

(8) 図1のように，一辺の長さが2 cmの立方体の，各辺の中点を結んでできる立体（太線部分）の表面積は □ cm^2 である。

図1

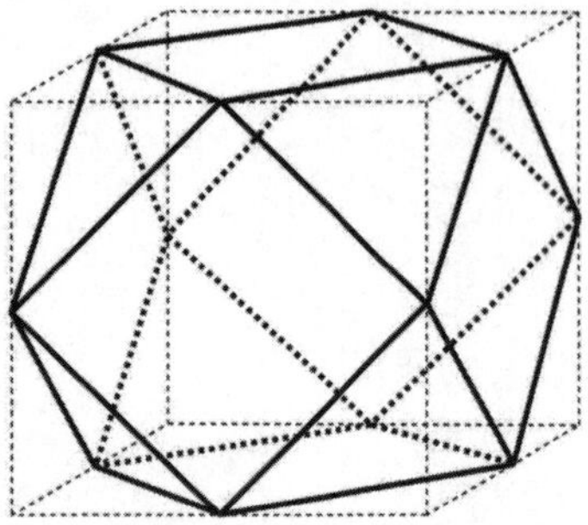

(9) 底面の半径が2 cmと3 cmの円すいが図2のように重なっている。それぞれの頂点は互いの底面の中心と一致している。どちらの円すいの高さも5 cmのとき，2つの円すいに共通している部分の体積は □ cm^3 である。

図2

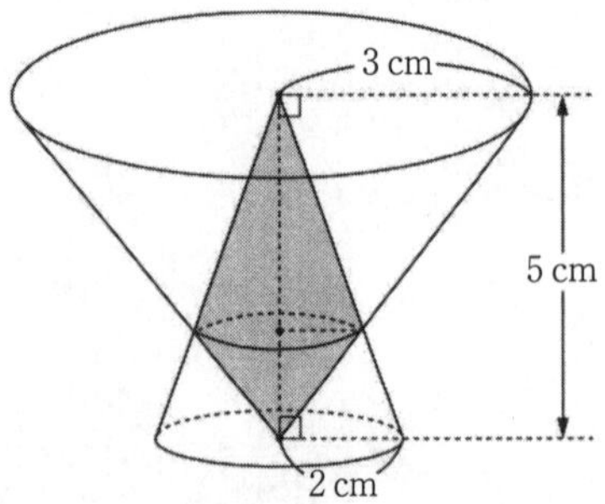

(10) さいころを2回ふって最初に出た目の数をa，2回目に出た目の数をbとする。このとき，$\frac{a+b}{1+ab}$の値が1になる確率は □ である。

2　図のように，2つの放物線 $y=ax^2\ (a>0)$ …①，$y=\frac{1}{2}x^2$ …②と直線 l ：$y=x+2$ がある。①と直線 l の交点を，x 座標の小さい方から順にA，Bとし，②と直線 l の交点を，x 座標の小さい方から順にP，Qとする。点Aの x 座標が -1 のとき，次の問いに答えなさい。

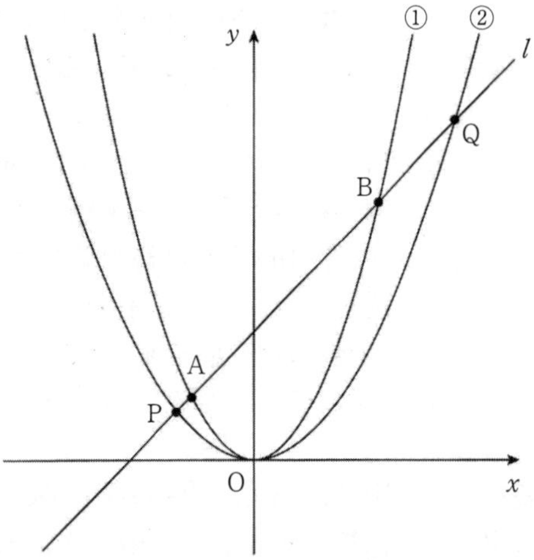

(1)　a の値を求めなさい。

(2)　△POBの面積を求めなさい。

(3)　放物線①上に点O，A，Bとは異なる点Cをとって，△PCBの面積が△POBの面積と等しくなるようにしたい。このような点Cの座標をすべて求めなさい。

3　最初の数を2に決めて，それを2倍して100で割った余りは4となります。その4を2倍して100で割った余りは8となります。この操作を繰り返すと，以下のような数の列が得られます。

番号	1	2	3	4	5	6	7	8	9	10	11	12	13	14	15	16	17	18	19	20	21	22	23	24
数	2	4	8	16	32	64	28	56	12	24	48	96	92	84	68	36	72	44	88	76	52	4	8	16

(1)　この数の列の25番目の数を求めなさい。

次に，最初の数を1に決めて，それを2倍して101で割った余りは2となります。その2を2倍して101で割った余りは4となります。この操作を繰り返して得られる数の列を100番目まで表にしました。

《表》

番号	1	2	3	4	5	6	7	8	9	10
数	1	2	4	8	16	32	64	27	54	7
番号	11	12	13	14	15	16	17	18	19	20
数	14	28	56	11	22	44	88	75	49	98
番号	21	22	23	24	25	26	27	28	29	30
数	95	89	77	53	5	10	20	40	80	59
番号	31	32	33	34	35	36	37	38	39	40
数	17	34	68	35	70	39	78	55	9	18
番号	41	42	43	44	45	46	47	48	49	50
数	36	72	43	86	71	41	82	63	25	50
番号	51	52	53	54	55	56	57	58	59	60
数	100	99	97	93	85	69	37	74	47	94
番号	61	62	63	64	65	66	67	68	69	70
数	87	73	45	90	79	57	13	26	52	3
番号	71	72	73	74	75	76	77	78	79	80
数	6	12	24	48	96	91	81	61	21	42
番号	81	82	83	84	85	86	87	88	89	90
数	84	67	33	66	31	62	23	46	92	83
番号	91	92	93	94	95	96	97	98	99	100
数	65	29	58	15	30	60	19	38	76	51

(2)　表の１番から100番に対応する100個の数を資料の値として平均値を求めたい。直接求めるのは大変そうなので，標本調査を用いることにしました。標本の集め方は，乱数表に並んでいた次の10個の数字を利用することにします。

11，14，40，44，41，７，64，80，27，54

この10個を番号として，その番号に対応する10個の数の平均値を求めなさい。

(3)　(2)において，100個の資料の値では標本調査を用いましたが，表の１番から100番に対応する100個の数に関しては，正確な中央値と正確な平均値を求めることができます。

①　100個の数の中央値を求めなさい。

②　100個の数の平均値を求めなさい。

4　右の図において，直線AB，BC，CAはそれぞれ点P，Q，Rで円Oに接している。このとき，次の問いに答えなさい。ただし，(2)の(iii)については，途中経過も記しなさい。

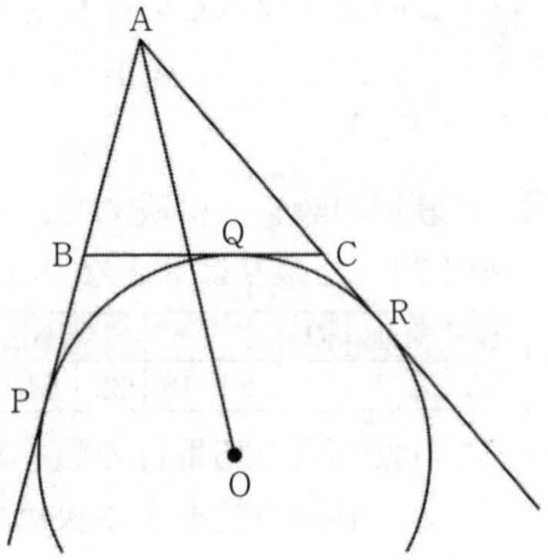

(1)　AP＝ARであることを次のように証明した。以下の[　]を適当にうめなさい。ただし，ウについては解答群のａからｉの中から１つ選び記号で答えなさい。

△OAPと△OARにおいて

OP＝[ア]…①

∠OPA＝∠[イ]＝90°…②

OAは共通…③

①，②，③より

[ウ]ので

△OAP≡△OAR

合同な図形では，対応する辺の長さはそれぞれ等しいので

AP＝AR…④

〈ウの解答群〉

ａ．３組の辺がそれぞれ等しい
ｂ．２組の辺とその間の角がそれぞれ等しい
ｃ．１組の辺とその両端の角がそれぞれ等しい
ｄ．直角三角形の斜辺と他の１辺がそれぞれ等しい
ｅ．直角三角形の斜辺と１つの鋭角がそれぞれ等しい
ｆ．直角三角形の２つの鋭角がそれぞれ等しい
ｇ．３組の辺の比がすべて等しい
ｈ．２組の辺の比とその間の角がそれぞれ等しい
ｉ．２組の角がそれぞれ等しい

(2)　AB＝5，BC＝7，CA＝8のとき，

(i)　BP，CRの長さを次のように求めた。以下の[　]を適当にうめなさい。

BP＝x，CR＝yとして，AP，ARをx，yを用いて表すと

AP＝[エ]，AR＝[オ]

④より，[エ]＝[オ]だから

$x-y$＝[カ]…⑤

一方，　$x+y$＝[キ]…⑥

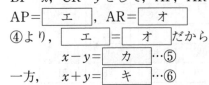

⑤，⑥より，$BP=$ ク ，$CR=$ ケ

(ii) △ABCの面積を次のように求めた。以下の □ を適当にうめなさい。

Aから辺BCに垂線AHをひき，$BH=k$とする。

△ABHに着目し，AH^2をkを用いて表すと

$AH^2=$ コ …⑦

また，△ACHに着目し，AH^2をkを用いて表すと

$AH^2=$ サ …⑧

⑦，⑧より

$k=$ シ

よって，AHの長さは ス となるから

△ABCの面積は セ である。

(iii) 円Oの半径を求めなさい。

問五　湖山先生の「僕」に対する接し方として最も適当なものを次の中から選び、記号で答えなさい。

ア　水墨画の初心者である「僕」に水墨画の素晴らしさを示し、興味を持たそうとしている。

イ　水墨画の才能を持つ「僕」に後を継がせようとして、水墨の奥義を教え込もうとしている。

ウ　水墨画の本質を伝授しつつ、優しく包み込んで「僕」の心の問題を解きほぐそうとしている。

エ　両親を失い心を閉ざす「僕」を見かねて、水墨画の楽しみを伝えることで励まそうとしている。

三

次の文章を読んで、後の各問に答えなさい。

今は昔、隠題《かくしだい》をいみじく興ぜさせたまひける《おもしろがりなさった》帝の、*篳篥《ひちりき》を詠《よ》ませられけるに《題に歌を作らせなさった時に》、人々わろく詠みたりけるに、木こる童《きこり》の、暁《あかつき》、山へ行くとていひける、「このごろ、篳篥を詠ませさせたまふなるを、人のえ詠みたまはざなる《誰もがうまく詠めなかったそうだ》、童こそ詠みたれ」と言ひければ、具《ぐ》して《いっしょに》行く童部「あな、おほけな《身の程知らずだな》。①かかること、な言ひそ《言ってくれるな》。②様にも似ず、いまいまし。」と言ひければ、「などか《どうして》、必ず様に似ることか」とて、

③めぐり来る春々ごとに桜花いくたび散りき人に問はばや

と言ひたりける。④様にも似ず、思ひかけずぞ。

（『宇治拾遺物語』による）

〈注〉　篳篥…管楽器の一種。雅楽に用いる竹製の縦笛。

問一　――線①の指し示す部分を10字以内で抜き出し、記しなさい。

問二　――線②に込められた気持ちとして最も適当なものを次の中から選び、記号で答えなさい。

ア　身の程を知るべきだと少年をいさめる気持ち。

イ　歌を詠む姿かたちになっていないと諭《さと》す気持ち。

ウ　きこりが歌を詠んではいけないと心配する気持ち。

エ　帝の家来衆の真似《まね》などとんでもないと恐れる気持ち。

問三　――線③の歌に詠み込まれている「題」の部分を歌の中からそのまま抜き出し、記しなさい。

問四　――線④とありますが、「思ひかけ」なかったこととは何ですか。解答欄に合うように15字以内で記しなさい。

四

次の各問に答えなさい。

問一　次の1～7の文の――線のカタカナを漢字に直しなさい。

1　自然のオンケイを受ける。
2　マラソンを途中でキケンする。
3　美術雑誌をエツランする。
4　ヨーロッパ諸国をレキホウする。
5　物語がカキョウに入る。
6　話のシュシを明確にする。
7　自宅でリョウヨウする。

問二　次の四字熟語の□に当てはまる漢字をそれぞれ記しなさい。

1　□散□消…跡形もなくなること。
2　有為□□…万物が常に変化してやまないこと。
3　□同□異…わずかな違いしかないこと。

その強張《こわば》りや硬さが、所作に現れている。そうなるとその真っすぐさは、君らしくなくなる。真っすぐさや強さが、それ以外を受け付けなくなってしまう。でもね、いいかい、青山君。水墨画は孤独な絵画ではない。水墨画は自然に心を重ねていく絵画だ」

僕は視線を上げた。

言葉の意味を理解するには、湖山先生の声があまりにも優しすぎて、何を言ったのか、うまく聞き取れなかった。不思議そうな顔で、僕は湖山先生を見ていたのだろう。湖山先生は言葉を繰り返した。

「いいかい。水墨を描くということは、独りであるということとは無縁の場所にいるということなんだ。水墨を描くということは、

[X] ことだ」

「繋がりといっしょに描く」

僕は言葉を繰り返した。僕にはその繋がりを隔てているガラスの部屋の壁が見えていた。その壁の向こう側の景色を、僕は眺めようとしていた。

その向こう側にいま、湖山先生が立っていた。

「そのためには、まず、心を自然にしないと」

そう言って、また湖山先生は微笑んだ。湖山先生が優しく筆を置く音が、耳に残った。その日の講義は、ただそれだけで終わった。

何か、とても重要なことを惜しみなく与えられているようで、そのすぐ前を簡単に通り過ぎてしまいそうになっている自分を感じていた。

小さな部屋に満たされた墨の香りと、湖山先生の穏やかな印象が、③カチコチに固まっていた水墨画のイメージをボロボロと打ち壊していくのが分かった。

父と母が亡くなって以来、誰かとこんなふうに長い時間、穏やかな気持ちで向き合ったことがなかったのだと僕は気づいた。

（砥上裕将『線は、僕を描く』の文による）

〈注〉潤渇…よく墨を含んだ筆で書いた墨量のある線（潤筆）と、墨含みの少ない筆で書いたかすれた線（渇筆）のこと。

肥痩…線の太さと細さで抑揚を表すこと。

階調…墨の濃淡の段階のこと。

問一　――線①とありますが、それはどういうことですか。次の中から最も適当なものを選び、記号で答えなさい。

ア　絵でありながらも、五感に訴えかける臨場感を抱かせることができるということ。

イ　墨液では表せない広がりと奥行きによって、はかない世界を描き出すということ。

ウ　卓越した手腕が発揮されることで、美しい風景が次々に出現していくということ。

エ　筆を用いることで、この世のすべての色合いを表現することができるということ。

問二　――線②とありますが、このように言った意図として最も適当なものを次の中から選び、記号で答えなさい。

ア　美しい風景を描くための墨は何度もする必要があるから。

イ　技術を簡単に伝授したのでは精神の修行にならないから。

ウ　水墨画に必要な技術のありように気づかせようとしたから。

エ　高価な硯に見合う墨の色合いが出るまで待とうとしたから。

問三　[X] に入ることばを40字以上50字以内で記しなさい。

問四　――線③とありますが、「僕」は水墨画をどのようなものとしてとらえていましたか。次の中から最も適当なものを選び、記号で答えなさい。

ア　何年にもわたって修行を積み、独力で風景の美しさを描き出すもの。

イ　力の加減をうまく調整して、自然の素晴らしさを絵に表現するもの。

ウ　道具のよしあしに拘《こだわ》るのではなく、技術をもって美しく仕上げるもの。

エ　まじめに取り組み、技術を伝授されることを通じて自然を模写するもの。

と、言った。僕は言われたとおり廊下に出てすぐの場所にある流し場で、筆洗の水を新しいものに換えた。湖山先生の前に真新しい水を置いて席に着くと、湖山先生は待ち構えていたように筆を取って、墨を付けて筆洗に浸《ひた》した。その瞬間、湖山先生は口を開いた。
「これでいい。描き始めよう」
僕は湖山先生が何を言っているのか、分からなかった。どうしてまじめにすった墨が悪くて、適当にすった墨がいいんだ？
僕はなんとも腑《ふ》に落ちないという表情をしていたのだろう。湖山先生はにこやかに笑って答えた。
「粒子だよ。墨の粒子が違うんだ。君の心や気分が墨に反映しているんだ。見ていなさい」
湖山先生は、筆をもう一度取り上げて、いちばん最初に描いた風景とまったく同じものを描いた。木立《こだち》が前面にあり、背後に湖面が広がり、さらにその背後に山が広がっているという絵で、レイアウトはまったく同じだ。
だが湖山先生が筆を置いた瞬間の墨の広がりや、きらめきが何もかも違った。
画素数の低い絵と高い絵の違いと言ったらいいのだろうか。実際に粒子が違うというのなら、そういうことなのだろう。小さなきらめきや広がりが積み重なり、一枚の風景が出来上がったとき、最初に見たときは漠然と美しいとしか感じられなかった絵が、二枚目になると懐かしさや静けさやその場所の温度や季節までも感じさせるような気がした。細かい粒子によって出来上がった湖面の反射は、夏の光を思わせた。薄墨で描かれた線のかすれが、ごく繊細な場所まで見て取れるので、眩《まぶ》しさや、色合いまでも思わせ、波打つ様子は静けさまでも感じさせた。その決定的な一線は、たった一筆によって引かれたものだった。同じ人物が同じ道具で、同じように絵を描いても、墨のすり方一つでこれほどまでに違うものなのかと、僕は愕然《がくぜん》とした。とたんに僕は恥ずかしくなった。
僕はとんでもない失敗をさっきまで繰り返していたのだ。湖山先生は相変わらず、にこやかに笑っている。
私が何も言わなかったのが悪いが、と前置きした後に湖山先生は言った。
「青山君、力を抜きなさい」
静かな口調だった。
「力を入れるのは誰にだってできる、それこそ初めて筆を持った初心者にだってできる。それはどういうことかというと、凄《すご》くまじめだということだ。本当は力を抜くことこそ技術なんだ」
力を抜くことが技術？　そんな言葉は聞いたことがなかった。僕は分からなくなって、
「まじめというのは、よくないことですか？」
と訊《たず》ねた。湖山先生はおもしろい冗談を聞いたときのように笑った。
「いや、まじめというのはね、悪くないけれど、少なくとも自然じゃない」
「自然じゃない」
「そう。自然じゃない。我々はいやしくも水墨をこれから描こうとするものだ。水墨は、墨の濃淡、＊潤渇《じゅんかつ》、＊肥痩《ひそう》、＊階調でもって森羅万象を描き出そうとする試みのことだ。その我々が自然というものを理解しようとしなくて、どうやって絵を描けるだろう？　心はまず指先に表れるんだよ」
僕は自分の指先を見た。心が指先に表れるなんて考えたこともなかった。それが墨に伝わって粒子が変化したというのだろうか。だが、たしかにその心の変化を墨のすり方だけで見せつけられた身としては、うなずくしかない。
「君はとてもまじめな青年なのだろう。君は気づいていないかもしれないが、真っすぐな人間でもある。困難なことに立ち向かい、それを解決しようと努力を重ねる人間だろう。その分、自分自身の過ちにもたくさん傷つくのだろう。私はそんな気がするよ。そしていつの間にか、自分独りで何かを行おうとして心を深く閉ざしている。

「硯は、書家や水墨を描く絵師にとっては、刀みたいなものだよ。そこからすべてが始まるんだからね」
「そんな大事なものを使わせていただいて、いいんですか?」
「大丈夫。大丈夫。手に入るのなら道具は良いものを使わないとね。良い硯だから大事にしてあげてね」
「分かりました。大事に使わせてもらいます」
嬉しそうに湖山《こざん》先生は微笑んだ。湖山先生自身も道具にたくさんのこだわりがあるのだろう。超一流の絵師なら当然のことなのだろうけれど、その当然の言葉でも本人から聞くと嬉しい。
「では、まずは墨をするところから。これがなければ始まらないからね。おっと、水滴がなかったね」
湖山先生は立ち上がって、後ろの道具箱から、小さな急須《きゅうす》のような容器を取り出してきた。そこに水が入っているらしい。湖山先生の皺皺《しわしわ》の手が、硯に水を注いで、硯の面を濡《ぬ》らした。
「さあどうぞ」
と、湖山先生は墨をするように促《うなが》した。僕は恐る恐る墨を持って、硯の上でゴシゴシとすり始めた。おもしろいくらいに墨はすれて、透明な水は真っ黒になっていった。
しばらくすっていると粘りが出てきて、あとどれくらいすればばいいのだろう、と視線を上げると湖山先生は居眠りをしていた。
確かに退屈だろうけれど、居眠りしなくても、とも思ったが、とりあえず湖山先生を起こすと、
「もうできたかね?」
と、私はまるで居眠りなんかしてなかったぞというような顔で、起き上がった。それから、僕の座っている席のほうへやってきた。僕は背筋がぐっと伸びた。
着ている作務衣《さむえ》から漂う清潔そうなにおいは何なのだろう、と思っていると、湖山先生は無造作に筆を取って、目の前の紙に何かをバシャバシャと描き始めた。
この前と同じ、湖畔の風景が出来上がり、次に紙を置くと渓谷が出来上がり、最後には、竹が出来上がった。どれもまさしく神業《かみわざ》で、一瞬の出来事だった。どうしてこんな速度で、こんなに高齢な老人が筆を操れるのだろう? 年齢を感じさせない若々しい動きだった。そして何より速い。動きの細部についてはあまりに速すぎて分からない。手に持った筆が、先日と同じく、硯と梅皿と布巾と筆洗の間を回転しているということしか分からなかった。
気づくと墨はなくなり、硯の中身は空っぽになっていた。描かれた絵は床に広がっていた。そして湖山先生は衝撃的な一言を、僕に告げた。
「②もう一回。もう一回、墨をすって」
僕は唖然《あぜん》としながらも、また一から墨をすり、湖山先生はうたた寝を始めた。
何が起こったのだろう? 何か、気に障《さわ》ることをしてしまったのだろうか?
いろいろと思案しながら、惑いつつ墨をゴシゴシすり、これでいいだろうというところでまた湖山先生を起こした。
特別に機嫌が悪そうでもなく、かといって良さそうでもなく、また筆を取ると一気呵成《いっきかせい》にバサバサと描き上げて、硯の中身を空っぽにした。それからまた、さっきと同じせりふがかえってきた。
「もう一回」
僕は眉をひそめて、いったい何が起こっているのだろう? と墨をすりながら考え続けた。
僕はとにかく墨をすり、湖山先生を呼んだ。湖山先生は居眠りから目覚めて、描いて、僕はまた同じ言葉をもらい、また墨をすり……と、そんなことを何度か繰り返した。もういい加減疲れてきたので、いろいろ考えるのをやめて、ただなんとなく手を動かし、有《あ》り体《てい》に言えば適当に墨をすって湖山先生を呼んだ。すると湖山先生は最初のときとまったく同じく、特に不機嫌でもなく不愉快でもなさそうな顔で、筆を取ると、
「筆洗の水を換えてきて」

網羅…関係のあるものを残らず集めること。
NGO…政府間の協定によらず民間で設立される国際協力機構。
センシティビティ…感受性・鋭敏さ。
アセスメント…物事の是非などを決めるために行う調査。
ナンセンス…無意味。

問一 ——線①とありますが、筆者は「リスク」をどのようなものと考えていますか。解答欄に合うように文中から10字で抜き出し、記しなさい。

問二 ——線②とありますが、なぜ「主観的な要素をどうしても排除できない」のですか。その理由として最も適当なものを次の中から選び、記号で答えなさい。
ア リスクを調べる側に決定権が与えられるから。
イ そもそも何がリスクであるか決まってないから。
ウ リスクは変化するため推測せざるを得ないから。
エ 人それぞれにリスクのとらえ方が違ってくるから。

問三 ——線③とありますが、どういうところが「面白い」のですか。最も適当なものを次の中から選び、記号で答えなさい。
ア 危険を回避しようとするとリスクになるところ。
イ 危険と考えられるのにリスクにならないところ。
ウ 不可抗力である“Act of God”を制御できるところ。
エ 危険の範囲に“Act of God”は含んでいないところ。

問四 [A]・[B]に入る語句をAは4字、Bは3字で文中から抜き出し、記しなさい。

問五 〰〰線とありますが、なぜ「社会調査がかなり大きな意味を持つこと」になるのですか。「安全の成立」という語句を入れて50字以上60字以内で説明しなさい。

二 次の文章を読んで、後の各問に答えなさい。

〈あらすじ〉 両親を交通事故で亡くし、天涯孤独となった大学生の「僕」は、あるきっかけから水墨画の大家と出会い、弟子入りすることとなった。

二回目の練習は、翌週の週末だった。（中略）今日は、僕の前にだけ道具が置いてあった。

白い下敷きに、硯《すずり》に、水の入った容器、棒状の墨、一本の筆に、内側に仕切りの付いた丸味を持った花形の陶器のお皿、最後に布巾《ふきん》だ。

「下敷きは白いものを使う。これは紙を敷いたときに墨の濃淡がはっきりと分かるからだ。水墨画というのは、墨を水で薄めて使ってさまざまな変化を出していく。その変化をなるべく見やすくするための工夫だ。次にその仕切りの付いたお皿は梅皿《うめざら》という。形も梅の花のようだろう？ パレットだと思えばいい。絵を描く人間ならお馴染《なじ》みの道具だが、描かない人はあまり見たことがないだろう。水を張った容器を筆洗《ひっせん》という。そして、あとは硯に、筆に、墨。墨は固形墨を使う」

「墨液《ぼくてき》ではないんですね。本格的な感じがします」

「墨液を使って教えることもあるが、私はあまり好きではない。それに良い硯に墨液を注ぐなんてもったいないよ」

「これは良い硯なのですか？」

「ああ、とても。①使いこなせれば、この世界と同じほど微細な墨がすれる」

僕はびっくりして硯をまじまじと見た。掌《てのひら》よりも少し大きいくらいの何てこともない長方形の硯に見えたが、確かに立派な木箱に入っていて蓋《ふた》もついている。良いものだと言われると、なんとなく良いものだという気がしてしまうから不思議だ。ただの石だが石以上のものに感じる。

枠組みにおいて遠いものは、人はなかなかリスクと察知できません。たとえば、私が十六、七年前に食品安全の＊NGO主催の会議に招かれて盛岡へいったときのこと。ロビーに入った瞬間、紫煙《しえん》もうもうと立ち込めるという、最近ではやや珍しい体験をしました。「皆さん方の食品添加物に対する＊センシティビティは大変高いのに、タバコに対するセンシティビティはあまり顕著ではないようで」と嫌みを言ったりしたのですが。こんな具合に、ある価値観に基づく特定のものについてのリスク感覚は非常に鋭くても、そうでないものに対しては平等にリスクを認知することが難しいという側面が確かにあります。

したがって、リスクの認知に関しては、できるだけたくさんの母集団のなかから、多くの人が何をリスクと考えるかを取り上げる社会調査がかなり大きな意味を持つことになります。

評価に関しても、科学的な方法がかなり力を発揮します。リスクは、基本的には「確率」で処理することになっています。例えばPSA(Probability Safety Assessment　確率的安全評価)という方法は、かなり厳密な形で＊アセスメントができます。リスクというものがいったん定まると、そのリスクに対してそれがどういう確率で起こるか、を考えることになります。

リスクには、どうやって対応すべきでしょうか。

第一に「生起確率を減らしていくこと」。第二は、万一起こってしまったときの「被害をできるだけ小さくしていくこと」。これがリスク・マネージメントの基本的な二つの方法です。

人為的災害に関しては生起確率を減らすことができるかもしれません。しかし、自然災害に対して生起確率を減らすことは、なかなか難しくなります。

日本語で「天災」という言葉があります。「自然災害」という言葉に対しては、例えば英語ではnatural hazardなどの言い方がありますが、「天災」という言葉に一番ぴったりくる英語は“Act of God”だろうと思います。何か宗教くさく受け止められるかもしれませんが、そうではなくて、むしろ「不可抗力」を意味する、法廷などでも使われる言葉です。人間にはいかんともし難《がた》い、手が出せない、文字どおり不可抗力ということなのです。

面白いのは、科学技術が発展すると、“Act of God”がリスクに早変わりすることです。たとえば、最も典型的な例は小惑星です。小惑星が大気圏を破って突入し地上に落ちてくると、非常に大きな被害をもたらす可能性があります。昔だったら小惑星が落ちてくることは“Act of God”で、落ちてきそうな地域の人々に警告を発して疎開してもらうくらいが、せいぜいできることでした。ところが、NASA、あるいはヨーロッパでも、地球に接近してくる小惑星を見つけたときに、大気圏外に人工衛星ないしはミサイルを撃ち出して軌道を変えさせたり、場合によっては核兵器を積んで爆砕するというような計画さえあります。ほとんど不可抗力であることに対しても人間はなんとか生起確率を減らすように制御することができるようになったわけです。

この、人間がなんとかできるものがリスクなのです。――③これはなかなか面白いことだと思いませんか。“Act of God”の危険は、通常リスクと言わない。免《まぬが》れ難いリスク、一〇〇パーセント確実に起こる危険は、リスクではない。私があと三十年の間に死ぬ「リスク」という言葉は＊ナンセンスでしょう。しかし、「あと十年の間にガンで死ぬリスク」というのは、十分リスクという言葉が当てはまる使い方です。

こうやって考えると、“Act of God”であったようなものがリスクに変わる、つまり［　A　］が進歩すればするほど［　B　］は増大します。逆説的ですが、これは確実にそうなのです。

（村上陽一郎『人間にとって科学とは何か』による）

〈注〉バイオハザード…病原菌の実験や研究などで人体・自然の生態系に危機が生じること。

クローン…単一細胞を人工的に培養して作り出した、もとの細胞と同じ遺伝子を持つ細胞群。

二〇二〇年度 国学院大学久我山高等学校

【国語】（五〇分）〈満点：一〇〇点〉

〔注意〕解答の字数は、句読点・符号も一字と数えること。

一 次の文章を読んで、後の各問に答えなさい。※問題の都合上、一部省略あり。

現代は、世界のものとことが複雑にからみあい、影響しあう、不確実性の時代です。社会のなかに科学がどんな形で存在しているか、科学がもっとも必要とされ、評価されることとは何か、そしてどのような場合に影響力を発揮し、責任を負わされるか。それを考えると、ひとつ「安全」というキーワードが浮かび上がってきます。

（中略）

原子力爆弾の開発、遺伝子の組み換え技術から派生した＊バイオハザードの可能性、また脳死や人工授精、＊クローン技術のような生命科学も、それが社会や人間の「安全」の根幹を脅《おびや》かすものであったからこそ、大きな反応をもたらしたといえるでしょう。また温暖化をはじめとする地球環境問題も、この先どうなるのか？ 私たちはいま何をすべきか？ という問いはおもに科学者に向かいます。逆にいえば、科学・技術はいまや社会の役に立つかどうかという範囲をこえて、「安心」「安全」を左右する大きな支配力を持ってしまったのかもしれません。

これらの問題に関して、科学者は何をよりどころにして社会における意志決定に参画できるか、考えてみたいと思います。

ひとが何を「安全」と思い、「安心」と感じるのかということは、必ずしも合理的な基準があるわけではなく、相対的なものです。さまざまな心理的、社会的要因を＊網羅《もうら》的に検証することはできないので、ここでは思い切って科学的な手法で相対化してみることにします。

「安全」を成立させるものは、何でしょうか。それは「①リスクの認知」であり、「リスクの生起確率を減らすこと」であり、もし避けられない場合は「その被害を最小限にすること」です。後の二つが選択できる場合は、そのコストが高いか安いか「評価損益（費用に対して利益の比率を評価する）」という要素がそれに加わってきます。

「リスク・マネージメント」という考え方は、限定された領域としてはかなり前からあって、その本質は幾つかの位相に分かれています。通常「リスクの認知（リスク・パーセプション）」という言葉をよく使います。②何がリスクであるかを認知するとき、主観的な要素をどうしても排除できないという側面があります。私はこれを「逆比例の法則」と勝手に名づけていますが、もちろん定量的な意味での逆比例ではなく、空間的距離・時間的距離・心理的距離がそれぞれ多くなればなるほどリスク認知は減っていく、その逆比例関係があるのではないかと思うのです。

まず「空間的距離」。自分の家のそばに廃棄物処理場ができれば、そのリスクに対して過敏になるはずです。しかし、二十キロ離れた所では恐らくその敏感さはかなり薄らぐのではないでしょうか。ましてや地球の裏側でそれが起こってもおよそ感じられない。

つぎに「時間的距離」。過去のリスクを認知するということは基本的にはないわけで、これは未来について言われます。環境問題について「世代間倫理」という言葉が使われること自体が既にそれを示しているでしょう。いま、私たちの隣人たちに対するリスクなら、非常にひりひりと皮膚感覚で感じることができても、たとえば百年後、百五十年後、二百年後、会うこともないわれわれの子孫が遭遇しうるリスクについては、それほどの切迫感を持つことは難しいのではありませんか。このように、時間が離れれば離れるほどリスク認知は鋭さを失っていきます。

最後に「心理的距離」。生活様式、価値観など、いわば主観的な

2020年度／国学院大学久我山高等学校

英語解答

1 第１部　No.１　3　No.２　3
No.３　3

第２部　No.１　1　No.２　2
No.３　3

第３部　No.１　Because he was not good at English.
No.２　Making breakfast was difficult.
No.３　They repeated what they said again and again.
No.４　He visited two sightseeing spots.

2 問１　(a) watching　(b) worse
(c) hidden〔hid〕

問２　ニ　　問３　ハ　　問４　イ

問５　イ，ロ　　問６　ハ　　問７　ロ

問８　オランウータンがどれだけ賢いかを理解し，より尊敬を示すことは，人々がオランウータンをより良く保護することを促すだろう。

問９　ハ→ト→ホ→イ→ヘ→ロ→ニ

問10　1　Yes, he does.
2　She gets a reward.
3　In the next ten to twelve years.
4　He carefully guides her to the correct meaning.

問11　1…○　2…×　3…○　4…×
5…×　6…○

3 1　visited　2　after
3　neither　4　without
5　past〔after〕

4 1　came　2　bought　3　sport
4　by　5　no

5 (例)In my junior high school life, my club activity was the most important. I joined the basketball club and practiced it every day. Our team was not strong but we always believed that our team could win a game. I liked my teammates very much. I'll never forget my basketball memories forever.

1〔放送問題〕解説省略

2〔長文読解総合―説明文〕

≪全訳≫❶オランウータンは現存する最も高度に発達した霊長類の１つだ。その特別な動物はインドネシアやマレーシアといった東南アジアの国々が起源である。彼らはとても人間に似ていて，実際，オランウータンという言葉はマレー語で「森の人」を意味する。マレー語のその定義は適切な定義だ。なぜならオランウータンは多くの点で人間にとても似ているからだ。オランウータンには，まさに人間がするように，言語を通じて意思疎通をする能力さえある。ワシントンD.C.の国立動物園ではインダとエイジーという名の２頭のオランウータンが，霊長類が言語を使っていかに上手に意思疎通ができるかを世界に示している。❷ロブ・シュメーカーはその動物園のオランウータン言語プロジェクトの責任者だ。プロジェクトの目的は，オランウータンの知性を研究して彼らがどのようにして考えるのかに関してもっと多くのことを明らかにすることだ。シュメーカーはプロジェクトについて，そして彼が一緒に仕事をしているオランウータンにどれほど愛情を注いでいるかについて語る。「オランウータンの知的能力に関する私たちの知見をどんどん増やしているところです」と彼は言う。そして彼はこうつけ加える。「私たちは個々のオランウータンにとてもためになることをしているとも思っています」　彼がその動物たちについて語るとき，深い尊敬の念を持っているのは明らかだ。❸飼育中のオランウータンなどの類人猿には，とても興味をそそるような物理的・精神的な環境が必要だとシュメーカーは考えている。それが彼らに刺激を与え彼らを満足させるのだ。そうするために国立動物園はオランウータンが自由に動き回ることを許し，行きたい所を選ばせている。シュメーカーの言語プログラムへの参加も彼らにとっては自発的なものだ。選択の自由があることはこの知的な動物にとって非常に重要なのだとシュメーカーは説明する。彼は言う。「そのことがオランウータンに自分たちの日々の行動についての選択権と責任感を持たせます。そしてそのことはこれほどに豊かな知的能力を持った種にとって，とても大切なのだと私は思っています」❹では国立動物園の言語プログラムはどのように機能しているのだろうか。基本的には，シュメーカーはプログラムに参加しているオランウータンの言語技術を発達させるために毎日彼らと一緒に働いている。今日彼は20歳のメスのオランウータンのインダとともにコンピュータに向かい，作業をしている。インダはコンピュータ画面の近くに座ると，画面上の特定の物や記号をときどき触る。「ちょうど彼女は物に名前をつけているところです」とシュメーカーは説明する。インダが正しく物を認識すると，ご褒美がもらえる。この過程を通じてインダは，バナナ，リンゴ，コップといった彼女が物と結びつけた記号が意味する語彙を学んでいる。彼女がどんな言葉を知っているかテストするためにシュメーカーとインダがコンピュータ上で練習するのを，来園者が毎日見学している。インダは記号に関してはとてもすばやく，ときにはコンピュータより速い。インダが一連の記号にすばやく触る間，コンピュータは十分な速さで反応できない。「⑤あっ，待ちなさい。コンピュータの反応が追いついていないんだ」とシュメーカーが待っているその動物〔＝インダ〕に言う。そして彼は彼女を見ている人たちに説明する。「でも彼女はそれを正確にやっています」　そしてその動物〔＝インダ〕にもう一度やってみるよう優しく促す。❺だがインダは実際に言葉を使っているのだろうか。そう，彼女は記号を使って食べ物と物を認識できるだけでなく，記号を組み合わせて動詞と目的語のある簡単な文をつくることができる。基本的には，彼女は自分の言いたいことを伝えるために記号を使える。それは言葉の本質的な目的だ。言葉を用いて意思疎通をするという能力に加えて，別の点でもオランウータンは人間に似ている。それぞれのオランウータンで学び方が異なり，その進み具合も違うという事実をシュメーカーは重要視する。彼らは個別の存在であり，その意味でも人間と似ていると彼は指摘する。「それぞれが自分のやり方で学びます。それぞれにより得意な，あるいはより苦手な種類の問題があります」と彼は説明する。続けて彼はこうつけ加える。「特に強調したいのは，彼らは個別の存在であり，同じオランウータンだからといってその進歩が他のオランウータンと同じではないことです」　例えば，インダの兄であるエイジーは妹ほど社交的ではない。それはつまりインダほどコミュニケーションをとらないということだ。シュメーカーは当初，エイジーはインダほど賢くないのだと考えていたが，それは全く正しくない。事実，エイジーはとても頭のいいオランウータンだ。彼は他者とコミュニケーションをとることに必ずしも妹ほど興味がないというだけだ。❻オランウータン言語プロジェクトは，国立動物園の「シンクタンク」と呼ばれる展示の一部である。この展示は思考の過程とそれが動物の中でも起きているのかどうかを調べるものである。この展示の興味深い側面の１つは，動物園の来園者を実際にその作業の過程に巻き込むことだ。それによって彼らは思考に関する研究を，それが行われているときに観察することができる。リサ・スティーブンスはシンクタンクの展示を担当している。スティーブンスによると，シンクタンクの最も重要な側面の１つは人々が通常目にすることのないものである研究を強調することだ。彼女は言う。「シンクタンクの非常に良いところは，当園の多くの目に見えない活動と研究に焦点を当てることです」❼シュメーカーやスティーブンスのような動物園の職員はシンクタンクのような展示が人々を啓発することを望んでいる。彼らはまた，これらの展示がオランウータン保護の取り組みを促進することを望んでいる。この興味深い動物〔＝オランウータン〕はこの先10年から12年で野生では絶滅するかもしれず，助けをとても必要としている。オランウータンがどれだけ頭がよいか理解すれば，人々はもっとオランウータンに敬意を抱くようになるとシュメーカーは期待している。

このことは人々がより適切にオランウータンを保護することを促すだろう。自身の言葉で彼はこう説明する。「オランウータンの知的な面がどのようなものかをもっと知る機会を人々に与えること。そうすれば彼らはもっとオランウータンへ敬意を抱くようになると私は確信しています！」 8シュメーカーはオランウータンの語彙を示す記号を自分自身で開発してきたが，このプロジェクトが非常に成功しているのはインダとエイジーのおかげだという。彼はこう説明する。「私はこの言語プロジェクトを，私とインダとエイジーのまさにチームでの努力だと考えています。そして私たちは皆一緒にこれに取り組んでいます。これは私のプロジェクトではなく，我々のプロジェクトなのです」　そして彼はこうつけ加える。「私は彼らに自発的に参加してほしいのです。彼らがそうするとき，それをしているのは楽しいからであり，好きだからであり，それに参加したいからであると私は確信します。そしてそれが大切なのです」　インダとシュメーカーがコンピュータに向かって一緒に取り組み続けていると，インダは画面上の正しい記号を押してコップをたやすく識別した。インダが間違ったときでも，彼女の進歩を助けるためにシュメーカーはていねいに彼女を正しい意味へ誘導する。シュメーカーとオランウータンの両者がそのプロジェクトに楽しんで取り組んでいることは明らかだ。それがシュメーカー，インダ，エイジーのオランウータン言語チームが大きな成功を収めている理由なのだろう。

問１＜語形変化＞(a)「彼女を見ている人々」と考え現在分詞の watching にする。　(b)前にある比較級 better に合わせる。　bad－worse－worst　(c)人々の目から「隠されている(＝目に見えない)活動や研究」と考え過去分詞の hidden とする。　hide－hid－hidden〔hid〕

問２＜適語(句)選択＞①の直後の like は「～に似た」の意味の前置詞。オランウータンが人間に似ていることとその名前が「森の人」を意味することに因果関係があると考え，‘so ～ that …’「とても～なので…」の構文にする。なお「～のように見える」の意味の動詞 look は通例進行形にはならないので，ハは不適切。

問３＜適語(句)選択＞③直後の Inda と Azie はオランウータンの名前。「インダとエイジーと名づけられた」という‘過去分詞＋語句’で直前の two orangutans を修飾する形にする。　④言語は意思疎通の手段だから by using ～「～を使うことによって」を選ぶ。なお through と with にも‘手段’を表す用法がある。

問４＜適文選択＞前の文よりコンピュータの反応スピードが遅いとわかるので，インダをいったん待機させるイが適切。次の文に the waiting animal とあることからも推測できる。

問５＜要旨把握＞第４段落第４～７文よりイ，第５段落第２文よりロが正しいとわかる。

問６＜適語選択＞同じ文中の関係代名詞 which は前の節の内容を受ける用法。よって前の節は「インダほど意思疎通をしない」と似た内容になる。ここでの social は「社交的な」の意味。

問７＜英文解釈＞‘not … as〔so〕＋原級＋as ～’は「～ほど…ない」。文末の his sister is の後に interested が省略されているので，「妹が興味を持っているほど，彼は興味を持っていない」という比較になる。not always ～は「必ずしも～でない」という部分否定。

問８＜英文和訳＞‘encourage＋人＋to ～’「〈人〉に～することを促す」の形。This は前文の that 以下の内容を受けている。このように this は前に出ている文の内容を受けることもできる。

問９＜整序結合＞「～でいることは…だ」は‘It is … that ～’の形式主語構文で表せる。that 以下は主語の「シュメーカーさんとオランウータンの両者」を‘both *A* and *B*’「*A* と *B* の両方」，動詞の「楽しんで取り組んでいる」を enjoy ～ing の形にまとめる。

問10＜英問英答＞１．「シュメーカーはオランウータンについて話すとき大きな敬意を抱いていますか」―「はい，そうです」　第２段落最終文参照。　２．「この言語プログラムで，インダが正しく物を識別すると何がもらえますか」―「ご褒美をもらえる」　第４段落第６文参照。　３．

「あとどのくらいで野生のオランウータンは絶滅する可能性がありますか」―「この先10年から12年で」　第7段落第3文参照。　4.「インダが間違えたとき，シュメーカーは何をしますか」―「彼はていねいに彼女を正しい意味へ誘導する」　第8段落最後から3文目参照。

問11＜内容真偽＞1.「人間とオランウータンの間には，言語を通じたコミュニケーションのような多くの共通点がある」…○　第1段落第4，5文参照。　2.「オランウータン言語プロジェクトはマレーシアの国立動物園で行われている」…×　第1段落最終文参照。この動物園はアメリカの首都ワシントンにある。　3.「インダとエイジーはどちらも賢いが，得意なことは異なる」…○　第5段落後半参照。　4.「その国立動物園では，来訪者は研究を自分の目で見ることは許されていない」…×　第6段落第3，4文参照。　5.「インダとエイジーはたとえ嫌でもプログラムに参加しなくてはならない」…×　第3段落第4文参照。　6.「自分の研究が成功したのは自分の努力の結果ではなく，インダやエイジーとのチームでの努力のおかげだったとシュメーカーは考えていた」…○　第8段落前半参照。

3〔書き換え―適語補充〕

1.「父は海外に行ったことがない」→「父は海外の国を訪れたことがない」　any foreign countriesを目的語と考え，他動詞のvisit「～を訪れる」を使う。

2.「犬や猫を飼いたいなら，ちゃんと世話をするべきだ」　take care of ～≒look after ～

3.「アンディとジョンは上手なサッカー選手だが，ダニエルが一番上手だ」→「アンディとジョンは上手なサッカー選手だが，どちらもダニエルほど上手にプレーできない」　neither of ～「～のどちらも…ない」

4.「あなたが手伝ってくれなければ私はレポートを書けない」→「あなたの手伝いなしでは私はレポートを書けない」　1語で「～なしに」を表す前置詞のwithoutを使う。

5.「7時30分に夕食の用意ができると母は私に言った」　‘～ minutes past〔after〕＋時間’「…〈時間〉を～分過ぎて」の形。ここでのhalfは1時間の半分の30分を表す。

4〔誤文訂正〕

1．現在完了の‘have/has＋過去分詞...＋since ～’「～以来(現在まで)…」の形では，sinceの後は過去形となる。　「私がこの街に来ておじと暮らし始めてから2年がたつ」

2．boughtの目的語はthe bookなので，itは不要(whichは目的格の関係代名詞)。「僕が5年前に買ったその本は，まだ本棚にある」

3．‘比較級＋than any other＋単数名詞’「他のどの～より…」の形なので，単数のsportが適切。「なぜニュージーランドではラグビーが他のスポーツよりはるかに人気があるのですか」

4．untilは「～まで(ずっと)」という‘継続’を表すのでここでは不適切。‘期限’を表すby「～までに」に直す。　「次の日曜日までに私が家の全ての部屋を掃除するのはほぼ不可能だ」

5．名詞に否定語をつける場合，notではなく‘no＋名詞’「1つも～ない」の形にする。　「数学の授業で先生が生徒たちに，質問がなければ次の問題を解いてみるよう言った」

5〔テーマ作文〕

解答欄の大きさから50語程度の文章となるだろう。与えられた語(句)は使わなくてもよいが，求められる要素のヒントになる。まずschool trip「修学旅行」，club activity「クラブ活動」といった大きなテーマを挙げ，次にその中での自分のexperience「経験」を具体的に述べる。特にhard「一生懸命に」やったことや，人とどうcommunicate「コミュニケーションをとる」かを学んだ経験は説得力がある。さらにその経験からfeel「感じる」ことやthink「考える」ことを，because「なぜなら」を使って理由も含めて述べるとよい。

数学解答

1 (1) $\frac{13}{6}$　(2) $2+2\sqrt{2}$　(3) -1

(4) $9axy(x-3y)^2$　(5) 1

(6) $0\leqq y\leqq\frac{4}{3}$　(7) $\frac{9}{5}$

(8) $12+4\sqrt{3}$　(9) $\frac{12}{5}\pi$　(10) $\frac{11}{36}$

2 (1) 1　(2) $1+\sqrt{5}$

(3) (1, 1), $\left(\frac{1-\sqrt{17}}{2},\ \frac{9-\sqrt{17}}{2}\right)$, $\left(\frac{1+\sqrt{17}}{2},\ \frac{9+\sqrt{17}}{2}\right)$

3 (1) 32　(2) 47.4

(3) ① 50.5　② 50.5

4 (1) ア…OR　イ…ORA　ウ…d

(2) (i) エ…$x+5$　オ…$y+8$

カ…3　キ…7　ク…5

ケ…2

(ii) コ…$25-k^2$　サ…$15+14k-k^2$

シ…$\frac{5}{7}$　ス…$\frac{20\sqrt{3}}{7}$

セ…$10\sqrt{3}$

(iii) $\frac{10\sqrt{3}}{3}$

1 〔独立小問集合題〕

(1)＜数の計算＞与式$=\frac{24}{5}\times15-\frac{8}{3}\times15-2\times15-\left(\frac{2}{6}-\frac{3}{6}\right)=72-40-30-\left(-\frac{1}{6}\right)=2+\frac{1}{6}=\frac{13}{6}$

(2)＜平方根の計算＞与式$=\sqrt{2}\times\left(1+\frac{1}{\sqrt{2}}+\frac{1}{\sqrt{2}}+1\right)=\sqrt{2}\times\left(\frac{2}{\sqrt{2}}+2\right)=\sqrt{2}\times\frac{2}{\sqrt{2}}+\sqrt{2}\times2=2+2\sqrt{2}$

(3)＜式の計算＞与式$=\frac{8x^3y^6}{27}\div\left(-\frac{2x^2y^5}{9}\right)\times\frac{3}{4xy}=\frac{8x^3y^6}{27}\times\left(-\frac{9}{2x^2y^5}\right)\times\frac{3}{4xy}=-\frac{8x^3y^6\times9\times3}{27\times2x^2y^5\times4xy}=-1$

(4)＜因数分解＞与式$=9axy(x^2-6xy+9y^2)=9axy(x-3y)^2$

(5)＜式の値＞与式$=x^2-y^2+x+y=(x+y)(x-y)+(x+y)$として，$x+y=A$，$x-y=B$とすると，与式$=AB+A=A(B+1)$となる。$A$，$B$をもとに戻して，与式$=(x+y)(x-y+1)$である。$x+y=\frac{11\sqrt{2}-6}{12}+\frac{6-7\sqrt{2}}{12}=\frac{4\sqrt{2}}{12}=\frac{\sqrt{2}}{3}$，$x-y+1=\frac{11\sqrt{2}-6}{12}-\frac{6-7\sqrt{2}}{12}+1=\frac{11\sqrt{2}-6-6+7\sqrt{2}+12}{12}=\frac{18\sqrt{2}}{12}=\frac{3\sqrt{2}}{2}$だから，与式$=\frac{\sqrt{2}}{3}\times\frac{3\sqrt{2}}{2}=\frac{\sqrt{4}}{2}=\frac{2}{2}=1$となる。

(6)＜関数―変域＞関数$y=\frac{2}{3}x^2$の$-1\leqq x\leqq\sqrt{2}$におけるグラフは，右図1のようになる。よって，yの最小値は0であり，最大値は，$x=\sqrt{2}$のときで，$y=\frac{2}{3}\times(\sqrt{2})^2=\frac{4}{3}$だから，$y$の変域は$0\leqq y\leqq\frac{4}{3}$となる。

図1

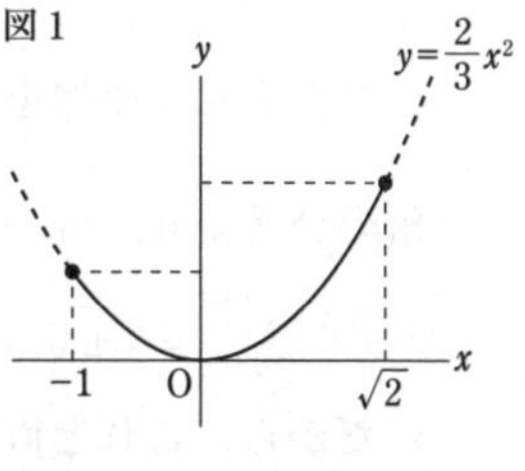

(7)＜関数―傾き＞直線$y=-\frac{3}{2}x+5$で，$y=0$のとき，$0=-\frac{3}{2}x+5$より，$x=\frac{10}{3}$となるので，x軸との交点の座標は$\left(\frac{10}{3},\ 0\right)$である。この点を直線$y=ax-6$も通るので，$0=a\times\frac{10}{3}-6$より，$a=\frac{9}{5}$となる。

(8)＜図形―面積＞右図2の立体は，合同な正方形の面が6個，合同な正三角形の面が8個でできている。図2のように，正方形の1つの面をABCD，正三角形の1つの面をADEとする。△ACDはAD＝CDの直角二等辺三角形だから，$\mathrm{AD}=\frac{1}{\sqrt{2}}\mathrm{AC}=\frac{1}{\sqrt{2}}\times2=\sqrt{2}$であり，〔正方形ABCD〕$=(\sqrt{2})^2=2$となる。また，正三角形ADEの1辺の長さは$\sqrt{2}$である。正三角形ADEの頂点Dから辺AEに垂線DMを引くと，△ADMは3辺の比が$1:2:\sqrt{3}$の直角三角形だから，$\mathrm{DM}=\frac{\sqrt{3}}{2}\mathrm{AD}=\frac{\sqrt{3}}{2}\times\sqrt{2}$

図2

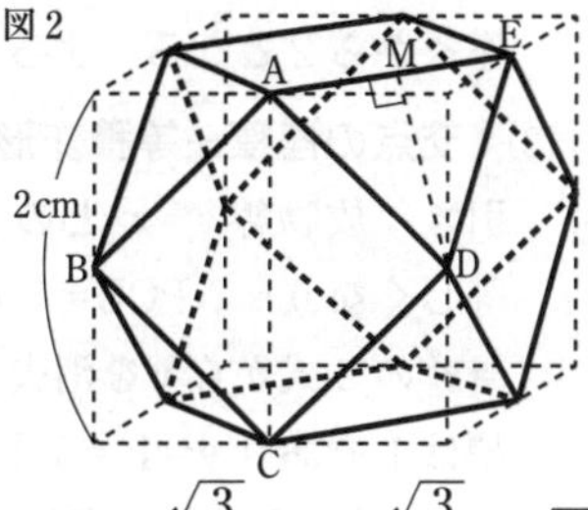

$=\dfrac{\sqrt{6}}{2}$となる。よって，$\triangle \mathrm{ADE}=\dfrac{1}{2}\times\sqrt{2}\times\dfrac{\sqrt{6}}{2}=\dfrac{\sqrt{3}}{2}$となり，求める表面積は$2\times6+\dfrac{\sqrt{3}}{2}\times8=12+4\sqrt{3}\,(\mathrm{cm}^2)$である。

(9)＜図形―体積＞右図3のように，点A～Fを定める。AB∥CDだから，△ABF∽△DCFとなり，相似比はAB：DC＝3：2となる。よって，AF：DF＝3：2であり，EF∥CDより，AE：CE＝AF：DF＝3：2となるので，AC＝5より，AE＝3，CE＝2となる。また，△AEF∽△ACDであり，相似比はAF：(AF＋DF)＝3：(3＋2)＝3：5となるので，EF：CD＝3：5より，5EF＝3CD，$\mathrm{EF}=\dfrac{3}{5}\mathrm{CD}=\dfrac{3}{5}\times2=\dfrac{6}{5}$となる。したがって，求める立体の体積は$\dfrac{1}{3}\pi\times\left(\dfrac{6}{5}\right)^2\times3+\dfrac{1}{3}\pi\times\left(\dfrac{6}{5}\right)^2\times2=\dfrac{12}{5}\pi\,(\mathrm{cm}^3)$である。

図3

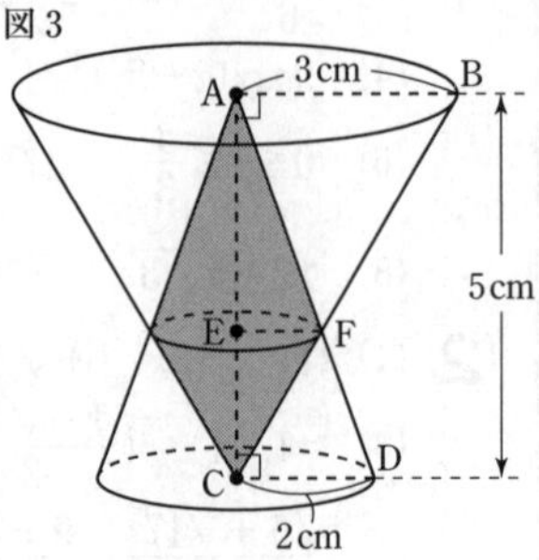

(10)＜確率―さいころ＞さいころを2回振るとき，目の出方は全部で$6\times6=36$(通り)ある。$\dfrac{a+b}{1+ab}=1$となるとき，$a+b=1+ab$，$ab-a-b+1=0$，$a(b-1)-(b-1)=0$，$(a-1)(b-1)=0$となり，$a=1$または$b=1$である。よって，a，bの組は，$(a,\ b)=(1,\ 1)$，$(1,\ 2)$，$(1,\ 3)$，$(1,\ 4)$，$(1,\ 5)$，$(1,\ 6)$，$(2,\ 1)$，$(3,\ 1)$，$(4,\ 1)$，$(5,\ 1)$，$(6,\ 1)$の11通りあるから，求める確率は$\dfrac{11}{36}$となる。

2〔関数―関数$y=ax^2$と直線〕

≪基本方針の決定≫(3)　等積変形を利用する。

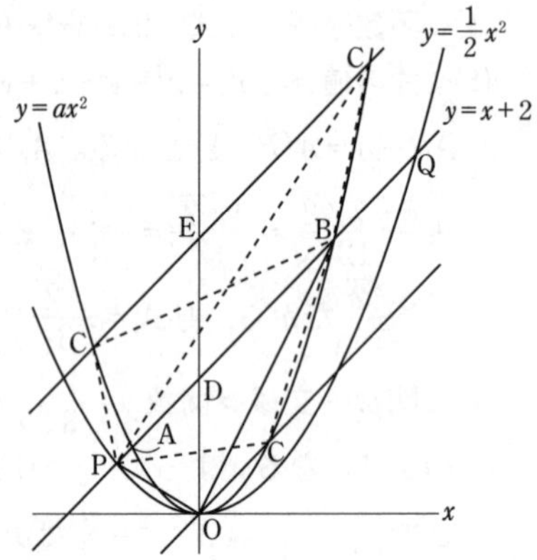

(1)＜比例定数＞右図で，点Aは直線$y=x+2$上にあって，x座標が-1なので，$y=-1+2=1$より，$\mathrm{A}(-1,\ 1)$である。点Aは放物線$y=ax^2$上にもあるので，$1=a\times(-1)^2$より，$a=1$となる。

(2)＜面積＞右図で，直線$y=x+2$とy軸の交点をDとすると，△POB＝△OPD＋△OBDであり，OD＝2となる。点Pは，直線$y=x+2$と放物線$y=\dfrac{1}{2}x^2$の交点だから，2式からyを消去して点Pのx座標を求めると，$\dfrac{1}{2}x^2=x+2$より，$x^2-2x-4=0$，解の公式より，$x=\dfrac{-(-2)\pm\sqrt{(-2)^2-4\times1\times(-4)}}{2\times1}=\dfrac{2\pm\sqrt{20}}{2}=\dfrac{2\pm2\sqrt{5}}{2}=1\pm\sqrt{5}$となる。点Pの$x$座標は負なので$1-\sqrt{5}$である。(1)より放物線①の式は$y=x^2$だから，これと直線$y=x+2$の2式から$y$を消去して点Bの$x$座標を求めると，$x^2=x+2$より，$x^2-x-2=0$，$(x-2)(x+1)=0$　∴$x=2$，-1　点Bのx座標は正なので2である。△OPD，△OBDの底辺をOD＝2とすると，△OPDの高さは点Pのx座標から$\sqrt{5}-1$，△OBDの高さは点Bのx座標から2となる。よって，$\triangle\mathrm{POB}=\dfrac{1}{2}\times2\times(\sqrt{5}-1)+\dfrac{1}{2}\times2\times2=1+\sqrt{5}$である。

(3)＜交点の座標―等積変形＞右上図のように，原点Oを通って，直線$y=x+2$に平行な直線$y=x$を引き，放物線$y=x^2$との交点をCとすると，△PCBと△POBの底辺を辺PBとしたときの高さが等しくなり，△PCB＝△POBとなる。よって，この点が求める点Cのうちの1つである。$y=x$と$y=x^2$の2式からyを消去して，$x^2=x$より，$x^2-x=0$，$x(x-1)=0$　∴$x=0$，1　よって，点Cのx座標は1であり$y=1^2=1$となるから，点(1，1)は求める点の1つである。また，DE＝OD＝2となるE(0，4)をとると，点Eを通り，直線$y=x+2$と平行な直線$y=x+4$と放物線$y=x^2$の2つの交点を

Cとしても，△PCB＝△POBとなる。$y=x+4$と$y=x^2$からyを消去して，$x^2=x+4$より，$x^2-x-4=0$，$x=\dfrac{-(-1)\pm\sqrt{(-1)^2-4\times1\times(-4)}}{2\times1}=\dfrac{1\pm\sqrt{17}}{2}$となる。点Cの$x$座標が$\dfrac{1+\sqrt{17}}{2}$のとき，$y=\dfrac{1+\sqrt{17}}{2}+4=\dfrac{9+\sqrt{17}}{2}$，点Cの$x$座標が$\dfrac{1-\sqrt{17}}{2}$のとき，$y=\dfrac{1-\sqrt{17}}{2}+4=\dfrac{9-\sqrt{17}}{2}$となる。よって，点$\left(\dfrac{1+\sqrt{17}}{2},\ \dfrac{9+\sqrt{17}}{2}\right)$，点$\left(\dfrac{1-\sqrt{17}}{2},\ \dfrac{9-\sqrt{17}}{2}\right)$の2つも求める点Cの座標となる。

3 〔資料の整理〕

(1)＜25番目の数＞表より，24番目の数は16だから，25番目の数は，16を2倍して100でわった余りである。よって，$16\times2=32$より，100でわると商が0，余りが32となるので，25番目の数は32である。

(2)＜平均値―乱数表＞乱数表から得られた10個の数字を表の番号とし，数と対応させると，11番目が14，14番目が11，40番目が18，44番目が86，41番目が36，7番目が64，64番目が90，80番目が42，27番目が20，54番目が93なので，これらの平均値を求めると，$(14+11+18+86+36+64+90+42+20+93)\div10=47.4$となる。

(3)＜代表値―中央値，平均値＞①2の累乗は101ではわりきれず，余りは1以上100以下となる。また，表の100個の数に同じ数は存在しないので，1から100までの数が全てある。よって，中央値は$\dfrac{50+51}{2}=50.5$である。　②①より，100個の資料の合計は1から100までの自然数の合計で，$1+2+3+\cdots\cdots+98+99+100=\{(1+2+3+\cdots\cdots+98+99+100)+(1+2+3+\cdots\cdots+98+99+100)\}\div2=\{(1+100)+(2+99)+(3+98)+\cdots\cdots+(98+3)+(99+2)+(100+1)\}\div2=(101+101+101+\cdots\cdots+101+101+101)\div2=101\times100\div2=5050$となるから，平均値は$5050\div100=50.5$である。

4 〔平面図形―円と三角形〕

≪基本方針の決定≫(2)(ⅲ)　(ⅱ)で求めた三角形の面積を，3つの三角形の面積を用いて表す。

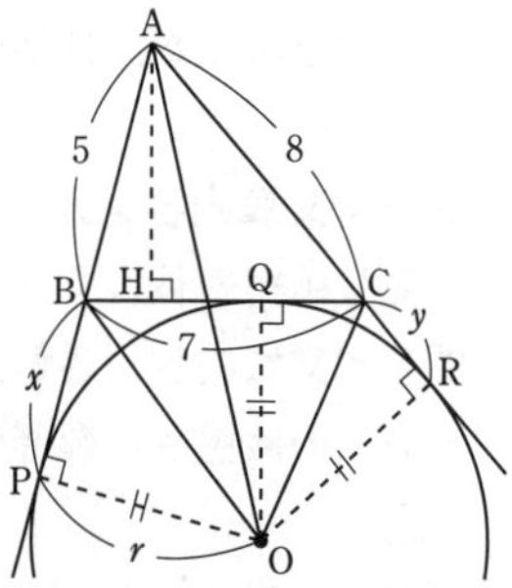

(1)＜論証―合同＞右図の△OAPと△OARにおいて，円の半径が等しいことから，OP＝OR……①であり，円の接線と接点を含む円の半径は直角に交わることから，∠OPA＝∠ORA＝90°……②である。また，OA＝OA……③である。①，②，③より，直角三角形の斜辺と他の1辺がそれぞれ等しいので，△OAP≡△OARとなる。

(2)(ⅰ)右図で，$\mathrm{AP}=x+5$，$\mathrm{AR}=y+8$となる。(1)より，AP＝ARなので，$x+5=y+8$より，$x-y=3$……⑤が成り立つ。また，(1)と同様に，△OBP≡△OBQ，△OCR≡△OCQとなるので，$\mathrm{BQ}=\mathrm{BP}=x$，$\mathrm{CQ}=\mathrm{CR}=y$より，BQ＋CQ＝BCだから，$x+y=7$……⑥となる。⑤，⑥を連立方程式として解くと，$x=5$，$y=2$となる。　(ⅱ)図の△ABHで三平方の定理より，$\mathrm{AH}^2=\mathrm{AB}^2-\mathrm{BH}^2=5^2-k^2=25-k^2$……⑦となる。また，△ACHで同様にして，$\mathrm{AH}^2=\mathrm{CA}^2-\mathrm{CH}^2=8^2-(7-k)^2=15+14k-k^2$……⑧となる。⑦，⑧より，$25-k^2=15+14k-k^2$だから，$k=\dfrac{5}{7}$となる。よって，$\mathrm{AH}=\sqrt{25-k^2}=\sqrt{25-\left(\dfrac{5}{7}\right)^2}=\sqrt{\dfrac{1200}{49}}=\dfrac{20\sqrt{3}}{7}$となるから，$\triangle\mathrm{ABC}=\dfrac{1}{2}\times7\times\dfrac{20\sqrt{3}}{7}=10\sqrt{3}$である。　(ⅲ)図で，∠BPO＝∠BQO＝∠CRO＝90°となり，△ABO，△BCO，△CAOの底辺をそれぞれ辺AB，BC，CAとしたときの高さは円Oの半径となる。円Oの半径をrとすると，$\triangle\mathrm{ABO}=\dfrac{1}{2}\times5\times r=\dfrac{5}{2}r$，$\triangle\mathrm{BCO}=\dfrac{1}{2}\times7\times r=\dfrac{7}{2}r$，$\triangle\mathrm{CAO}=\dfrac{1}{2}\times8\times r=4r$と表せる。△ABO＋△CAO－△BCO＝△ABCだから，(ⅱ)より，$\dfrac{5}{2}r+4r-\dfrac{7}{2}r=10\sqrt{3}$が成り立ち，これを解くと，$r=\dfrac{10\sqrt{3}}{3}$となる。

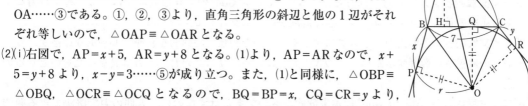

2020年度／国学院大学久我山高等学校

国語解答

一 問一　人間がなんとかできる［もの］
問二　エ　問三　イ
問四　A　科学技術　B　リスク
問五　リスクに対する多くの人々の考えをとらえてリスク認知の個人差を減らしていくことが，安全の成立につながっていくから。(56字)

二 問一　ア　問二　ウ
問三　自然を理解しようと心を開くことで，自然が与えてくれるものを感じ，自然との繋がりといっしょになって描く(50字)
問四　エ　問五　ウ

三 問一　童こそ詠みたれ　問二　ア
問三　び散りき
問四　［きこりの少年が］うまく隠し題の歌をよんだこと。

四 問一　1　恩恵　2　棄権　3　閲覧
4　歴訪　5　佳境　6　主旨
7　療養
問二　1　雲・霧　2　転・変
3　大・小

一〔論説文の読解―自然科学的分野―科学〕出典；村上陽一郎『人間にとって科学とは何か』。

≪本文の概要≫科学技術は社会への大きな影響力を持つことで，人々の生活における「安全」に対する責任も負うようにもなった。とはいえ，そもそも「安全」には合理的な基準はなく，人間の危機意識は空間的，時間的，心理的な理由によって左右されてしまう。そのため，多くの人々が何を危険と感じるか，どのような確率で危険が発生するかについては，科学的な社会調査を行い判断をすることが重要である。そのうえで，どのように危険が起こる確率を低下させられるか，もしくは被害をどれだけ抑えられるかを科学的に対策していくのである。こうして，かつて人間の力ではどうにもできなかった災害が，しだいに科学によってコントロール可能なリスクとして扱われていくことになる。逆説的な話だが，科学は人間社会の「安全」を担うと同時に，リスクも増大させていくものなのである。

問一＜文章内容＞人間の力では対処できない“Act of God”のような危険ではなく，科学技術などで発生確率や被害をコントロールできる危険が，リスクとして扱われる。

問二＜文章内容＞各個人の，リスクに対する空間的な距離，時間的な距離，心理的な距離が，リスク認知の敏感さに影響するため，その人の立場によってリスクのとらえ方は異なったものとなるのである。

問三＜文章内容＞“Act of God”は本来危険なものであるはずなのに，人間の力で解決できる範囲を超えているためにリスクとして扱われないということは，「なかなか面白いこと」である。

問四＜文章内容＞A．科学技術の進歩によって，不可抗力である“Act of God”にも対処することができるようになる。　B．“Act of God”が人間の力で対処できる危険に変わると，それはリスクとして扱われる。そのため，科学技術の進歩によって対処できる危険が増えると，同時にリスクも増えるということになる。

問五＜文章内容＞人によって何をリスクと感じるかが異なるため，そもそも「安全」には明確な基準がないといえる。そこで「安全」を成立させるためにはまず，社会調査によって多くの人がリスクと考えているものが何なのかをとらえる必要があるのである。

二〔小説の読解〕出典；砥上裕將『線は，僕を描く』。

問一＜文章内容＞適切な力加減ですった墨で描かれた絵には，温度や季節を感じさせるほどの繊細さがあり，実際にその場にいるかのような感覚をもたらすのである。

問二＜文章内容＞力を抜くことの大切さをはじめから言葉で説明するのではなく，「僕」が自分自身で気づくまで何度も墨をすらせようと，湖山先生は考えたのである。

問三＜文章内容＞湖山先生は，「僕」に対し，水墨画は心を閉ざして自分独りの力だけでこわばって描くものではなく，力を抜いて自然と心を通わせ，自然とのつながりを感じながら描くことが大事だと伝えた。

問四＜文章内容＞「僕」は，水墨画を学ぶには，努力をし，真面目に取り組むことが重要だと考えていた。しかし湖山先生からは逆に力を抜くことの大切さを教えられ，水墨画に対する固定観念が崩れるのを感じたのである。

問五＜主題＞「僕」は父母を亡くし，独りで真面目に生きてきた青年であった。そんな「僕」に対し，湖山先生は，水墨画を通じて心を開くことや自然とつながることの大切さを伝え，「僕」の孤独を優しく解きほぐしてくれたのである。

三〔古文の読解―説話〕出典；『宇治拾遺物語』巻第十二ノ十一。

≪現代語訳≫今ではもう昔のことだが，隠し題をとてもおもしろがりなさった帝が，篳篥を題に歌をつくらせなさったときに，人々が上手によめずにいたところ，木こりの子が，明け方に，山へ行くときにこう言った。「近頃，(帝が)篳篥をよませなさるらしいけれども，誰もがうまくよめなかったそうだ。自分ならよめたのだがなあ」と言ったところ，一緒に行く子が「ああ，身の程知らずだな。そんなこと，言ってくれるな。似合わないよ，いまわしい」と言ったので，「(歌をよむのに，)どうして，似合うかどうかが関係あるのだ」と言って，

めぐりくる春のたびごとに，桜の花は何度散ったことだろう。誰かにきいてみたいものだ。

とよんだ。柄にもなく，意外(にうまくよんだの)だった。

問一＜古文の内容理解＞「木こる童」は，誰も上手によめなかった篳篥を隠し題にした歌を，自分ならよむことができたと言った。

問二＜古文の内容理解＞「具して行く童部」は，篳篥を隠し題にした歌をよめたと主張する「木こる童」の言葉が信じられず，自分の身の程をわきまえるべきだと言った。

問三＜和歌の技法＞「いくたび散りき」の「び散りき」は「ひちりき」の音と重なり，篳篥がよみこまれている。

問四＜古文の内容理解＞誰も上手によめなかった篳篥を隠し題にした歌を，「木こる童」は身分や見た目に似合わず，意外にも見事によんでみせた。

四〔国語の知識〕

問一＜漢字＞1．「恩恵」は，与えられた恵みのこと。　2．「棄権」は，自分の権利をすてること。　3．「閲覧」は，図書や書類を調べたり読んだりすること。　4．「歴訪」は，いろいろな土地や人を訪ねること。　5．「佳境」は，興味を感じさせる良い場面のこと。　6．「主旨」は，考えや文章などで，中心となる事柄のこと。　7．「療養」は，病気やけがの手当てをし，身体を休めること。

問二＜四字熟語＞1．「雲散霧消」は，雲や霧が消えるときのように，跡形もなくなってしまう，という意味。　2．「有為転変」は，この世のいっさいの物事は常に移り変わり，はかないものである，という意味。　3．「大同小異」は，それぞれに小さな違いはあっても，だいたいは同じである，という意味。

Memo

2019年度　国学院大学久我山高等学校

【英　語】（50分）〈満点：100点〉

1　以下はオリンピックの歴史について書かれた文章です。これを読み，あとの設問に答えなさい。

[1] Today, the Olympic Games, or the ‘Olympics,’ happen every four years and are held in a different country each time. At the Olympics, top athletes from around the world come together to test their skills in *individual or team sports. It’s an *opportunity for them to *compete against the world’s other great sportsmen and women for Olympic medals. Olympic gold medals are the lifetime dream of athletes everywhere. However, in order to understand the modern Olympics better, we must return to the *origin of the Olympic Games : Greece.

[2] For the ancient Greeks, the Olympic Games showed the highest form of *physical achievement. The games were a mix of athletic skill and religion. They were celebrated in a festival for the Greek god Zeus. The ancient Greeks believed that Zeus was the king of the gods and therefore he was the most powerful of them all. The Olympics were also a time of *political calm. While the Olympic Games were happening, there was peace all over the land. Athletes traveled from all over the ancient Greek world to compete in events in beautiful, green Olympia. At the time, Olympia was used only for Olympic events and *religious or political meetings.

[3] According to *legend, a runner named Coroebus was the first Olympic champion in 776 B.C. ①He was (　　　　) in a foot race. Foot races were central events in the ancient games at the time. Only men could compete in the races and they wore no shoes or clothes. They were covered only in olive oil as they ran down a straight road. These races took place in front of huge crowds of as many as 40,000 people.

[4] Over the centuries, the Olympic Games developed and changed, and the events became more serious. Olympic rules were created and Olympic athletes were asked to train for at least ten months before the big event. Also, they were asked to keep a *demanding training plan just before the games. They had to train with *expert judges for the 30 days before they competed. (　②　), but the games quickly got bigger and began to *include more than just running. They also started to include the *pentathlon events. The pentathlon included five sports : discus throwing, ③javelin throwing, running, long jumping, and wrestling. Several of these activities are still seen today as parts of the modern-day *decathlon or as individual events.

[5] Many of the individual sports were almost the same as they are now. Others were performed in a different way or used different *equipment. Discus throwers, for example, competed in much the same way that they do now, but their discus was made of stone. Later, this stone discus was replaced by ones that were made with various metals, such as bronze. The long jump was a little bit different in the ancient Olympics. Long jumpers used to run quickly down a track towards the jump area just as they do today. However, at that time, the jumpers held weights in their hands to give them more *momentum. This weight helped to push the athletes through the air when they jumped. The javelin-throwing event has remained almost

the same. The sport came directly from the skills that people used when they hunted animals. The javelins that were used in the ancient Olympic Games were very much like those of the modern games. They were *pointed wooden sticks and were about the same *height as a man. However, the javelins that were used in the ancient Olympics had a special *leather holder on them. This gave the throwers more power and *accuracy so they were able to throw greater distances.

6 While some ancient Olympic events needed *strength, others *focused on one thing : (④). There were two events, chariot racing and horseback riding, in the riding ring of the Hippodrome. In chariot racing, a two-wheeled *vehicle was driven by a man and pulled by horses. [A] In horseback riding, men rode on the backs of horses and used only their legs to hold on. [B] Both of these events focused on being the fastest person in the race. [C] The ancient Greek wrestling and boxing matches took place in the training area called the Palaestra. [D] In wrestling, the winner was the first man to throw his *opponent to the ground three times. Boxing matches in the ancient games didn't have time limits. Boxers wrapped pieces of leather around their *wrists for support. ⑤They kept fighting until one man said that he was beaten or one was hit so hard that he could no longer fight. Surprisingly, in wrestling and boxing size and weight were not important. *Competitors were placed in just two *categories : one for men and the other for boys.

7 Winning an event in the ancient Olympics was quite different from winning one in today's games. Nowadays, athletes receive gold, silver, and bronze medals for ending an event in first, second, or third place. In ancient times, though, there was only one winner for each event. The prize for winning was not a medal, but an olive *wreath. At the time, an Olympic olive wreath was a sign of social position for an athlete. Winners of this prize could return to their villages as respected individuals. Many people in ancient Greece thought of Olympic champions as *demigods, so they were thought to be especially great. Unfortunately, the Olympic Games weren't considered to be a special event by everyone. In 393 A.D., nearly 12 centuries after they first started, the Olympic Games were stopped by *Roman Emperor Theodosius I. It was another 1,500 years before the Olympic Games were brought back to life in modern times. The first modern international Olympic Games were held in Athens in 1896. Since then, the Olympics have developed into one of the world's most important sporting events. The ancient Greek Olympic Games have survived ⑥the test of time and history. (⑦) they have changed over the years, one thing has always remained the same : the games still celebrate sports in the exciting Olympian way !

individual：個人(の)，個々の　opportunity：機会　compete：競う　origin：起源
physical achievement：身体的到達度　political calm：政治的平穏　religious：宗教的な
legend：伝説　demanding：きつい　expert judge：専門の審判員　include：～を含む
pentathlon：五種競技　decathlon：十種競技　equipment：道具　momentum：はずみ
pointed：先のとがった　height：高さ　leather holder：革製の持ち手　accuracy：正確さ
strength：強さ　focus on：～に焦点を合わせる　vehicle：乗り物　opponent：相手
wrist：手首　competitor：競技者　category：カテゴリー　wreath：花冠
demigod：神格化された英雄　Roman Emperor Theodosius I：ローマ皇帝テオドシウス１世

問１　下線部①が文脈に沿った内容の英文になるように，以下の語句を最も適切な順番に並べかえ，

(　)内において1番目と4番目に来る語句の記号を答えなさい。

イ　to beat　　ロ　a local cook　　ハ　all the other runners
ニ　who was　　ホ　enough　　ヘ　fast

問2　(②)に「速く走ることができることは，とても重要な技能であり続けた」という意味の英文が入るように以下の語句を並べかえ，1番目と4番目に来る語句の記号を答えなさい。ただし，文頭に来る語も小文字になっている。

イ　being　　ロ　continued to　　ハ　a very important skill
ニ　able to　　ホ　be　　ヘ　run fast

問3　下線部③の競技の起源を，本文に即して日本語で簡潔に説明しなさい。

問4　古代オリンピックで行われた円盤投げ，幅跳び，やり投げの特徴をそれぞれ日本語で簡潔にまとめなさい。

問5　(④)に入るsから始まる英語1語を，文脈から考えて答えなさい。

問6　次の英文が入る最も適切な場所を A ～ D の中から選び，記号で答えなさい。

On the other hand, there were also sports which needed physical strength.

問7　下線部⑤を日本語にしなさい。

問8　下線部⑥に関して，本文に即して考えた場合，どのような歴史的事実を指しているか，日本語で答えなさい。

問9　(⑦)に入る適切な語を下から選び，記号で答えなさい。

イ　However　　ロ　But　　ハ　Although　　ニ　Because

問10　次の問いに，(　)内に記された段落を参考に，指定された語数の英語で答えなさい。

1　Why does the writer talk about the origin of the Olympics?（第 1 段落／8語）
2　Were women allowed to join foot races in the ancient Olympic Games?（第 3 段落／3語）
3　In the ancient Olympics, what was the prize to the winner for each event?（第 7 段落／5語）
4　When and where were the first modern international Olympic Games held?（第 7 段落／7語）

問11　本文の内容と一致するものには○，一致しないものには×を記入しなさい。

1　The ancient Olympic Games were religious, and there were no wars or fights in Greece while they were held.
2　Olympia was the place in which the ancient Olympic Games were held and the athletes got together from all over the ancient Greek world.
3　Though the events in the ancient Olympic Games became more serious, the athletes were not asked to train harder under the Olympic rules.
4　In ancient wrestling, the person who threw his opponent to the ground first became the winner.
5　The first, second, and third winners in the ancient Olympics were respected by their neighbors, when they went back to their villages.
6　After Roman Emperor Theodosius I stopped the ancient Olympic Games, it took us about 1,500 years to start the modern ones.

2 次の会話文を読み，空所［ 1 ］～［ 5 ］に入れるのに最も適切なものを下のイ～へから選び，記号で答えなさい。ただし，同じ記号を2回以上用いないこと。

Julia : This pair of sneakers is very nice, isn't it? I'm sure they look good on you.

Mika : They're all right, but they're a little too small for me.

Julia : I think they're your size and shoes usually stretch. Why don't you buy them and see?

Mika : Well, I'm not sure if I should buy them. They're expensive, too. ［ 1 ］

Julia : Then why don't you work part-time?

Mika : I don't have much time. ［ 2 ］

Julia : I see. I was wondering why many students in Japan stay at school longer than those in my country. We leave school soon after classes finish.

Mika : Also, ［ 3 ］ My friends are in the same situation, too.

Julia : That's so different from my country. Some of my friends started working when they became high school students but none of them had such a problem.

Mika : And I have so much homework to do now. I have to write an English report by the end of this month. I'm working on it very hard these days.

Julia : Oh, ［ 4 ］ Well, then, you must be too busy to go to this concert with me.

Mika : Are you going to a concert?

Julia : Yes. It's at the end of this month. I have two tickets. Look.

Mika : Wow! Look at those names! How did you get them?

Julia : My parents got them on the Internet and gave them to me as a birthday gift. Do you want to come with me?

Mika : Yes, ［ 5 ］ Then I can go to the concert with you!

イ I'm sure my parents won't let me work part-time now.
ロ I'll work hard to finish my homework soon.
ハ I've worked part-time for a short time before.
ニ I didn't know you were such a hard worker.
ホ I'm in the drama club so I have to practice after school and during long holidays.
ヘ I'm a high school student and I don't have enough money.

3 次の1～5の各組の英文がほぼ同じ意味になるように，(　)内に適切な1語を入れなさい。

1 { My uncle took these photos in Paris.
  These are the photos (　　) by my uncle in Paris.

2 { Andrew's last novel was unfinished when he died.
  Andrew died before (　　) his last novel.

3 { Do you know when this temple was built?
  Do you know how (　　) this temple is?

4 { How will the weather be tomorrow?
  What will the weather be (　　) tomorrow?

5 { My computer is half as big as yours.
  My computer is half the (　　) of yours.

4
次の1～5の英文中の下線部には1ヶ所文法上の誤りがある。訂正した語(句)を答えなさい。

(例題) Mike wants teaching English to children in the future. 解答：to teach

1 If Mr. White calls us for a ride, please ask him what time he gets to the station.

2 This is the most exciting game that I have never seen.

3 She is looking forward to going skiing to Canada before she graduates from college next spring.

4 He always drives his car more careful than anyone else in my office.

5 The man whose parents are famous writers have been proud of them since he was small.

5
次の1～4は下線部の発音が他の語と異なるものを，5，6は最も強く発音する位置が他の語と異なるものをイ～ニから一つずつ選び，記号で答えなさい。

1	イ bread	ロ said	ハ great	ニ head
2	イ clear	ロ near	ハ dear	ニ wear
3	イ change	ロ damage	ハ danger	ニ major
4	イ northern	ロ month	ハ theory	ニ through
5	イ pat-tern	ロ mes-sage	ハ con-trol	ニ prod-uct
6	イ de-vel-op	ロ de-li-cious	ハ mu-si-cian	ニ pas-sen-ger

6
次のテーマに沿って，できるだけたくさんの英文を自由に書きなさい。囲み内の語は英文を書くための参考です。これらの語を使っても使わなくても構いません。

英文のテーマ：行ってみたい国

abroad	sightseeing	experience	because
restaurant	language	culture	communicate

【数　学】（50分）〈満点：100点〉

〔注意〕 円周率はπとする。

1 　次の$\boxed{\quad}$を適当にうめなさい。

(1) $\dfrac{3x+2y}{4}-\dfrac{2x-y}{6}=\boxed{\quad}$

(2) $a=-3$，$b=5$のとき，$\left(\dfrac{3}{4}a^3b\right)^3\times\left(-\dfrac{1}{9}ab^2\right)^2\div\left(-\dfrac{5}{128}a^7b^6\right)$の値は$\boxed{\quad}$である。

(3) $\sqrt{27}-\left(\dfrac{\sqrt{6}-\sqrt{2}}{2}\right)^2-\dfrac{12}{\sqrt{3}}=\boxed{\quad}$

(4) $x^2-9y+3xy-9$を因数分解すると$\boxed{\quad}$である。

(5) 2次方程式$x^2-2x+1-2a=0$の1つの解が$x=1+\sqrt{2}$であるとき，定数aの値を求めると，$a=\boxed{\quad}$である。

(6) 連立方程式$\begin{cases} w+x+2y+z=1 \\ w-2x+y-z=-2 \end{cases}$について，$w$，$x$，$y$，$z$のうち0でないものは1つだけであるとき$w=\boxed{\text{①}}$，$x=\boxed{\text{②}}$，$y=\boxed{\text{③}}$，$z=\boxed{\text{④}}$である。

(7) 0，1，1，2，2の5個の数字の中から，3個の数字を使ってできる3けたの自然数は全部で$\boxed{\quad}$個である。

(8) たくさんの黒玉だけが入った箱がある。この箱に400個の白玉を入れてよくかき混ぜた。その後，箱の中を見ないようにして500個の玉を無作為に取り出したところ，取り出した500個の中に25個の白玉が入っていた。このことから，はじめに箱の中に入っていた黒玉のおよその個数は$\boxed{\quad}$個である。

(9) 右の図1において，$\overset{\frown}{\mathrm{AB}}:\overset{\frown}{\mathrm{BC}}:\overset{\frown}{\mathrm{CD}}:\overset{\frown}{\mathrm{DA}}=1:2:3:4$のとき，$\angle x$の大きさは$\boxed{\quad}$度である。

(10) 右の図2において，放物線$y=x^2$と直線$y=x+3$の交点のx座標は$\boxed{\quad}$である。

図1

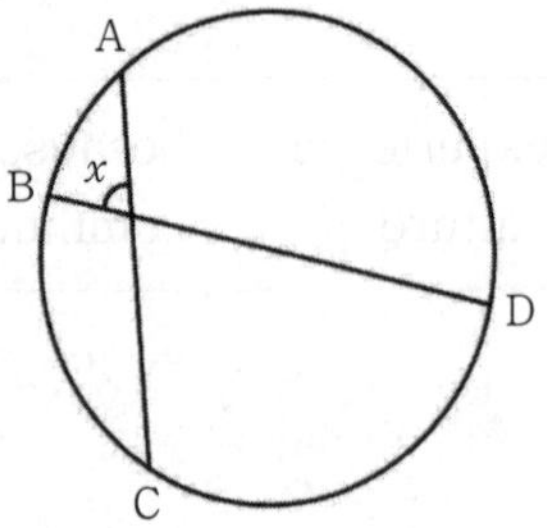

図2

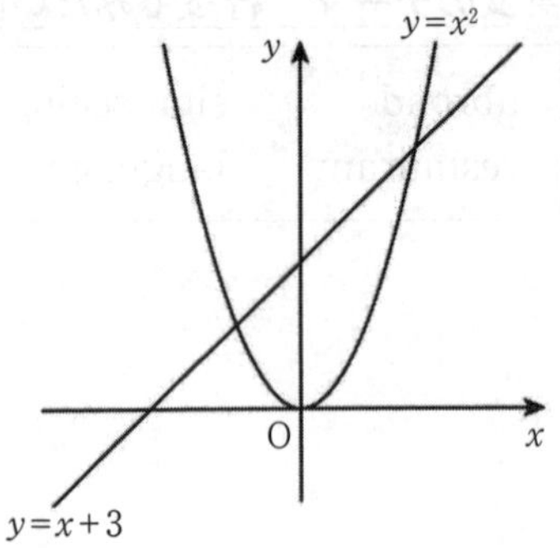

2 　右図において，2つの放物線$y=x^2$，$y=\dfrac{1}{2}x^2$と，原点を通る傾きが正の直線lとの交点のうち，x座標が正であるものをそれぞれA，Bとする。点Aは線分OBの中点であり，点P(0，8)を通る直線mと線分ABとの交点をQとする。点Aのx座標をaとして，次の問いに答えなさい。

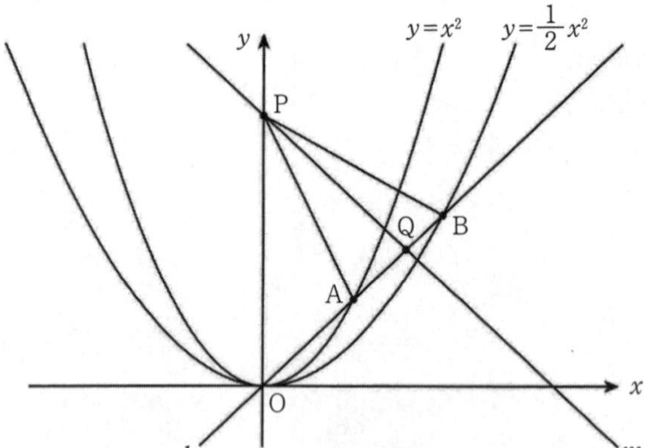

(1) 点Bの座標をaを用いて表しなさい。

(2) △ABPの面積を8とする。

① aの値を求めなさい。

② △AQPの面積が△ABPの面積の$\dfrac{2}{3}$倍となるとき，直線mの式を求めなさい。

3 方程式 $24x+19y=1$…① を満たす整数 x，y の組について考える。

次の $\boxed{\text{ア}}$ から $\boxed{\text{ク}}$ にあてはまる式や値を書きなさい。

①より $y=\dfrac{1-24x}{19}$ ここで，$\dfrac{24}{19}=\dfrac{5}{19}+\dfrac{19}{19}$ だから，

$$y=\frac{1-5x-19x}{19}$$

$$=\frac{1-5x}{19}-x$$

y は整数だから a を整数として，$1-5x=19a$…② と表せる。

②より $x=\dfrac{1-19a}{5}$ ここで，$\dfrac{19}{5}=\dfrac{4}{5}+\dfrac{15}{5}$ だから，

$$x=\frac{1-4a-15a}{5}$$

$$=\frac{\boxed{\text{ア}}}{5}-3a$$

x は整数だから b を整数として，$\boxed{\text{ア}}=5b$…③ と表せる。

③より $a=\dfrac{\boxed{\text{イ}}}{4}$

$$=\frac{\boxed{\text{ウ}}}{4}-b$$

a は整数だから c を整数として，$\boxed{\text{ウ}}=4c$…④ と表せる。

④より $b=\boxed{\text{エ}}$

これより，x，y を c を用いて表すと，$x=\boxed{\text{オ}}$，$y=\boxed{\text{カ}}$ となる。

よって，①を満たす整数の組のうち x の値が100に最も近い組は，

$(x,\ y)=(\boxed{\text{キ}},\ \boxed{\text{ク}})$ である。

4 図のような，1辺の長さが4の正方形を底面とする，辺AEの長さが3の直方体ABCD-EFGHがある。辺AB，ADの中点をそれぞれP，Qとする。この直方体を4点P，F，H，Qを通る平面で切る。点Aを含む方の立体APQ-EFHについて，下の問いに答えなさい。ただし，(4)については途中経過も記しなさい。

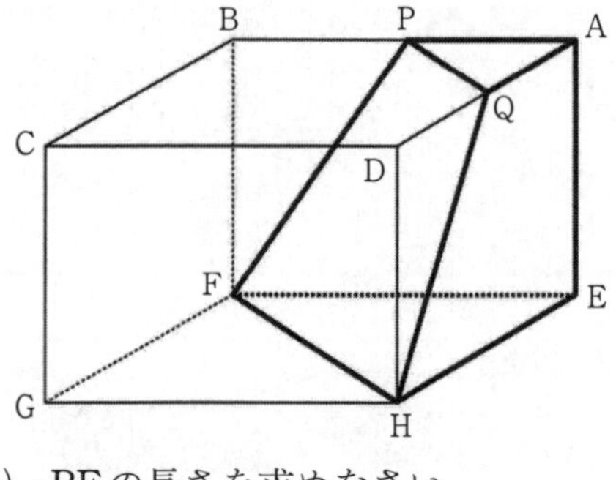

(1) PFの長さを求めなさい。

(2) 四角形PFHQの面積を求めなさい。

(3) 立体APQ-EFHの体積を求めなさい。

(4) 点Eと平面PFHQとの距離を求めなさい。

四 次の各問に答えなさい。

問一 次の①～⑦の文の――線のカタカナを漢字に直しなさい。

① 裁判をボウチョウする。

② 人生のブンキ点に立つ。

③ ケイヤクが成立した。

④ オンケンな考えを尊重する。

⑤ 留学生とのコウカン会に参加する。

⑥ 海中深くモグる。

⑦ 寄付をツノる。

問二 次の①～③の三字熟語の□に当てはまる漢字をそれぞれ記しなさい。

① 青□才…年若く経験に乏しい男。

② 正□場…失敗の許されない大事な場面。

③ □後策…うまく後始末をするための方策。

えて冷静に振る舞おうとしている。
4　白は善行を積んだことが功を奏し、お嬢さんたちとの平和な日常に戻れたことに満足している。

問五　本文の説明として最も適当なものを次の中から選び、番号で答えなさい。
1　わかりやすい比喩が複数用いられ、情景が目に浮かぶように物語が展開している。
2　優しい語り口と時折はさまれるユーモアが、作品の雰囲気を常に明るく保っている。
3　白い犬が黒くなるという象徴的な出来事を通して、友を裏切る罪深さを教え諭《さと》そうとしている。
4　健気《けなげ》な犬の心情を細やかに描くことで、表面的にしか物事を見ない人間の愚かしさを指摘している。

三　次の文章を読んで、後の各問に答えなさい。

今はむかし、ある人牛を売りけるに、買主《かひぬし》いふやう、「この牛は、力も強く病気《やまひけ》もなきか」といへば、売主《うりぬし》答へていはく、「中々《いかにも》力の強く、しかも息災《そくさい》《丈夫》な。＊大坂陣では＊佐奈田《さなだ》ぢやと思へ」といふ。①「さらば《それならば》」とて買ひ取る。②五月になりて、この牛に＊犂《からすき》をかけて田をすかするに、一向《いっかう》《全く》弱うて田をもすかず、犂は一足もひかず。ややもすれば人を見てはかけ出でて、角《つの》にて、かけんかけん《突こう》とするほどに、「何の役にも立たぬ牛なり。さてさて憎い事をいふて買はせた。大坂陣では佐奈田ぢやと申したほどに、さこそ《さぞかし》強からうと思ふたれば、犂は一足もひかず、そのくせに人を見てはかけんとする」と腹立ちて居《を》る。ある時かの売主に逢ふて、「其方《そなた》はとどかぬ《いいかげんな》嘘をついて、人をばかけて、犂をばひかぬ牛を、佐奈田ぢやといふて売りつけられた」といへば、売主答へていはく、「さうであらう。犂は一足もひくまい。人を見てはかけんとする事は定《ぢやう》《本当》であらう。さればこそ佐奈田とは申しつれ。大坂陣で佐奈田は、たびたびかけこそしたれ、一足もひいたことはなかつた。その牛も［　　］によりて佐奈田ぢや」といふた。

（『浮世物語』より）

〈注〉　大坂陣…豊臣方の守る大坂城を徳川方の大軍が攻撃し、豊臣方が敗北した戦い。
佐奈田…真田幸村。豊臣方の武将として活躍した。
犂…田畑を耕す道具。

問一　――線①とありますが、買い取った意図として最も適当なものを次の中から選び、番号で答えなさい。
1　真田幸村の名声にあやかりたいと思ったから。
2　真田幸村よりも丈夫で長生きすると思ったから。
3　真田幸村のように強くて役に立つと思ったから。
4　真田幸村を超える活躍が期待できると思ったから。

問二　――線②の読み方（月の異名）をひらがなで答え、その季節を漢字で記しなさい。

問三　［　　］にあてはまる言葉を次の中から選び、番号で答えなさい。
1　強き　2　弱き　3　かけぬ　4　ひかぬ

問四　＝＝線の「かけて」には二つの意味がかけられています。解答欄に合うようにそれぞれ5字以内で記しなさい。

勿論お嬢さんや坊ちゃんはあしたにもわたしの姿を見ると、きっとまた野良犬と思うでしょう。ことによれば坊ちゃんのバットに打ち殺されてしまうかも知れません。しかしそれでも本望です。お月様！　お月様！　わたしは御主人の顔を見る外に、何も願うことはありません。その為に今夜ははるばるともう一度ここへ帰って来ました。どうか夜の明け次第、お嬢さんや坊ちゃんに会わして下さい。」

　白は独語を云い終わると、芝生に顎《あご》をさしのべたなり、何時《いつ》かぐっすり寝入ってしまいました。

「驚いたわねえ、春夫さん。」

「どうしたんだろう？　姉さん。」

　白は小さい主人の声に、はっきりと目を開きました。見ればお嬢さんや坊ちゃんは犬小屋の前に佇《たたず》んだまま、不思議そうに顔を見合わせています。白は一度挙げた目をまた芝生の上へ伏せてしまいました。お嬢さんや坊ちゃんは白がまっ黒に変わった時にも、やはり今のように驚いたものです。あの時の悲しさを考えると、――白は今では帰って来たことを後悔する気さえ起こりました。するとその途端です。坊ちゃんは突然飛び上がると、大声にこう叫びました。

「お父さん！　お母さん！　白がまた帰って来ましたよ！」

　白が！　白は思わず飛び起きました。すると逃げるとでも思ったのでしょう。お嬢さんは両手を延ばしながら、しっかり白の頸《くび》を押さえました。同時に白はお嬢さんの目へ、じっと彼の目を移しました。お嬢さんの目には黒い瞳にありありと犬小屋が映っています。高い棕櫚の木のかげになったクリーム色の犬小屋が、――そんなことは当然に違いありません。しかしその犬小屋の前には米粒ほどの小ささに、白い犬が一匹座っているのです。清らかに、ほっそりと。――白はただ※恍惚《こうこつ》とこの犬の姿に見入りました。

④「あら、白は泣いているわよ。」

お嬢さんは白を抱きしめたまま、坊ちゃんの顔を見上げました。坊ちゃんは――御覧なさい、坊ちゃんの威張っているのを！

「へっ、姉さんだって泣いている癖に！」

（芥川龍之介『白』による）

〈注〉活動写真…映画の旧称。

恍惚…うっとりとする様子。

問一　――線①の説明として最も適当なものを次の中から選び、番号で答えなさい。

1　黒君を罠にかけた犬殺しの恐ろしさがよみがえってきている。

2　予想外のことが起きるこの世の不思議を思い知らされている。

3　自分が犯してしまったことの重大さに突然気づかされている。

4　耳を疑うような言葉によって言いしれぬ恐怖に襲われている。

問二　――線②とありますが、どのようなことに対する「悲しさと怒り」ですか。解答欄に合うように40字～50字で説明しなさい。

問三　――線③の説明として最も適当なものを次の中から選び、番号で答えなさい。

1　飼い主を失った白だが、一方では蝶のような自由な世界を手に入れたことを暗示している。

2　白の心中とはうらはらな蝶の様子を描くことで、白の抱いている孤独感を際立たせている。

3　白には目もくれない蝶を登場させて、自力で生きるしかない自然界の無情さを強調している。

4　「黒塀」「銀の粉」「紋白蝶」と色彩を重ねることで、変わりゆく心情を鮮やかに表現している。

問四　――線④から読み取れることとして最も適当なものを次の中から選び、番号で答えなさい。

1　お嬢さんは白をからかうことで、思わず泣いてしまった気まずさをごまかそうとしている。

2　お嬢さんは、突然いなくなってしまった白と再会できたことへのうれしさで感極まっている。

3　坊ちゃんも感激で胸がいっぱいなのだが、姉の手前感情を抑白はただ夢のように、ベンチの並んでいる路《みち》ばたへ出ました。するとその路の曲がり角の向こうにけたたましい犬の声が起こったのです。

「きゃん。きゃん。助けてくれえ！　きゃあん。きゃあん。助けてくれえ！」

白は思わず身震いをしました。この声は白の心の中へ、あの恐ろしい黒の最後をもう一度はっきり浮かばせたのです。白は目をつぶったまま、元来た方へ逃げ出そうとしました。けれどもそれは言葉通り、ほんの一瞬の間のことです。白は凄《すさ》まじい唸《うな》り声を洩らすと、きりりとまた振り返りました。

「きゃあん。きゃあん。助けてくれえ！　きゃあん！　きゃあん。助けてくれえ！」

この声はまた白の耳にはこう云う言葉にも聞こえるのです。

「きゃあん。きゃあん。臆病ものになるな！　きゃあん。臆病ものになるな！」

白は頭を低めるが早いか、声のする方へ駆け出しました。

けれどもそこへ来て見ると、白の目の前へ現れたのは犬殺しなどではありません。ただ学校の帰りらしい、洋服を着た子供が二三人、頸《くび》のまわりへ縄をつけた茶色の子犬を引きずりながら、何かわいわい騒いでいるのです。子犬は一生懸命に引きずられまいともがきもがき、「助けてくれえ。」と繰り返していました。しかし子供たちはそんな声に耳を貸すけしきもありません。ただ笑ったり、怒鳴ったり、あるいはまた子犬の腹を靴で蹴ったりするばかりです。

白は少しもためらわずに、子供たちを目がけて吠えかかりました。不意を打たれた子供たちは驚いたの驚かないのではありません。また実際白のようすは火のように燃えた眼の色と云い、刃物のようにむき出した牙《きば》の列と云い、今にも嚙《か》みつくかと思うくらい、恐ろしいけんまくを見せているのです。子供たちは四方へ逃げ散りました。中にはあまり狼狽《ろうばい》したはずみに、路ばたの花壇へ飛びこんだのもあります。白は二三間《けん》追いかけた後、くるりと子犬を振り返ると、叱るようにこう声をかけました。

「さあ、おれと一緒に来い。お前の家まで送ってやるから。」

白は元来た木々の間へ、まっしぐらにまた駆けこみました。茶色の子犬も嬉しそうに、ベンチをくぐり、薔薇《ばら》を蹴散らし、白に負けまいと走って来ます。まだ頸にぶら下がった、長い縄をひきずりながら。

【中略】

その後の白はどうなったか？——それは一々話さずとも、いろいろの新聞に伝えられています。大方どなたも御存知でしょう。度々危うい人命を救った、勇ましい一匹の黒犬のあるのを。また一時『義犬《ぎけん》』と云う＊活動写真の流行したことを。あの黒犬こそ白だったのです。

【中略】

ある秋の真夜中です。体も心も疲れ切った白は主人の家へ帰って来ました。勿論《もちろん》お嬢さんや坊ちゃんはとうに床へはいっています。いや、今は誰一人起きているものもありますまい。ひっそりした裏庭の芝生の上にも、ただ高い棕櫚の木の梢に白い月が一輪浮かんでいるだけです。白は昔の犬小屋の前に、露に濡れた体を休めました。それから寂しい月を相手に、こういう独語《ひとりごと》を始めました。

「お月様！　お月様！　わたしは黒君を見殺しにしました。わたしの体のまっ黒になったのも、大方そのせいかと思っています。しかしわたしはお嬢さんや坊ちゃんにお別れ申してから、あらゆる危険と戦って来ました。それは一つには何かの拍子《ひょうし》に煤《すす》よりも黒い体を見ると、臆病を恥じる気が起こったからです。けれどもしまいには黒いのがいやさに、——この黒いわたしを殺したさに、あるいは火の中へ飛びこんだり、あるいはまた狼と戦ったりしました。が、不思議にもわたしの命はどんな強敵にも奪われません。死もわたしの顔を見ると、どこかへ逃げ去ってしまうのです。わたしはとうとう苦しさのあまり、自殺をしようと決心しました。ただ自殺をするにつけても、ただ一目会いたいのは可愛がって下すった御主人です。

まで逃げて来れば、罠にかかる心配はありません。おまけに青あおした芝の上には、幸いお嬢さんや坊ちゃんもボール投げをして遊んでいます。それを見た白の嬉しさは何と云《い》えば好《い》いのでしょう？　白は尻尾を振りながら、一足飛びにそこへ飛んで行きました。

「お嬢さん！　坊ちゃん！　今日は犬殺しに遇《あ》いましたよ。」

白は二人を見上げると、息もつかずにこう云いました。（もっともお嬢さんや坊ちゃんには犬の言葉はわかりませんから、わんわんと聞こえるだけなのです。）しかし今日はどうしたのか、お嬢さんも坊ちゃんもただ呆気《あっけ》にとられたように、頭さえ撫《な》でてはくれません。白は不思議に思いながら、もう一度二人に話しかけました。

「お嬢さん！　あなたは犬殺しを御存じですか？　それは恐ろしいやつですよ。坊ちゃん！　わたしは助かりましたが、お隣の黒君は攫《つか》まりましたぜ。」

それでもお嬢さんや坊ちゃんは顔を見合わせているばかりです。おまけに二人はしばらくすると、こんな妙なことさえ云い出すのです。

「どこの犬でしょう？　春夫さん。」

「どこの犬だろう？　姉さん。」

どこの犬？　今度は白の方が呆気にとられました。（白にはお嬢さんや坊ちゃんの言葉もちゃんと聞きわけることが出来るのです。）

「どこの犬とはどうしたのです？　わたしですよ！　白ですよ！」

けれどもお嬢さんは相変らず気味悪そうに白を眺めています。

「お隣の黒の兄弟かしら？」

「黒の兄弟かも知れないね。」坊ちゃんもバットをおもちゃにしながら、考え深そうに答えました。

「こいつも体中まっ黒だから。」

①白は急に背中の毛が逆立《さかだ》つように感じました。まっ黒！　そんなはずはありません。白はまだ子犬の時から、牛乳のように白かったのですから。しかし今前足を見ると、――いや、前足ばかりではありません。胸も、腹も、後足も、すらりと上品に延《の》びた尻尾も、みんな鍋底のようにまっ黒なのです。まっ黒！　まっ黒！　白は気でも違ったように、飛び上がったり、跳ね廻ったりしながら、一生懸命に吠え立てました。

「あら、どうしましょう？　春夫さん。この犬はきっと狂犬だわよ。」

お嬢さんはそこに立ちすくんだなり、今にも泣きそうな声を出しました。しかし坊ちゃんは勇敢です。白はたちまち左の肩をぽかりとバットに打たれました。と思うと二度目のバットも頭の上へ飛んで来ます。白はその下をくぐるが早いか、元《もと》来た方へ逃げ出しました。けれども今度はさっきのように、一町も二町も逃げ出しはしません。芝生のはずれには棕櫚《しゅろ》の木のかげに、クリーム色に塗った犬小屋があります。白は犬小屋の前へ来ると、小さい主人たちを振り返りました。

「お嬢さん！　坊ちゃん！　わたしはあの白なのですよ。いくらまっ黒になっていても、やっぱりあの白なのですよ。」

②白の声は何とも云われぬ悲しさと怒りとに震えていました。けれどもお嬢さんや坊ちゃんにはそう云う白の心もちも呑《の》みこめるはずはありません。現にお嬢さんは憎らしそうに、

「まだあすこに吠えているわ。ほんとうに図々しい野良犬ね。」などと、地だんだを踏んでいるのです。坊ちゃんも、――坊ちゃんは小径《こみち》の砂利《じゃり》を拾うと、力いっぱい白へ投げつけました。

「畜生！　まだ愚図愚図《ぐずぐず》しているな。これでもか？　これでもか？」砂利は続けさまに飛んで来ました。中には白の耳のつけ根へ、血の滲《にじ》むくらい当たったのもあります。白はとうとう尻尾を巻き、黒塀の外へぬけ出しました。③黒塀の外には春の日の光に銀の粉を浴びた紋白蝶《もんしろちょう》が一羽、気楽そうにひらひら飛んでいます。

「ああ、きょうから宿無し犬になるのか？」

白はため息を洩《も》らしたまま、しばらくはただ電柱の下にぼんやり空を眺めていました。

【中略】

バフチンは、対話は意識と意識のコミュニケーションそのものであり、その意識間のコミュニケーションが生まれるかどうかは、話し手が聞いてもらえ、受け入れられていると感じられるかどうかにかかっている、と言いました。

さらにバフチンは対話を、「アイディアを生む培養地」であると考えました。意味が作られていくのは、その場にいる人たちの間のやり取りの個別性の中においてです。言葉が意味を持つためには応答を必要とし、意味が応答に依存していることをバフチンは、対話の「完結不可能性」と呼びました。意味というものは、応答、応答に対する応答、そして更なる応答が続くという、本来予測不可能なプロセスのうちに生み出され変わっていくからです。それは中断されることはあっても、決して終結することのないプロセスです。

バフチンによって深く考えられ、実践の中からとらえられた「対話」は、物理的には別々の個体である人間が、言葉を介して出会い、物理的境界を越えて、お互いの精神の間を循環し、思想に橋をかけて豊かにしあう特殊な生き方であることを、私に再認識させてくれました。宙に浮いて、人びとの間をさまよい舞い上がっている言葉とは違って、人びとの身体の中を通ることができた対話こそ、人びとを理解で結びつけ、そして社会を豊かにしていくのだということ。それは同時に④個人の主体性を作っていくのだということを私は理解したのです。

（暉峻淑子『対話する社会へ』による）

〈注〉バフチン…ミハイル・バフチン（一八九五年～一九七五年）。ロシアの言語学者・文学者・哲学者。

問一 [X]・[Y]に入る言葉の組み合わせとして適当なものを次の中から選び、番号で答えなさい。

1 X 社会性 Y 必要性
2 X 発展性 Y 人間性
3 X 応答性 Y 身体性
4 X 協調性 Y 具体性

問二 ――線①と対照的な例として筆者があげているものを文中から10字以内で抜き出し、記しなさい。

問三 ――線②の説明として最も適当なものを次の中から選び、番号で答えなさい。

1 危機や不安を解消するためには、自分の主張こそが正しいのだという信念の強さが不可欠であるということ。
2 豊かな社会を生み出すためには、本音をぶつけ合うような緊張した状態を作らなければならないということ。
3 白熱した議論を繰り広げていく中で考えの違いが明確になり、それぞれの方向性が見出されるということ。
4 感情を表に出しながらもお互いの話に耳を傾けた応答を繰り返すことで、新しい理解が生まれるということ。

問四 ――線③とありますが、このようにして成り立った対話を簡潔に表現した部分を文中から15字～20字で抜き出し、はじめの5字を記しなさい。

問五 ――線④とはどういうことですか。「対話」「自覚」の2語を用いて、35字～45字で説明しなさい。

二

次の文章を読んで、後の各問に答えなさい。

〈あらすじ〉ある春の昼過ぎ、白という犬が静かな往来を歩いていると、犬殺しが罠《わな》を後ろに隠して一匹の黒犬を狙っているところに出くわしました。狙われているのは犬の仲良しのお隣の黒だったので、白は危険を知らせようとしますが、犬殺しににらまれ、黒を残したまま一目散に逃げ出してしまいました。その途端、後ろでけたたましい黒の鳴き声がしました。

白はやっと喘《あえ》ぎ喘ぎ、主人の家へ帰って来ました。黒塀《くろべい》の下の犬くぐりを抜け、物置小屋を廻《まわ》りさえすれば、犬小屋のある裏庭です。白はほとんど風のように、裏庭の芝生へ駈《か》けこみました。もうここ

二〇一九年度 国学院大学久我山高等学校

【国語】（五〇分）〈満点：一〇〇点〉

〔注意〕解答の字数は、句読点・符号も一字と数えること。

一 次の文章を読んで、後の各問に答えなさい。※問題の都合上、一部省略改変あり。以下同じ。

人と人との対話の中から得たものは、私たちの行為の核心になります。

対話をすることとは、話し手がそこにいる相手とのやり取りの中で、応答の言葉を組み込みながら、自分の周囲の社会という場と絶えずつながっていることです。その中から、新しい理解と発達が生まれます。テーマを終わらせたり、最終的な回答や解決を与えるために応答するのではありません。応答することで、いま話し合われていることに、さらに広い見通しがもたらされることが期待されているのです。

対話dialogueの語源は、ギリシア語のdia（〜を通じて）とlogos（言葉）です。

＊バフチンの対話についての思想の中心的位置を占めるのは、［X］です。

「言葉にとって（ということは、つまり人間にとって）応答の欠如よりも恐ろしいものはない」「聞かれる、ということそのものが、すでに対話的関係なのである」

さらにバフチンは対話を、［Y］を持つものだと考えました。

話し手は、聞き手について、たえず十分に考慮し、話している中で、イントネーションや姿勢や涙という身体言語を汲み取っていきます。話し手は、答えの内容と、トーンのどちらも聞かなければならないのです。そこに他人もいるのか、部屋がざわついていないか、寒すぎないか、それらの周囲の状況は対話する人の繊細な感情に影響を及ぼすことを、配慮しなければなりません。無数の感情的要因が、①共有された対話を作り上げているからです。

語られていることがらは、対話の中で、新しい意味を得ます。語り合っていることがらについての新しい言葉が対話の中で生まれるのです。語り合っている人たちは、語っていることの社会的意味や、社会的アイデンティティを対話の中で作り出しているのです。

新しい理解が生まれるのは、応答の言葉があってこそで、対話は共有された新しい現実を作り出します。他の人たちの話をもっと理解しようとするとき、その話し合いで、自分自身が考えていることを、もっと自覚するようになります。

権威主義的な話し方は、聞き手に自分の考えを押しつけ思い込ませようとする、閉ざされたものです。それに対して、対話は開かれています。お互いに応じ合う中で新しい意味が生まれ、変化し、新しい理解が生まれる可能性が広がっていきます。「対話」はともに考えていく手段であり、そこでの理解は、一人の人間の可能性を超えるものとして、お互いの間で作られていきます。こうしたことを達成するためには、対話の参加者が耳を傾け、相手に届くような応答をする必要があります。応答は言葉の持つ基本的性質なのです。その意味ではお互いの責任ある態度が対話的関係を作り出すとも言えるでしょう。

②危機が生じたり、不安が高まったり専門家が互いを非難し合うようなときは、一見すると対話的プロセスがうまくいっていないと感じられます。しかし、まさしくそうした状況でこそ、対話が必要とされ、それがもっとも力を発揮するのです。

【中略】

③メンバーがその場に居合わせ、固有のかけがえのない身体を持ち寄って対面しつつ言葉を交わし、身体の反応としての感情の表出を大切にすることが前提なのです。

2019年度／国学院大学久我山高等学校

英語解答

1
問1　1番目…ロ　4番目…ホ
問2　1番目…イ　4番目…ロ
問3　動物を狩るときに人々が使っていた技術が起源である。
問4　**円盤投げ**…円盤は石製であった。
幅跳び…ジャンプする人ははずみをつけるための重りを手に持っていた。
やり投げ…やりにはより遠くへとばせるように，特別の革製の持ち手がついていた。
問5　speed　問6　C
問7　彼らは1人の人が負けたと言ったり，一方があまりに激しくたたかれたりして，もうこれ以上闘えなくなるまで闘い続けた。
問8　393年ローマ皇帝テオドシウス1世がオリンピックを中止し，それ以降長い間開催されなかったこと。
問9　ハ
問10　1…In order to understand the modern Olympics better.
2…No, they weren't.
3…It was an olive wreath.
4…They were held in Athens in 1896.
問11　1…○　2…○　3…×　4…×　5…×　6…○

2　1　ヘ　2　ホ　3　イ　4　ニ　5　ロ

3　1　taken　2　finishing　3　old　4　like　5　size

4　1　will get　2　ever　3　in　4　carefully　5　has been

5　1　ハ　2　ニ　3　ロ　4　イ　5　ハ　6　ニ

6　(例) I want to go to Italy, because I am very interested in Italian food. I saw a lot of nice Italian restaurants on TV. Then I wanted to eat delicious pizza and pasta there. If I learn Italian language and speak Italian, I can communicate with the people there. In the future, I will become a great Italian cook and open my own restaurant in Japan.

1〔長文読解総合―説明文〕

《全訳》❶今日，国際オリンピック大会，すなわちオリンピックは4年ごとに，毎回異なる国で開催されている。オリンピックでは，世界中のトップ選手が集まり，個人スポーツまたはチームスポーツの技能をテストする。それは彼らがオリンピックメダルを目指し，世界の他のすばらしいスポーツマンやスポーツウーマンと競う機会だ。オリンピックの金メダルは，世界中の選手にとって生涯の夢だ。しかし，近代オリンピックをもっとよく理解するためには，オリンピックの起源であるギリシャに戻らなければならない。❷古代ギリシャ人にとり，オリンピックは，身体的到達度の最高の形を示すものだった。競技は運動技能と宗教を組み合わせたものだった。それらはギリシャの神であるゼウスのための祭りでとり行われた。古代ギリシャ人は，ゼウスが神々の王であり，それゆえ，彼が全ての神々の中で最も力があると信じていた。オリンピックが行われたのは政治的平穏の時期でもあった。オリンピックが開催されている間，国中に平和があった。選手たちは，古代ギリシャ世界の各地から，美しく，緑豊かなオリンピアで競技に出場するために旅をしてきた。その当時，オリンピアはオリンピック競技と，宗教的もしくは政治的な会議のためだけに使われていた。❸伝説によると，コロイボスという名前のランナーが，紀元前776年に開かれたオリンピックの最初のチャンピオンだった。①彼は，徒競走で他の全てのランナーを打ち負かすほどに速い，地元の料理人だった。徒競走は，当時の古代競技の中で，中心的な競技だった。男性だけがレースで競うことができ，彼らは靴や服を身につけていなかった。彼らはまっすぐな道を走るとき，オリーブオイルを体に塗っていただけだった。これらのレースは４万人もの人々からなる巨大な群衆の前で行われた。❹何世紀にもわたり，オリンピック大会は発展し，変化し，競技はより真剣なものになった。オリンピックのルールがつくられ，オリンピック選手はこの大イベントの前に少なくとも10か月間訓練するように求められた。また，彼らは試合直前に，きつい訓練計画を守るよう求められた。彼らは彼らが競う前の30日間，専門の審判員と訓練しなければならなかった。速く走ることができることは，とても重要な技能であり続けたが，大会はすぐに大きくなり，単に走ること以上のものを含むようになった。大会は五種競技も含むようになった。五種競技には，円盤投げ，やり投げ，徒競走，幅跳び，レスリングの５つのスポーツが含まれていた。これらの活動のいくつかは今日でも，近代十種競技の一部，もしくは個々の競技として見られる。❺個人スポーツの多くは，今日のものとほとんど同じだった。異なる方法で行われるものや，異なる道具を使うものもあった。例えば，円盤投げの選手は，現在行っているのとほぼ同じ方法で競ったが，彼らの円盤は石製であった。後に，この石の円盤は，青銅のようなさまざまな金属製のものに置き換えられた。幅跳びは古代オリンピックでは少し異なっていた。幅跳びの選手は，彼らが今日行うのと同じようにジャンプする場所に向かってすばやくトラックを走った。しかし，その当時，ジャンプする人は，もっとはずみをつけるための重りを手に持っていた。この重りは選手がジャンプしたときに，彼らを空中へ押し出すのを助けた。やり投げ競技はほとんど同じままだ。このスポーツは人々が動物を狩るときに使っていた技術にそのまま由来する。古代オリンピックで使われていたやりは，現代の競技のやりととてもよく似ていた。それらは先のとがった木の棒で，男性の身長とほぼ同じ長さだった。しかし，古代オリンピックで使われていたやりには特別の革製の持ち手がついていた。これが，投げる人により強い力と正確性を与えたので，より長い距離を投げることができた。❻古代オリンピック競技には強さが必要なものもある一方で，１つのこと，つまりスピードに焦点を合わせるものもあった。ヒッポドローム（古代馬術競技場）の競馬場では，２つの競技，戦車レースと競馬があった。戦車レースでは，二輪の乗り物が１人の男によって操縦され，馬によって引っ張られた。競馬では，男性が馬の背中に乗り，脚だけを使って乗り続けた。これらの競技は両方とも，レースで最も速い人であることに焦点を合わせていた。C一方で，身体的な強さを必要とするスポーツもあった。古代ギリシャのレスリングとボクシングの試合は，パライストラと呼ばれる練習場で行われた。レスリングでは，勝者は先に相手を３回地面に投げた人だった。古代オリンピックでのボクシングの試合には時間制限がなかった。ボクサーは補助のため，手首の周りに革ひもを巻いた。彼らは一方が負けたと言ったり，もうこれ以上闘えなくなるほどひどく打ちのめされたりするまで闘い続けた。驚くべきことに，レスリングとボクシングでは，体の大きさと体重は重要ではなかった。競技者は，男性と少年というたった２つのカテゴリーに分けられた。❼古代オリンピックで競技に勝つことは，今日のオリンピックで競技に勝つこととはかなり異なっていた。今日，選手は１位，２位，３位で競技を終えると，金，銀，銅のメダルを受け取る。しかし古代では，各競技に勝者は１人だけだった。勝利に対する賞は，メダルではなく，オリーブの花冠だった。当時，オリンピックのオリーブの花冠は，選手の社会的地位を表すものだった。この賞の受賞者は，尊敬される人物として自分の村に戻ることができた。古代ギリシャの多くの人々は，オリンピックチャンピオンを神格化された英雄だと見なしていたので，彼らは特にすばらしいと思われていた。不幸なことに，オリンピックは皆に特別なイベントだと考えられていたわけではなかった。オリンピックは，393年，始まってから約12世紀後に，ローマ皇帝テオドシウス１世によって中止された。近代にオリンピックが復活したのはそれから1500年ほどたってからのことだった。最初の近代的な国際オリンピックは1896年にアテネで開催された。それ以来，オリンピックは発展して，世界で最も重要なスポーツイベントの１つになった。古代ギリシャのオリンピックは時間と歴史の試練を乗り越えたのだ。それらは長年にわたって変化してきたが，ある1つのことは常に同じままだ。それはオリンピックはいまだ，あのわくわくするオリンピアンのやり方で，スポーツを称賛しているということだ。

問1＜整序結合＞語句のまとまりをつくることを意識するとよい。イの to beat，ホの enough，への fast から，‘形容詞〔副詞〕＋enough to ～’「～できるほど〔～するほど〕十分…」の形を考える。また，ニの who was の who は主格の関係代名詞だと考え，ロの a local cook を修飾する関係代名詞節をつくる。　He was a local cook who was fast enough to beat all the other runners in a foot race.

問2＜整序結合＞主語になる「速く走ることができること」は being を be動詞の動名詞として用いて，Being able to run fast で表せる。continue to ～ で「～し続ける」の意味。「～であり続けた」は continued to be ～。　Being able to run fast continued to be a very important skill

問3＜要旨把握＞第5段落第10文参照。ここにこの競技の起源が描かれている。　come from ～「～を起源とする，～に由来する，」

問4＜要旨把握＞円盤投げ，幅跳び，やり投げの順で，それぞれ第5段落第3文，第7文，第13，14文の内容をまとめて解答する。現代の競技と共通することは解答に含めないこと。

問5＜適語補充＞空所に入るのは，直後の文の内容から，chariot racing「戦車レース」や horseback riding「競馬」で競われたことだとわかる。同じ段落の第5文に Both of these events focused on being the fastest person in the race. とあり，この these events は chariot racing と horseback riding を指しているので，ここからこれらの競技では「スピード」が競われていたことがわかる。

問6＜適所選択＞脱落文の「一方で，身体的な強さを必要とするスポーツもあった」という意味から，この後には身体的な強さが必要なスポーツについて述べられるとわかる。また，On the other hand「一方で」の前後には対照的な内容がくるので，この前では「身体的な強さ以外を必要とするスポーツ」について述べられていると判断できる。その条件を満たしている箇所を探す。

問7＜英文和訳＞keep ～ing で「～し続ける」。この until は接続詞で，or でつながれている2つの文にかかっている。つまり until one man said that ～ or (until) one was hit so hard …ということ。or の前後はともに受け身の文で，beaten は beat「～を打ち負かす」(beat－beat－beaten/beat)の，hit は hit「～をたたく，なぐる」(hit－hit－hit)の過去分詞。　‘so ～ that …’「とても～なので…」　no longer ～「もはや～ない」

問8＜要旨把握＞オリンピックが乗り越えた歴史上の試練とは何かを考える。この段落の第9，10文に，オリンピックが経験した歴史的試練と考えられる内容が述べられている。　survive「(困難なことを乗り切って)生き残る」

問9＜適語選択＞空所の後に続く2つの文(they have ～，one thing has ～)の内容が対照的なので‘逆接’の意味を表す接続詞が入るとわかる。選択肢の中で，後ろに2つの文を伴える‘逆接’を表す接続詞は Although「～だけれども」だけ。But は，文と文の間に置かれて2つの文をつなぐことはできるが，後に2文を伴うことはできない。However は副詞なので2文をつなぐことはできない。

問10＜英問英答＞1．「なぜ筆者はオリンピックの起源について話しているのか」―「近代オリンピックをもっとよく理解するため」　第1段落最終文参照。　2．「女性は古代オリンピックで徒競走に参加することを許されていたか」―「いいえ，許されていなかった」　第3段落第4文参照。　3．「古代オリンピックで，各競技の勝者への賞品は何だったか」―「オリーブの花冠だった」　第7段落第4文参照。　4．「最初の近代的な国際オリンピックはいつどこで開催されたか」―

「1896年アテネで開催された」　第７段落第11文参照。

問11＜内容真偽＞１．「古代オリンピックは宗教的で，開催中にギリシャでは戦争や戦いはなかった」…○　第２段落第２，６文参照。　２．「オリンピアは古代オリンピックが開催され，選手が古代ギリシャ世界の各地から集まる場所だった」…○　第２段落最後の２文参照。　３．「古代オリンピックの競技はより真剣なものになったが，選手がオリンピックのルールのもとに，より熱心に訓練するように求められることはなかった」…×　第４段落第１，２文参照。最低10か月間訓練しなければならなかった。　４．「古代のレスリングでは，相手を最初に地面に投げた人が勝者となった」…×　第６段落第８文参照。最初に投げた人ではなく，先に３回投げた人。　５．「古代オリンピックの１位，２位，３位の者は，自分たちの村に帰ったとき，隣人たちに尊敬された」…×　第７段落第３～７文参照。勝者は１位になった者だけ。　６．「ローマ皇帝テオドシウス１世が古代オリンピックを中止した後，近代オリンピックを始めるのに約1500年かかった」…○　第７段落第９，10文参照。

2〔対話文完成－適文選択〕

≪全訳≫❶ジュリア(Ｊ)：このスニーカーはとてもいいんじゃない？　きっとあなたに似合うと思うわ。❷ミカ(Ｍ)：いいんだけど，私には少し小さすぎるわ。❸Ｊ：私はあなたのサイズだと思うし，靴は普通伸びるから。買って様子を見てみたら？❹Ｍ：うーん，買うべきかどうかわからないわ。値段も高いし。1高校生だから，十分なお金がないわ。❺Ｊ：それなら，アルバイトをしたら？❻Ｍ：あまり時間がないの。2演劇部に入っているから，放課後や長期休暇中は練習しなくちゃいけないの。❼Ｊ：なるほど。どうして日本の多くの生徒は，私の国の生徒よりも学校に長くいるのか不思議に思っていたの。私たちは授業が終わったらすぐに学校を出るわ。❽Ｍ：それに，3両親はきっと私にアルバイトをさせてはくれないと思う。私の友達も同じ状況なの。❾Ｊ：私の国とはかなり違うわね。私の友達の中には，高校生になって働き始めた人もいるけど，そんな問題がある人は誰もいなかったわ。⓾Ｍ：それに，今やらなくちゃいけない宿題がとてもたくさんあるの。今月末までに英語のレポートを書かなくちゃいけないのよ。最近は，それにとても一生懸命に取り組んでるわ。⓫Ｊ：えっ，4私はあなたがそんなにがんばり屋だなんて知らなかったわ。うーん，それじゃあ，忙しすぎて，私とこのコンサートに行くことはできないわね。⓬Ｍ：コンサートに行くの？⓭Ｊ：ええ。今月の終わりよ。２枚チケットを持ってるの。ほら。⓮Ｍ：うわー！　その名前を見て！　どうやって手に入れたの？⓯Ｊ：両親がインターネットで手に入れて，誕生日プレゼントとして私にくれたの。一緒に行きたい？⓰Ｍ：うん，5すぐに宿題を終えるために一生懸命がんばるわ。そうすればあなたとコンサートに行けるわね！

１．この直前で「それら(＝スニーカー)が高い」と言ったミカに対し，ジュリアが直後で「アルバイトをしたら」と言っているので，ミカはあまりお金がないと考えられる。　２．ミカが直前で「あまり時間がない」と言っている。時間がない理由となるホが適切。　３．ジュリアが直後で，高校生になって働き始めた自分の国の友達は誰もそのような問題を持たなかったと言っている。ここから空所には，アルバイトについて日本人の生徒が抱える問題が入ると考えられる。　４．直前のミカの「それ(＝英語のレポート)に一生懸命取り組んでる」という発言への応答として適切なのは，そんなにがんばり屋だとは知らなかったというニ。　５．直後でミカは「そうすればあなたとコンサートに行ける」と言っているので，コンサートに行くためにレポートを早く終わらせようと決意したのだと考えられる。

3〔書き換え－適語補充〕

１．「私のおじはパリでこれらの写真を撮った」→「これらはパリで私のおじによって撮られた写真だ」　by があるので，過去分詞 taken を用いて「～によって撮られた写真」とする(過去分詞の形容詞的用法)。

2．「アンドリューの最後の小説は，彼が亡くなったとき未完成だった」→「アンドリューは彼の最後の小説を完成させる前に亡くなった」　before ～ing「～する前に」の形で「完成させる前に」とする。このbeforeは前置詞なので，直後に動詞が続く場合は動名詞(～ing)にする。

3．「このお寺がいつ建てられたか知っていますか」→「あなたはこのお寺がどれくらい古いか知っていますか」「いつ建てられたか」を「どれくらい古いか」と書き換える。このようにHow old ～？は‘人’だけでなく‘物’にも用いられる。

4．「明日は，天気はどうなるでしょうか」　‘What＋be動詞＋主語＋like？’で「～はどのようなもの〔様子〕か」という意味。下の文はWhat is the weather like？を未来の形にした文。このlikeは「～のような」という意味の前置詞。

5．「私のコンピュータはあなたのものの半分の大きさだ」　上は‘half as … as ～’「～の半分の…だ」の形を用いた文。これは‘倍数詞＋as … as ～’「～の一倍…だ」の‘倍数詞’がhalf「半分」に代わった形。これを下ではhalf the size of ～「～の半分の大きさだ」という表現に書き換える。*cf*. half the weight of ～「～の半分の重さ」　twice the length of ～「～の2倍の長さ」

4〔誤文訂正〕

1．gets → will get　ホワイトさんが駅に着くのは未来のことなので，will getとする。「ホワイトさんが車で迎えに来てほしいと電話をしてきたら，何時に駅に着くのか彼に尋ねてください」

2．never → ever　‘the＋最上級＋名詞(＋that)＋主語＋have/has ever＋過去分詞’で「今まで～した中で最も…な一」という意味。「これは私が今まで見た中で最もわくわくする試合だ」

3．to → in　go ～ing「(スポーツなどを)しに行く」の表現で「～に」と‘場所’を表すとき，前置詞はtoではなく，後に続く場所に合わせる。　look forward to ～ing「～するのを楽しみにして待つ」「彼女は来春大学を卒業する前に，カナダにスキーに行くのを楽しみにしている」

4．careful → carefully　carefulは形容詞。drive「～を運転する」を修飾するのは副詞なのでcarefullyとする。「彼はいつも，会社の他のどの人よりも注意深く車を運転する」

5．have been → has been　文の主語はThe man。whose ～ writersはThe manを修飾する関係代名詞節。よって，The manに対応する動詞は3人称単数has beenとする。「両親が有名な作家であるその男は，小さいときから彼らのことを誇りに思ってきた」

5〔単語の発音・アクセント〕

1．	イ．bread [e]	ロ．said [e]	ハ．great [ei]	ニ．head [e]
2．	イ．clear [iər]	ロ．near [iər]	ハ．dear [iər]	ニ．wear [eər]
3．	イ．change [ei]	ロ．damage [æ]	ハ．danger [ei]	ニ．major [ei]
4．	イ．northern [ð]	ロ．month [θ]	ハ．theory [θ]	ニ．through [θ]
5．	イ．pát-tern	ロ．més-sage	ハ．con-tról	ニ．pród-uct
6．	イ．de-vél-op	ロ．de-lí-cious	ハ．mu-sí-cian	ニ．pás-sen-ger

6〔テーマ作文〕

テーマが「行ってみたい国」なので，最初にI want to go to ～.などを使って，自分の行きたい国を述べるとよい。その後は，「行きたい理由」や，「見たいもの」，「したいこと」などを続ける。中心となる文に，理由や例など，関連する情報を表す文をつけ加えていくと，分量も増え，英文の内容としてもより具体的になる。

数学解答

1 (1) $\dfrac{5x+8y}{12}$　(2) -54　(3) -2

(4) $(x-3)(x+3y+3)$　(5) 1

(6) ①…0　②…1　③…0　④…0

(7) 14　(8) 7600　(9) 72

(10) $\dfrac{1\pm\sqrt{13}}{2}$

2 (1) $(2a,\ 2a^2)$

(2) ①　2　②　$y=-\dfrac{2}{5}x+8$

3 ア…$1-4a$　イ…$1-5b$　ウ…$1-b$

エ…$1-4c$　オ…$4-19c$

カ…$-5+24c$　キ…99　ク…-125

4 (1) $\sqrt{13}$　(2) $3\sqrt{22}$　(3) 14

(4) $\dfrac{6\sqrt{22}}{11}$

1〔独立小問集合題〕

(1)＜**式の計算**＞与式$=\dfrac{3(3x+2y)-2(2x-y)}{12}=\dfrac{9x+6y-4x+2y}{12}=\dfrac{5x+8y}{12}$

(2)＜**式の値**＞与式$=\dfrac{27}{64}a^9b^3\times\dfrac{1}{81}a^2b^4\div\left(-\dfrac{5a^7b^6}{128}\right)=\dfrac{27a^9b^3}{64}\times\dfrac{a^2b^4}{81}\times\left(-\dfrac{128}{5a^7b^6}\right)=$ $-\dfrac{27a^9b^3\times a^2b^4\times128}{64\times81\times5a^7b^6}=-\dfrac{2}{15}a^4b$　これに$a=-3$，$b=5$を代入すると，与式$=-\dfrac{2}{15}\times(-3)^4\times5=$ $-\dfrac{2}{15}\times81\times5=-54$となる。

(3)＜**平方根の計算**＞与式$=3\sqrt{3}-\dfrac{6-2\sqrt{12}+2}{4}-\dfrac{12\sqrt{3}}{3}=3\sqrt{3}-\dfrac{8-4\sqrt{3}}{4}-4\sqrt{3}=3\sqrt{3}-(2-\sqrt{3})$ $-4\sqrt{3}=3\sqrt{3}-2+\sqrt{3}-4\sqrt{3}=-2$

(4)＜**因数分解**＞与式$=x^2-9+3xy-9y=(x+3)(x-3)+3y(x-3)$と変形できるから，$x-3=A$とおくと，与式$=(x+3)A+3yA=A(x+3y+3)$となる。$A$をもとに戻して，与式$=(x-3)(x+3y+3)$である。

(5)＜**二次方程式の応用**＞与えられた二次方程式は$(x-1)^2-2a=0$と変形できるから，これに$x=1+\sqrt{2}$を代入すると，$(1+\sqrt{2}-1)^2-2a=0$より，$(\sqrt{2})^2-2a=0$，$2-2a=0$，$a=1$となる。

(6)＜**連立方程式の応用**＞$w+x+2y+z=1$……㋐，$w-2x+y-z=-2$……㋑とすると，㋐－㋑より，$3x+y+2z=3$……㋒となる。$x=y=z=0$とすると，㋒は成り立たないから，x，y，zのうちどれか1つは0ではない。よって，0でないものは1つだけなので，$w=0$である。また，㋐＋㋑より，$2w-x+3y=-1$……㋓となり，同様にして，x，yの一方は0ではなく，$z=0$である。㋒に$z=0$を代入して，$3x+y=3$……㋔　㋓に$w=0$を代入して，$-x+3y=-1$……㋕　㋔＋㋕×3より，$y+9y=3+(-3)$，$10y=0$　$\therefore y=0$　これを㋔に代入して，$3x=3$　$\therefore x=1$

(7)＜**場合の数**＞百の位は1か2となる。百の位が1のとき，3けたの自然数は101，102，110，112，120，121，122の7個できる。百の位が2のとき，201，202，210，211，212，220，221の7個できる。よって，自然数は全部で7＋7＝14(個)できる。

(8)＜**資料の活用―標本調査**＞はじめに箱の中に入っていた黒玉の個数をx個とする。500個の玉を取り出す前に箱の中に入っていた黒玉と白玉の個数の比は，無作為に取り出した500個における黒玉と白玉の個数の比とほぼ等しいと考えられるから，$x:400=(500-25):25$が成り立ち，$475:25=19:1$より，$x:400=19:1$である。これを解くと，$x\times1=400\times19$より，$x=7600$となる。よって，箱の中に入っていた黒玉はおよそ7600個と推定できる。

⑼＜図形―角度＞右図のように，円の中心をOとし，点Oと各点A，B，C，Dを結び，点Aと点Dを結ぶ。また，線分ACと線分BDの交点をEとする。△AEDで内角と外角の関係より，$\angle x=\angle ADB+\angle CAD$ である。$\overset{\frown}{AB}:\overset{\frown}{BC}:\overset{\frown}{CD}:\overset{\frown}{DA}=1:2:3:4$ より，$\angle AOB=360^\circ\times\frac{1}{1+2+3+4}=36^\circ$ となるので，$\overset{\frown}{AB}$ に対する円周角と中心角の関係より，$\angle ADB=\frac{1}{2}\angle AOB=\frac{1}{2}\times36^\circ=18^\circ$ である。ここで，$\overset{\frown}{AB}:\overset{\frown}{CD}=1:3$ より，$\angle AOB:\angle COD=1:3$ だから，$\angle COD=3\angle AOB=3\times36^\circ=108^\circ$ となり，$\angle CAD=\frac{1}{2}\angle COD=\frac{1}{2}\times108^\circ=54^\circ$ となる。よって，$\angle x=18^\circ+54^\circ=72^\circ$ である。

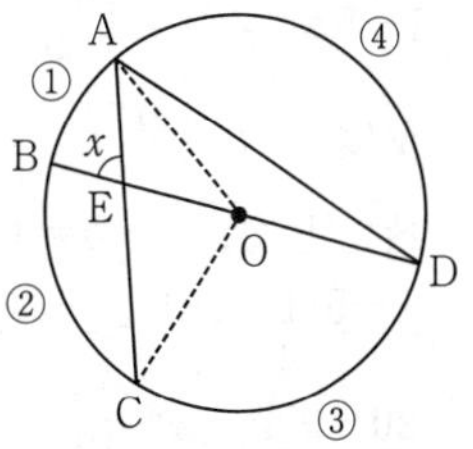

⑽＜関数―x座標＞放物線 $y=x^2$ と直線 $y=x+3$ の交点の x 座標は，この２式を連立方程式として解いたときの x の値である。２式から y を消去すると，$x^2=x+3$ より，$x^2-x-3=0$ となるから，解の公式より，$x=\frac{-(-1)\pm\sqrt{(-1)^2-4\times1\times(-3)}}{2\times1}=\frac{1\pm\sqrt{13}}{2}$ となる。

2 〔関数―関数 $y=ax^2$ と直線〕

《基本方針の決定》⑵　△ABP＝△OAPであることに気づきたい。

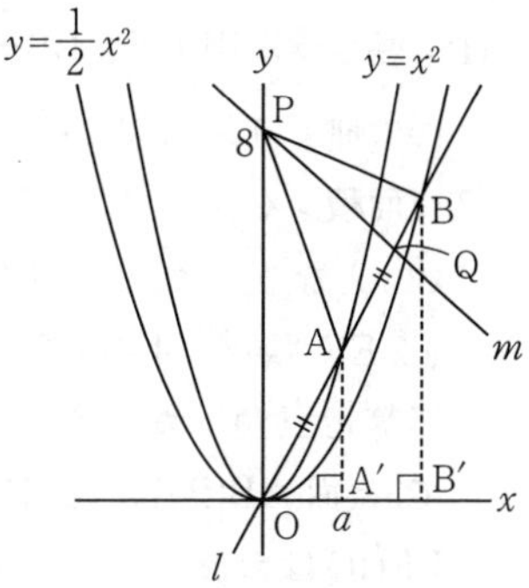

⑴＜座標＞右図で，点Aは線分OBの中点だから，OA：OB＝1：2で，点A，Bから x 軸に垂線AA′，BB′を引くと，AA′∥BB′より，OA′：OB′＝OA：OB＝1：2となる。$OA'=a$ だから，$OB'=2OA'=2\times a=2a$ であり，点Bは放物線 $y=\frac{1}{2}x^2$ 上の点だから，$y=\frac{1}{2}\times(2a)^2=2a^2$ より，$B(2a,\ 2a^2)$ となる。

⑵＜座標，直線の式＞①OA＝ABより，△OAP＝△ABP＝8となる。また，P(0, 8)より，OP＝8で，△OAPは底辺をOPと見ると高さは点Aの x 座標より a だから，$\frac{1}{2}\times8\times a=8$ が成り立つ。これを解くと，$a=2$ となる。　②$\triangle AQP=\frac{2}{3}\triangle ABP=\frac{2}{3}\times8=\frac{16}{3}$ となるので，$\triangle OQP=\triangle OAP+\triangle AQP=8+\frac{16}{3}=\frac{40}{3}$ である。これより，△OQPの底辺をOPと見たときの高さを h とおくと，△OQPの面積について，$\frac{1}{2}\times8\times h=\frac{40}{3}$ が成り立つ。これを解くと，$h=\frac{10}{3}$ となる。これより，点Qの x 座標は $\frac{10}{3}$ である。また，点Aは放物線 $y=x^2$ 上の点で x 座標が2だから，$y=2^2=4$ より，A(2, 4)である。よって，直線OAの傾きは $\frac{4}{2}=2$ だから，その式は $y=2x$ であり，$y=2\times\frac{10}{3}=\frac{20}{3}$ より，$Q\left(\frac{10}{3},\ \frac{20}{3}\right)$ となる。したがって，直線 m の傾きは $\left(\frac{20}{3}-8\right)\div\left(\frac{10}{3}-0\right)=-\frac{2}{5}$ だから，その式は $y=-\frac{2}{5}x+8$ である。

3 〔数と式―数の性質〕

$24x+19y=1$……①より，$19y=1-24x$　$\therefore y=\frac{1-24x}{19}$……(i)　よって，$y=\frac{1-5x-19x}{19}=\frac{1-5x}{19}-\frac{19x}{19}=\frac{1-5x}{19}-x$ となる。x，y は整数なので，$\frac{1-5x}{19}$ も整数であり，$1-5x$ は19の倍数だから，a を整数として，$1-5x=19a$ と表せる。よって，$5x=1-19a$　$\therefore x=\frac{1-19a}{5}$……(ii)　これを変形すると，$x=\frac{1-4a-15a}{5}=\frac{1-4a}{5}-\frac{15a}{5}=\frac{1-4a}{5}-3a$ となるから，アは $1-4a$ である。x，$3a$ が整数より，$\frac{1-4a}{5}$ は整数だから，$1-4a$ は5の倍数で，b を整数として，$1-4a=5b$ と表せ，$4a=$

$1-5b$　$\therefore a=\dfrac{1-5b}{4}$……(iii)　よって，イは$1-5b$で，$a=\dfrac{1-b-4b}{4}=\dfrac{1-b}{4}-\dfrac{4b}{4}=\dfrac{1-b}{4}-b$より，ウは$1-b$である。さらに，$a$，$b$が整数より，$\dfrac{1-b}{4}$は整数になるから，$1-b$は4の倍数で，$c$を整数として，$1-b=4c$　$\therefore b=1-4c$……(iv)となり，エは$1-4c$である。(iv)を(iii)に代入すると，$a=\dfrac{1-5(1-4c)}{4}=\dfrac{-4+20c}{4}=-1+5c$となり，これを(ii)に代入すると，$x=\dfrac{1-19(-1+5c)}{5}=\dfrac{20-95c}{5}=4-19c$……(v)となり，オは$4-19c$である。(v)を(i)に代入して，$y=\dfrac{1-24(4-19c)}{19}=\dfrac{-95+24\times19c}{19}=-5+24c$……(vi)となり，カは$-5+24c$となる。(v)より，$c=-5$のとき，$x=4-19\times(-5)=99$，$c=-6$のとき，$x=4-19\times(-6)=118$となるので，$x$の値が100に最も近くなるのは$c=-5$のときである。このとき，(vi)より，$y=-5+24\times(-5)=-125$だから，①を満たす整数の組のうち$x$の値が100に最も近い組は，$(x,\ y)=(99,\ -125)$で，キは99，クは$-125$となる。

4〔空間図形―直方体〕

《基本方針の決定》(4)　求める距離は，四角錐E-PFHQで四角形PFHQを底面と見たときの高さとなる。

(1)＜**長さ**＞右図1で，$\text{BP}=\dfrac{1}{2}\text{AB}=\dfrac{1}{2}\times4=2$だから，△BFPで三平方の定理より，$\text{PF}=\sqrt{\text{BP}^2+\text{BF}^2}=\sqrt{2^2+3^2}=\sqrt{13}$となる。

図1

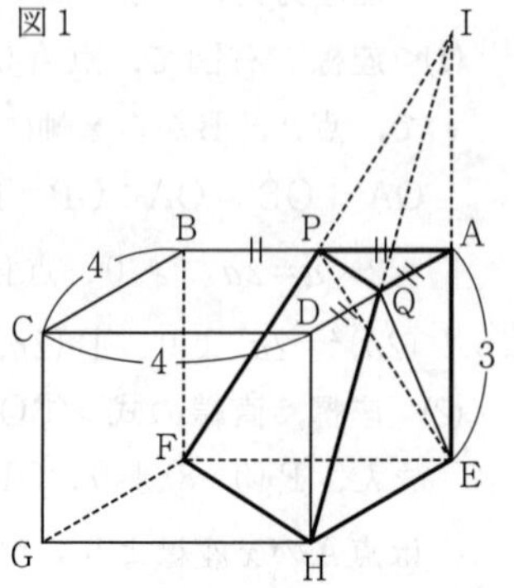

(2)＜**面積**＞右図1で，△DHQ≡△BFPなので，(1)より，$\text{QH}=\text{PF}=\sqrt{13}$となる。また，△EFHは直角二等辺三角形であるから，$\text{FH}=\sqrt{2}\,\text{EF}=\sqrt{2}\times4=4\sqrt{2}$となり，AP＝AQ＝2より，△APQも直角二等辺三角形だから，$\text{PQ}=\sqrt{2}\,\text{AP}=\sqrt{2}\times2=2\sqrt{2}$である。ここで，〔面ABCD〕∥〔面EFGH〕より，PQ∥FHだから，四角形PFHQは台形であり，右下図2のように，2点P，Qから辺FHにそれぞれ垂線PR，QSを引くと，$\text{RS}=\text{PQ}=2\sqrt{2}$より，$\text{FR}=\text{HS}=(4\sqrt{2}-2\sqrt{2})\div2=\sqrt{2}$となる。よって，△PFRで三平方の定理より，$\text{PR}=\sqrt{\text{PF}^2-\text{FR}^2}=\sqrt{(\sqrt{13})^2-(\sqrt{2})^2}=\sqrt{11}$となるから，〔四角形PFHQ〕$=\dfrac{1}{2}\times(\text{PQ}+\text{FH})\times\text{PR}=\dfrac{1}{2}\times(2\sqrt{2}+4\sqrt{2})\times\sqrt{11}=3\sqrt{22}$となる。

図2

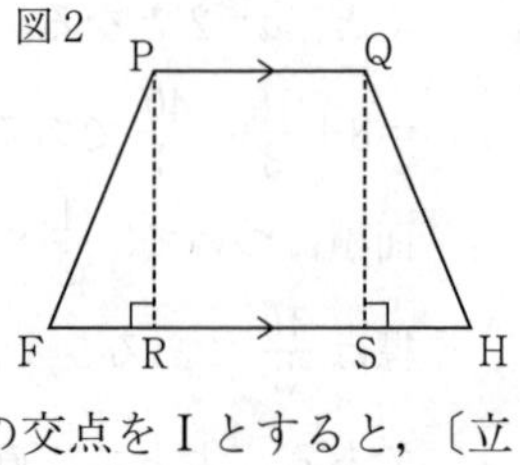

(3)＜**体積**＞右上図1のように，3つの直線EA，HQ，FPは1点で交わりその交点をIとすると，〔立体APQ-EFH〕＝〔三角錐I-EFH〕－〔三角錐I-APQ〕である。AP∥EFより，IA：IE＝AP：EF＝2：4＝1：2だから，IA：AE＝1：(2－1)＝1：1となる。よって，IA＝AE＝3，IE＝3＋3＝6となるから，〔三角錐I-APQ〕$=\dfrac{1}{3}\times$△APQ×IA$=\dfrac{1}{3}\times\left(\dfrac{1}{2}\times2\times2\right)\times3=2$，〔三角錐I-EFH〕$=\dfrac{1}{3}\times$△EFH×IE$=\dfrac{1}{3}\times\left(\dfrac{1}{2}\times4\times4\right)\times6=16$より，〔立体APQ-EFH〕＝16－2＝14となる。

(4)＜**長さ**＞点Eと平面PFHQとの距離は，四角錐E-PFHQで底面を四角形PFHQと見たときの高さに当たる。(3)より，IA＝AEだから，〔三角錐E-APQ〕＝〔三角錐I-APQ〕＝2であり，〔四角錐E-PFHQ〕＝〔立体APQ-EFH〕－〔三角錐E-APQ〕＝14－2＝12となる。(2)より，〔四角形PFHQ〕$=3\sqrt{22}$だから，求める距離をhとおくと，四角錐E-PFHQの体積について，$\dfrac{1}{3}\times3\sqrt{22}\times h=12$が成り立つ。これを解いて，$h=\dfrac{6\sqrt{22}}{11}$となる。

2019年度／国学院大学久我山高等学校

国語解答

一　問一　3　　問二　権威主義的な話し方

問三　4　　問四　人びとの身

問五　対話を通じて相手を理解しようとしていく中で，自分の考えに自覚を持つようになるということ。（44字）

二　問一　4

問二　体の色が黒くなってしまったために，自分が白であると必死に訴えても二人に気づいてもらえないということ（49字）［に対する悲しさと怒り。］

問三　2　　問四　2　　問五　1

三　問一　3

問二　読み方　さつき　季節　夏

問三　4

問四　［売主が人を］だます［という意味と，牛が人を］角で突く［という意味。］

四　問一　①　傍聴　②　分岐　③　契約　④　穏健　⑤　交歓　⑥　潜　⑦　募

問二　①　二　②　念　③　善

一〔論説文の読解―教育・心理学的分野―心理〕出典；暉峻淑子『対話する社会へ』。

≪本文の概要≫人と人との対話の中からは，新しい理解と発達が生まれる。対話は，最終的な回答や解決のためのものではない。そこにいる相手とのやり取りの中で，話し合われていることに，さらに広い見通しがもたらされることが期待されているのである。話し手は，聞き手の姿勢や涙などの身体言語をくみ取り，部屋の状況が人の感情に影響を及ぼすことにも配慮しなければならない。無数の感情的要因が，共有された対話をつくりあげているからである。権威主義的な話し方は，聞き手に自分の考えを押しつけ，思い込ませようとする閉ざされたものである。一方，対話は，開かれたものであり，対話の参加者がともに考えて新しい理解をつくり出す手段である。そこでの理解は，一人の人間の可能性を超えるものである。対話は，物理的には別々の個体である人間が，言葉を介して物理的境界を越え，お互いの精神の間を循環し，思想に橋をかけて豊かにしあう特殊な生き方である。対話は，人々を理解で結びつけ，社会を豊かにしていくとともに，個人の主体性をつくっていくのである。

問一＜文章内容＞X．バフチンは，「応答の欠如よりも恐ろしいものはない」と，対話における応答の重要性を述べている。　Y．話し手は，「話している中で，イントネーションや姿勢や涙という身体言語を汲み取って」いるのであり，「話し手は，答えの内容と，トーンのどちらも聞かなければならない」のである。

問二＜文章内容＞話し手と聞き手に「共有された対話」は，開かれたものである。そこでは，「お互いに応じ合う中で新しい意味が生まれ，変化し，新しい理解が生まれる可能性が広がって」いくのである。一方，「権威主義的な話し方は，聞き手に自分の考えを押しつけ思い込ませようとする，閉ざされたもの」である。

問三＜文章内容＞「専門家が互いを非難し合う」というと，対話がうまくいっていないように感じられる。非難し合っているということは，感情を表に出しているということである。だが，感情を出すことで，お互いに責任ある態度で対話を繰り返すならば，その状況は，新しい理解が生まれる可能性のある，対話の力が発揮される状況になるのである。

問四＜表現＞「固有のかけがえのない身体を持ち寄って対面しつつ言葉を交わし，身体の反応としての感情の表出を大切にすること」によって，対話は，人々を新しい理解で結びつけるような，「人びとの身体の中を通ることができた対話」となるのである。

問五＜主題＞人は，対話を通じて他の人たちの話をもっと理解しようとするときに，自分自身が考えていることをもっと自覚するようになり，対話の中から得たものは，その人の「行為の核心」になるのである。

二〔**小説の読解**〕出典；芥川龍之介『白』。

問一＜文章内容＞「毛が逆立つ」は，強い恐怖や怒りを感じた状態を表す。白は，お嬢さんと坊ちゃんが，白を見て「どこの犬」と言う理由がわからずにいた。そこへ，坊ちゃんが「体中まっ黒」と言ったので，白は，自分の白い毛が黒くなったという信じられない事実に，衝撃を受け，恐ろしく思ったのである。

問二＜文章内容＞外見は黒くなってしまったが，中身は白のままであることを，お嬢さんと坊ちゃんにわかってもらえないことが，白にとっては，悲しくもあり，腹立たしくもあったのである。

問三＜表現＞白は，お嬢さんと坊ちゃんに，白であることに気がついてもらえず，坊ちゃんに砂利を投げつけられて，主人の家である黒塀の中から逃げ出さなくてはならなかった。黒塀の外に出ると，日の光の中をひらひらと蝶が飛んでいる。のどかな蝶の様子が描かれることによって，白の孤独な状況が強調されているのである。

問四＜文章内容＞白が戻ってきて，お嬢さんも坊ちゃんもとても喜んでいる。坊ちゃんに「泣いている」と言われたように，お嬢さんは，喜びのあまり泣いてしまったのだが，泣いたことをごまかすように，「白は泣いている」と言ったのである。

問五＜表現＞「風のように，裏庭の芝生へ駈けこみました」や「牛乳のように白かった」や「火のように燃えた眼の色」などのように，身近なものをたとえに用いたわかりやすい比喩で，情景が生き生きと描き出されている。

三〔**古文の読解―仮名草子**〕出典；『浮世物語』巻第四ノ二。

≪現代語訳≫今となっては昔のことだが，ある人が牛を売っていたところ，買主が尋ねて「この牛は，力も強く病気もないか」と言うと，売主が答えて言うには，「(この牛は)いかにも力が強く，しかも丈夫だ。大坂の陣の真田幸村だと思え」と言う。(買主は)「それならば」と(牛を)買い取った。五月になって，この牛にすきをかけて田をすかせたところ，全く弱くて田をすくどころか，すきを一歩もひかない。(しかもこの牛は)どうかすると人を見ては駆けていき，角で，突こう突こうとするので，(買主は)「何の役にも立たない牛だ。(売主は)なんと憎らしいことを言って買わせたのだ。大坂の陣の真田幸村だと言うぐらいだから，さぞかし強いだろうと思ったのに，すきは一歩もひかないし，それでいて人を見ると突こうとする」と腹を立てていた。あるとき，(買主が)その売主に会って，「あなたはいいかげんなうそをついて，人をだまして，すきをひかない牛を，真田幸村だと言って売りつけた」と言ったところ，売主が答えて言うには，「そうであろう。すきは一歩もひかないだろう。人を見ては突こうとすることは本当だろう。そうだからこそ真田だと言ったのである。大坂の陣で真田幸村は，たびたび攻め進みはしたが，一歩もひいたことはなかった。その牛も〈ひかない〉から真田幸村なのだ」と言った。

問一＜古文の内容理解＞大坂夏の陣で，豊臣方は，徳川方に敗北したが，豊臣方の真田幸村は，徳川家康の本陣に勇敢に攻め入ったと語り継がれている。そこで，大坂の陣の真田幸村と聞いた買主は，その牛を「さこそ強からう」と思ったのである。

問二＜古典の知識＞旧暦の「五月」は「さつき」と読む。旧暦では，一月から三月が春，四月から六月が夏，七月から九月が秋，十月から十二月が冬である。

問三＜古文の内容理解＞売主は，真田幸村が大坂の陣で後退することがなかったように，売った牛も，すきを一歩もひかない牛であると言っているのである。

問四＜古文の内容理解＞売主は，大坂の陣の真田幸村のような牛と言えば，買主が強い牛だと思い込むことをわかったうえで，牛を売った。一方，買主は，強い牛だと思って買ったのに，すきをひかずに人を突いてばかりの牛なので，だまされたと思って怒っているのである。

四〔国語の知識〕

問一＜漢字＞①「傍聴」は，裁判や会議などを，許可を受けて，場内で静かに聞くこと。　②「分岐」は，行く先が別々に分かれること。　③「契約」は，法律上効力を持つ約束のこと。　④「穏健」は，考え方や行動が，穏やかであること。　⑤「交歓」は，互いに打ち解けて楽しむこと。　⑥「潜」の音読みは「潜水」などの「セン」。　⑦「募」の音読みは「募集」などの「ボ」。

問二＜語句＞①「青二才」は，若く，経験が乏しいことを，非難がましくいうときや，自分で謙遜していうときに用いる。　②「正念場」は，大事な場面のこと。重要な試合のときに，「この試合が正念場だ」のように用いる。　③「善後策」は，事件などの後に，うまくおさめるための対策のこと。

Memo

2025年度用

高校スーパー過去問

■編集人　声の教育社・編集部
■発行所　株式会社　声の教育社
〒162-0814 東京都新宿区新小川町8-15
☎03-5261-5061㈹ FAX03-5261-5062
https://www.koenokyoikusha.co.jp

※本書の内容についての一切の責任は当社にあります。内容・解説・解答その他の質問等は文書にて当社に御郵送くださるようお願いいたします。

国学院大学久我山高等学校

別冊解答用紙

丁寧に抜きとって、別冊としてご使用ください。

★教科別合格者平均点＆合格者最低点

年度		英語	数学	国語	合格者最低点
2024	男	61.7	71.7	60.1	171
	女	52.2	53.5	59.8	134
2023	男	67.2	83.4	66.9	190
	女	58.8	66.8	66.5	149
2022	男	66.9	67.7	65.3	170
	女	59.1	56.5	66.2	125
2021	男	77.6	78.6	63.8	198
	女	68.2	62.5	62.8	164
2020	男	68.1	71.1	65.7	163
	女	64.5	63.5	66.3	150
2019	男	64.3	73.8	72.0	165
	女	55.8	67.5	72.2	156

注意

- ○ 解答用紙は、収録の都合により縮小したものや、小社独自に作成したものもあります。
- ○ 学校配点は学校発表のもの、推定配点は小社で作成したものです。
- ○ 無断転載を禁じます。
- ○ 解答用紙を拡大コピーする場合、表示した拡大率に対応する用紙サイズは以下のとおりです。
  101%～102%＝B5　103%～118%＝A4　119%～144%＝B4　145%～167%＝A3
  (タイトルと配点表は含みません)

２０２４年度　国学院大学久我山高等学校

英語解答用紙

番号　　氏名　　評点　／100

1

第1部　No. 1　No. 2　No. 3

第2部　No. 1　No. 2　No. 3

第3部

No. 1　To make space for (　　　　　　).

No. 2　Because the (　　　　)(　　　　) in Japan is (　　　　) than that of other countries.

No. 3　(　　　　　　) has.

No. 4　(　　　　), (　　　　)(　　　　).

2

問1　①　⑥

問2　方法

効果

問3

問4

問5　問6　問7　→　→　→　→

問8　ⓐ　ⓑ　ⓒ　ⓓ

問9　1　2　3　4

問10　1　2　3　4　5　6

3

(1)　(2)　(3)　(4)

4

1　2

3 ☆　★　4 ☆　★

5 ☆　★　6 ☆　★

5

（注）この解答用紙は実物を縮小してあります。A３用紙に156％拡大コピーすると、ほぼ実物大で使用できます。（タイトルと配点表は含みません）

推定配点		計
	1　各２点×10 2　問１～問３　各２点×５　問４　３点　問５，問６　各２点×２ 問７　３点　問８　各２点×４　問９　各３点×４　問10　各２点×６ 3, 4　各２点×10　5　８点	100点

２０２４年度　国学院大学久我山高等学校

数学解答用紙

番号		氏名		評点	/100

（注）この解答用紙は実物を縮小してあります。Ａ３用紙に161％拡大コピーすると、ほぼ実物大で使用できます。（タイトルと配点表は含みません）

4

(1)	(2)

(3)

(4)

1

(1)	(2)	(3)	(4)

(5)	(6)

(7) ア	(7) イ	(8) ア	(8) イ

(9)	(10) ア	(10) イ

2

(1)	(2)

(3)	(4)

3

ア	イ	ウ	エ

オ	カ	キ

推定配点

1　(1)～(6)　各4点×6　(7)、(8)　各2点×4　(9)　4点　(10)　各2点×2

2　(1)　4点　(2)、(3)　各5点×2　(4)　6点

3　ア～オ　各3点×4〔ア・イは完答〕　カ、キ　各4点×2

4　(1)、(2)　各4点×2　(3)、(4)　各6点×2

計	100点

二〇二四年度　国学院大学久我山高等学校

国語解答用紙

番号		氏名		評点	／100

一

問一　問二　問三　問四　問五

二

問一　問二　問三　問四　問五

三

問一　問二　問三　問四

四

問一　①　②　③　④　⑤　⑥　⑦

問二　①　②　③

（注）この解答用紙は実物を縮小してあります。Ａ４用紙に114％拡大コピーすると、ほぼ実物大で使用できます。（タイトルと配点表は含みません）

推定配点		計
	一　問一，問二　各５点×２　問三　10点　問四，問五　各５点×２ 二　問一，問二　各５点×２　問三　10点　問四，問五　各５点×２ 三　各５点×４　四　各２点×10	100点

2023年度　国学院大学久我山高等学校

英語解答用紙

番号		氏名		評点	／100

1

第1部　No.1　No.2　No.3

第2部　No.1　No.2　No.3

第3部　No.1　No.2　No.3　No.4

2

問1

問2

問3

問4

問5　問6　問7

問8

問9　1　2　3　4

問10　1　2

問11　1　2　3　4　5

3

1　2　3　4　5

4

1　2　3　4　5

5

（注）この解答用紙は実物を縮小してあります。B4用紙に128％拡大コピーすると、ほぼ実物大で使用できます。（タイトルと配点表は含みません）

推定配点		計
	1　各2点×10 2　問1　2点　問2～問4　各3点×3　問5　2点 問6～問10　各3点×9　問11　各2点×5 3, 4　各2点×10　5　10点	100点

２０２３年度　国学院大学久我山高等学校

数学解答用紙

番号		氏名		評点	/100

1

(1)	(2)	(3)
(4)	(5)	(6)
(7) ア	(7) イ	(8)
(9)	(10)	

2

(1)	(2)
(3)	(4)

3

ア	イ	ウ	エ	オ
カ	キ		ク	

4

[1] (1)	[1] (2)①	[1] (2)②
[2] (1)	[2] (2)	
[3]		

（注）この解答用紙は実物を縮小してあります。Ａ３用紙に161％拡大コピーすると、ほぼ実物大で使用できます。（タイトルと配点表は含みません）

推定配点

1、2　各4点×14

3　ア～ウ　各3点×3　エ・オ　4点　カ～ク　各3点×3

4　[1]　各3点×3　[2]　(1)、(2)　各3点×2　(3)　7点

100点	計

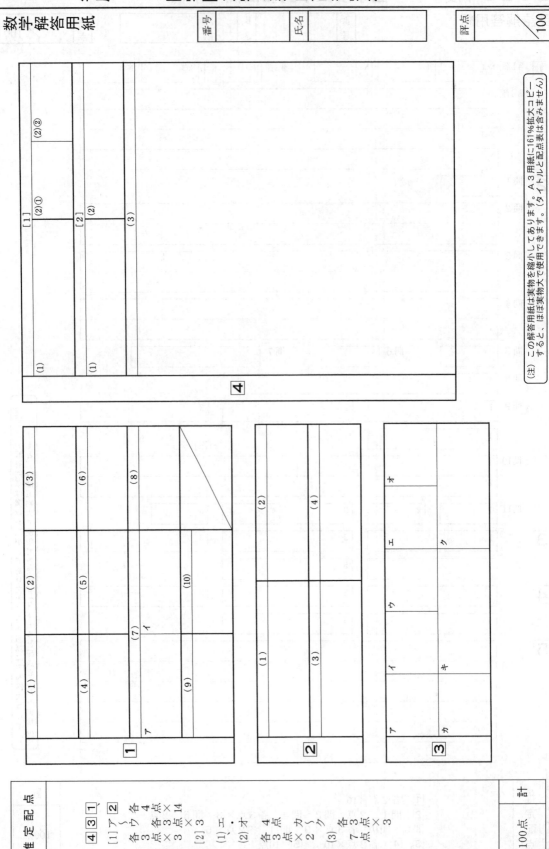

二〇二三年度　国学院大学久我山高等学校

国語解答用紙

番号		氏名	

評点	／100

一

問一

問二

問三

問四

問五

ため。

40

二

問一

問二

問三

40

問四

問五

三

問一

異名

季節

問二

問三

問四

四

①

②

③

④

⑤

⑥

⑦

⑧

⑨

⑩

（注）この解答用紙は実物を縮小してあります。Ａ４用紙に112％拡大コピーすると、ほぼ実物大で使用できます。（タイトルと配点表は含みません）

推定配点		計
	一　問一～問四　各５点×４　問五　10点 二　問一，問二　各５点×２　問三　10点　問四，問五　各５点×２ 三　各４点×５　　四　各２点×10	100点

２０２２年度　国学院大学久我山高等学校

英語解答用紙

番号		氏名		評点	／100

1

第１部　No.1　No.2　No.3　第２部　No.1　No.2　No.3

第３部　No.1　No.2　No.3　No.4

2

問１

問２

問３　③　④　⑤

問４　問５

問６

問７　問８　問９

問10　1　2　3　4

問11　1　2　3　4

問12　1　2　3　4　5

3

1　2　3　4　5

4

1　2　3　4　5

5

（注）この解答用紙は実物を縮小してあります。B４用紙に133％拡大コピーすると、ほぼ実物大で使用できます。（タイトルと配点表は含みません）

推定配点		計
	1　各２点×10 2　問１　２点　問２　３点　問３～問５　各２点×５ 問６　３点　問７～問12　各２点×16 3, 4　各２点×10　5　10点	100点

2022年度　国学院大学久我山高等学校

数学解答用紙

番号		氏名		評点	/100

1

(1)	(2)	(3)

(4)	(5)

(6) ア	(6) イ	(7) ア	(7) イ

(8)	(9)	(10)

2

(1)	(2)

(3)	(4)
	個

3

(1)	(2) ①

(2) ②	(3) ①	(3) ②
cm		cm^2

4

(1)	(2)

(3)

(4)

（注）この解答用紙は実物を縮小してあります。Ａ３用紙に161％拡大コピーすると、ほぼ実物大で使用できます。（タイトルと配点表は含みません）

推定配点	
1〜3　各４点×19〔1(6)、(7)はそれぞれ完答〕 4　各６点×４	
計	100点

二〇二二年度　国学院大学久我山高等学校

国語解答用紙

番号		氏名		評点	／100

一

問一

問二

〜

問三

問四

問五

を感じ取ったから。

20

二

問一

1

2

問二

問三

50

問四

問五

三

問一

問二

問三

問四

A

B

問五

四

問一

1

2

3

4

5

6

7

問二

1

2

3

(注) この解答用紙は実物を縮小してあります。Ａ４用紙に114%拡大コピーすると、ほぼ実物大で使用できます。(タイトルと配点表は含みません)

推定配点		計
	一　問一〜問三　各５点×３　問四　７点　問五　８点 二　問一　各３点×２　問二　５点　問三　９点　問四，問五　各５点×２ 三　各４点×５　四　各２点×10	100点

２０２１年度　国学院大学久我山高等学校

英語解答用紙

番号		氏名		評点	／100

1

第１部　No.1　No.2　No.3　　第２部　No.1　No.2　No.3

第３部　No.1　No.2　No.3　No.4

2

問１

問２　問３　問４

問５

問６

問７　問８

問９

問10　1　2　3　4

問11　1　2　3　4　5　6

3

1　2　3　4　5

4

1　2　3　4　5

5

（注）この解答用紙は実物を縮小してあります。B４用紙に132％拡大コピーすると、ほぼ実物大で使用できます。（タイトルと配点表は含みません）

学校配点		計
	1　20点　2　50点　3　10点　4　10点　5　10点 〈以下推定配点〉 1　各２点×10 2　問１　３点　問２　２点　問３～問10　各３点×11　問11　各２点×６ 3　各２点×５　4　各２点×５　5　10点	100点

2021年度　国学院大学久我山高等学校

数学解答用紙

番号		氏名		評点	/100

1

(1)	(2)	(3)
(4)	(5)	
(6)	(7)	(8)
(9)		(10)
BF : FD =		

2

(1)	(2)
(3) ①	②
AB : BC =	

3

(1) ア	イ	ウ	エ
(2) オ	カ	(3)	

4

(1)	(2)
(3) ①	
(3) ②	

(注)　この解答用紙は実物を縮小してあります。Ａ３用紙に161%拡大コピーすると、ほぼ実物大で使用できます。(タイトルと配点表は含みません)

学校配点

1 40点　2 18点　3 18点　4 24点

〈以下推定配点〉

1 各4点×10

2 (1)、(2) 各4点×2　(3) 各5点×2

3 (1) 各2点×3〔ア・イは完答〕　(2) 各3点×2　(3) 6点

4 (1)、(2) 各5点×2　(3) 各7点×2

計
100点

二〇二一年度　国学院大学久我山高等学校

国語解答用紙

番号		氏名		評点	／100

一

問一

問二

問三

問四

問五

60

二

問一

問二

問三

問四

問五

30

三

問一

問二

問三

もの。

問四

四

問一

1

2

3

4

5

6

7

問二

1

2

3

（注）この解答用紙は実物を縮小してあります。A4用紙に112％拡大コピーすると、ほぼ実物大で使用できます。（タイトルと配点表は含みません）

学校配点		計
	一　30点　二　30点　三　20点　四　20点 〈以下推定配点〉 一　問一～問四　各５点×４　問五　10点 二　問一～問四　各５点×４　問五　10点 三　各５点×４　四　各２点×10	100点

２０２０年度　国学院大学久我山高等学校

英語解答用紙

番号		氏名	

評点	／100

1

第１部　No.1　No.2　No.3　第２部　No.1　No.2　No.3

第３部　No.1　No.2　No.3　No.4

2

問１　(a)　(b)　(c)

問２　問３　問４

問５　問６　問７

問８

問９

問10　1　2　3　4

問11　1　2　3　4　5　6

3

1　2　3　4　5

4

1　2　3　4　5

5

（注）この解答用紙は実物を縮小してあります。B４用紙に132％拡大コピーすると、ほぼ実物大で使用できます。（タイトルと配点表は含みません）

推定配点		計
	1　各２点×10 2　問１～問４　各２点×６　問５　４点 問６～問10　各２点×８　問11　各３点×６ 3, 4　各２点×10　5　10点	100点

２０２０年度　国学院大学久我山高等学校

数学解答用紙

番号		氏名		評点	/100

1

(1)	(2)	(3)
(4)		(5)
(6)		(7)
(8)	(9)	(10)

2

(1)	(2)
(3)	

3

(1)	(2)
(3) ①	②

4

(1)

ア	イ	ウ

(2)(i)

エ	オ

(2)(i)

カ	キ	ク

(2)(ii)

ケ	コ

(2)(ii)

サ	シ	ス	セ

(2)(iii)

(注) この解答用紙は実物を縮小してあります。Ａ３用紙に161%拡大コピーすると、ほぼ実物大で使用できます。（タイトルと配点表は含みません）

推定配点		計
	1 各４点×10 **2** (1)、(2) 各４点×２　(3) ９点 **3** 各４点×４ **4** (1) 各１点×３　(2) (i)、(ii) 各１点×11　(iii) 13点	100点

二〇二〇年度　国学院大学久我山高等学校

国語解答用紙

番号　　氏名　　評点　／100

一

問一

もの

問二

問三

問四　A　B

問五

50

二

問一

問二

問三

40

問四

問五

三

問一

問二

問三

問四　きこりの少年が

四

問一　1　2　3　4　5　6　7

問二　1　2　3

（注）この解答用紙は実物を縮小してあります。A４用紙に112％拡大コピーすると、ほぼ実物大で使用できます。（タイトルと配点表は含みません）

推定配点		計
	一　問一～問四　各４点×５　問五　10点 二　問一，問二　各５点×２　問三　10点　問四，問五　各５点×２ 三　各５点×４ 四　各２点×10	100点

２０１９年度　　国学院大学久我山高等学校

英語解答用紙

番号		氏名		評点	／100

1

問１ 1番目 4番目　　問２ 1番目 4番目

問３

問４
円盤投げ
幅跳び
やり投げ

問５　　問６

問７

問８

問９

問10 1 2 3 4

問11 1 2 3 4 5 6

2 1 2 3 4 5

3 1 2 3 4 5

4 1 2 3 4 5

5 1 2 3 4 5 6

6

（注）この解答用紙は実物を縮小してあります。B４用紙に133％拡大コピーすると、ほぼ実物大で使用できます。（タイトルと配点表は含みません）

推定配点	1　問１～問４　各３点×６〔問１，問２はそれぞれ完答〕 問５，問６　各２点×２　問７，問８　各３点×２ 問９～問11　各２点×11 2～5　各２点×21　　6　８点	計 100点

2019年度 国学院大学久我山高等学校

数学解答用紙

番号		氏名		評点	/100

1

(1)	(2)	(3)

(4)	(5)

(6) ①	②	③	④	(7)

(8)	(9)	(10)

2

(1)	(2) ①
(,)	

(2) ②

3

ア	イ	ウ	エ
オ	カ	キ	ク

4

(1)	(2)	(3)

(4)

(注) この解答用紙は実物を縮小してあります。A３用紙に161%拡大コピーすると、ほぼ実物大で使用できます。(タイトルと配点表は含みません)

推定配点

1 各４点×10

2 (1) ４点 (2) 各６点×２

3 ア～エ 各２点×４ オ～ク 各３点×４

4 (1) ５点 (2)、(3) 各６点×２ (4) ７点

計	100点

二〇一九年度　国学院大学久我山高等学校

国語解答用紙

番号		氏名		評点	／100

一

問一

問二

問三

問四

問五　35

二

問一

問二　に対する悲しさと怒り。　40

問三

問四

問五

三

問一

問二　読み方　季節

問三

問四　売主が人を　という意味と、牛が人を　という意味。

四

問一　①　②　③　④　⑤　⑥　る　⑦　る

問二　①　②　③

（注）この解答用紙は実物を縮小してあります。A４用紙に114%拡大コピーすると、ほぼ実物大で使用できます。（タイトルと配点表は含みません）

推定配点		計
	一　問一～問四　各５点×４　問五　10点 二　問一　５点　問二　10点　問三～問五　各５点×３ 三　問一　４点　問二　各２点×２　問三，問四　各４点×３ 四　各２点×10	100点

Memo